**T&p** BOOKS

# BIRMANÊS

## VOCABULÁRIO

**PORTUGUÊS BRASILEIRO**

# PORTUGUÊS
# BIRMANÊS

Para alargar o seu léxico e apurar
as suas competências linguísticas

**7000 palavras**

# Vocabulário Português Brasileiro-Birmanês - 7000 palavras
Por Andrey Taranov

Os vocabulários da T&P Books destinam-se a ajudar a aprender, a memorizar, e a rever palavras estrangeiras. O dicionário é dividido em temas, cobrindo todas as principais esferas de atividades quotidianas, negócios, ciência, cultura, etc.

O processo de aprendizagem, utilizando os dicionários baseados em temáticas da T&P Books dá-lhe as seguintes vantagens:

* Informação de origem corretamente agrupada predetermina o sucesso em fases subsequentes da memorização de palavras
* Disponibilização de palavras derivadas da mesma raiz, o que permite a memorização de unidades de texto (em vez de palavras separadas)
* Pequenas unidades de palavras facilitam o processo de estabelecimento de vínculos associativos necessários para a consolidação do vocabulário
* O nível de conhecimento da língua pode ser estimado pelo número de palavras aprendidas

T&P Books Publishing
www.tpbooks.com

ISBN: 978-1-83955-073-7

Este livro também está disponível em formato E-book.
Por favor visite www.tpbooks.com ou as principais livrarias on-line.

# VOCABULÁRIO BIRMANÊS
## palavras mais úteis

Os vocabulários da T&P Books destinam-se a ajudar a aprender, a memorizar, e a rever palavras estrangeiras. O vocabulário contém mais de 7000 palavras de uso comum organizadas tematicamente.

O vocabulário contém as palavras mais comummente usadas
Recomendado como adicional para qualquer curso de línguas
Satisfaz as necessidades dos iniciados e dos alunos avançados de línguas estrangeiras
Conveniente para o uso diário, sessões de revisão e atividades de auto-teste
Permite avaliar o seu vocabulário

### Características especias do vocabulário

· As palavras estão organizadas de acordo com o seu significado, e não por ordem alfabética
· As palavras são apresentadas em três colunas para facilitar os processos de revisão e auto-teste
· As palavras compostas são divididas em pequenos blocos para facilitar o processo de aprendizagem
· O vocabulário oferece uma transcrição simples e adequada de cada palavra estrangeira

### O vocabulário contém 198 tópicos incluindo:

Conceitos básicos, Números, Cores, Meses, Estações do ano, Unidades de medida, Roupas & Acessórios, Alimentos & Nutrição, Restaurante, Membros da Família, Parentes, Caráter, Sentimentos, Emoções, Doenças, Cidade, Passeios, Compras, Dinheiro, Casa, Lar, Escritório, Trabalho no Escritório, Importação & Exportação, Marketing, Pesquisa de Emprego, Esportes, Educação, Computador, Internet, Ferramentas, Natureza, Países, Nacionalidades e muito mais ...

# TABELA DE CONTEÚDOS

# GUIA DE PRONUNCIAÇÃO

## Comentários

O MLC Transcription System (MLCTS) é usado como uma transcrição neste livro.
Uma descrição deste sistema pode ser encontrada aqui:
https://en.wiktionary.org/wiki/Wiktionary:Burmese_transliteration
https://en.wikipedia.org/wiki/MLC_Transcription_System

# ABREVIATURAS
## usadas no vocabulário

## Abreviaturas do Português

| adj | - | adjetivo |
|---|---|---|
| adv | - | advérbio |
| anim. | - | animado |
| conj. | - | conjunção |
| desp. | - | esporte |
| etc. | - | Etcetera |
| ex. | - | por exemplo |
| f | - | nome feminino |
| f pl | - | feminino plural |
| fem. | - | feminino |
| inanim. | - | inanimado |
| m | - | nome masculino |
| m pl | - | masculino plural |
| m, f | - | masculino, feminino |
| masc. | - | masculino |
| mat. | - | matemática |
| mil. | - | militar |
| pl | - | plural |
| prep. | - | preposição |
| pron. | - | pronome |
| sb. | - | sobre |
| sing. | - | singular |
| v aux | - | verbo auxiliar |
| vi | - | verbo intransitivo |
| vi, vt | - | verbo intransitivo, transitivo |
| vr | - | verbo reflexivo |
| vt | - | verbo transitivo |

# CONCEITOS BÁSICOS

## Conceitos básicos. Parte 1

### 1. Pronomes

| | | |
|---|---|---|
| eu | ကျွန်ုပ် | kjunou' |
| você | သင် | thin |
| | | |
| ele | သူ | thu |
| ela | သူမ | thu ma. |
| ele, ela (neutro) | ၄င်း | jin: |
| | | |
| nós | ကျွန်ုပ်တို့ | kjunou' tou. |
| nós (masc.) | ကျွန်တော်တို့ | kjun do. dou. |
| nós (fem.) | ကျွန်မတို့ | kjun ma. tou. |
| vocês | သင်တို့ | thin dou. |
| o senhor, -a | သင် | thin |
| senhores, -as | သင်တို့ | thin dou. |
| | | |
| eles | သူတို့ | thu dou. |
| elas | သူမတို့ | thu ma. dou. |

### 2. Cumprimentos. Saudações. Despedidas

| | | |
|---|---|---|
| Oi! | မင်္ဂလာပါ | min ga. la ba |
| Olá! | မင်္ဂလာပါ | min ga. la ba |
| Bom dia! | မင်္ဂလာနံနက်ခင်းပါ | min ga. la nan ne' gin: ba |
| Boa tarde! | မင်္ဂလာနေ့လယ်ခင်းပါ | min ga. la nei. le gin: ba |
| Boa noite! | မင်္ဂလာညနေခင်းပါ | min ga. la nja nei gin: ba |
| | | |
| cumprimentar (vt) | နှုတ်ဆက်သည် | hnou' hsei' te |
| Oi! | ဟိုင်း | hain: |
| saudação (f) | ဟလို | ha. lou |
| saudar (vt) | နှုတ်ဆက်သည် | hnou' hsei' te |
| Tudo bem? | နေကောင်းလား | nei gaun: la: |
| Como você está? | နေကောင်းပါသလား | nei gaun: ba dha la: |
| Como vai? | အဆင်ပြေလား | ahsin bjei la: |
| E aí, novidades? | ဘာထူးသေးလဲ | ba du: dei: le: |
| | | |
| Tchau! | ဂွတ်ဘိုင် | gu' bain |
| Até logo! | တာ့တာ | ta. da |
| Até breve! | မကြာခင်ပြန်ဆုံကြမယ် | ma gja. gin bjan zoun gja. me |
| Adeus! | နှုတ်ဆက်ပါတယ် | hnou' hsei' pa de |
| despedir-se (dizer adeus) | နှုတ်ဆက်သည် | hnou' hsei' te |
| Até mais! | တာ့တာ | ta. da |
| Obrigado! -a! | ကျေးဇူးတင်ပါတယ် | kjei: zu: din ba de |

| | | |
|---|---|---|
| Muito obrigado! -a! | ကျေးဇူးအများကြီးတင်ပါတယ် | kjei: zu: amja: kji: din ba de |
| De nada | ရပါတယ် | ja. ba de |
| Não tem de quê | ကိစ္စမရှိပါဘူး | kei. sa ma. shi. ba bu: |
| Não foi nada! | ရပါတယ် | ja. ba de |
| Desculpa! | ဆောရီးနော် | hso: ji: no: |
| Desculpe! | တောင်းပန်ပါတယ် | thaun: ban ba de |
| desculpar (vt) | ခွင့်လွှတ်သည် | khwin. hlu' te |
| desculpar-se (vr) | တောင်းပန်သည် | thaun: ban de |
| Me desculpe | တောင်းပန်ပါတယ် | thaun: ban ba de |
| Desculpe! | ခွင့်လွှတ်ပါ | khwin. hlu' pa |
| perdoar (vt) | ခွင့်လွှတ်သည် | khwin. hlu' te |
| Não faz mal | ကိစ္စမရှိပါဘူး | kei. sa ma. shi. ba bu: |
| por favor | ကျေးဇူးပြု၍ | kjei: zu: pju. i. |
| Não se esqueça! | မမေ့ပါနဲ့ | ma. mei. ba ne. |
| Com certeza! | ရတာပေါ့ | ja. da bo. |
| Claro que não! | မဟုတ်တာသေချာတယ် | ma hou' ta dhei gja de |
| Está bem! De acordo! | သဘောတူတယ် | dhabo: tu de |
| Chega! | တော်ပြီ | to bji |

## 3. Números cardinais. Parte 1

| | | |
|---|---|---|
| zero | သုည | thoun nja. |
| um | တစ် | ti' |
| dois | နှစ် | hni' |
| três | သုံး | thoun: |
| quatro | လေး | lei: |
| cinco | ငါး | nga: |
| seis | ခြောက် | chau' |
| sete | ခုနစ် | khun hni' |
| oito | ရှစ် | shi' |
| nove | ကိုး | kou: |
| dez | တစ်ဆယ် | ti' hse |
| onze | တစ်ဆယ့်တစ် | ti' hse. ti' |
| doze | တစ်ဆယ့်နှစ် | ti' hse. hni' |
| treze | တစ်ဆယ့်သုံး | ti' hse. thoun: |
| catorze | တစ်ဆယ့်လေး | ti' hse. lei: |
| quinze | တစ်ဆယ့်ငါး | ti' hse. nga: |
| dezesseis | တစ်ဆယ့်ခြောက် | ti' hse. khau' |
| dezessete | တစ်ဆယ့်ခုနစ် | ti' hse. khu ni' |
| dezoito | တစ်ဆယ့်ရှစ် | ti' hse. shi' |
| dezenove | တစ်ဆယ့်ကိုး | ti' hse. gou: |
| vinte | နှစ်ဆယ် | hni' hse |
| vinte e um | နှစ်ဆယ့်တစ် | hni' hse. ti' |
| vinte e dois | နှစ်ဆယ့်နှစ် | hni' hse. hni' |
| vinte e três | နှစ်ဆယ့်သုံး | hni' hse. thuan: |
| trinta | သုံးဆယ် | thoun: ze |
| trinta e um | သုံးဆယ့်တစ် | thoun: ze. di' |

| | | |
|---|---|---|
| trinta e dois | သုံးဆယ့်နှစ် | thoun: ze. hni' |
| trinta e três | သုံးဆယ့်သုံး | thoun: ze. dhoun: |
| | | |
| quarenta | လေးဆယ် | lei: hse |
| quarenta e um | လေးဆယ့်တစ် | lei: hse. ti' |
| quarenta e dois | လေးဆယ့်နှစ် | lei: hse. hni' |
| quarenta e três | လေးဆယ့်သုံး | lei: hse. thaun: |
| | | |
| cinquenta | ငါးဆယ် | nga: ze |
| cinquenta e um | ငါးဆယ့်တစ် | nga: ze di' |
| cinquenta e dois | ငါးဆယ့်နှစ် | nga: ze hni' |
| cinquenta e três | ငါးဆယ့်သုံး | nga: ze dhoun: |
| | | |
| sessenta | ခြောက်ဆယ် | chau' hse |
| sessenta e um | ခြောက်ဆယ့်တစ် | chau' hse. di' |
| sessenta e dois | ခြောက်ဆယ့်နှစ် | chau' hse. hni' |
| sessenta e três | ခြောက်ဆယ့်သုံး | chau' hse. dhoun: |
| | | |
| setenta | ခုနစ်ဆယ် | khun hni' hse. |
| setenta e um | ခုနစ်ဆယ့်တစ် | qunxcy•tx |
| setenta e dois | ခုနစ်ဆယ့်နှစ် | khun hni' hse. hni |
| setenta e três | ခုနစ်ဆယ့်သုံး | khu. ni' hse. dhoun: |
| | | |
| oitenta | ရှစ်ဆယ် | shi' hse |
| oitenta e um | ရှစ်ဆယ့်တစ် | shi' hse. ti' |
| oitenta e dois | ရှစ်ဆယ့်နှစ် | shi' hse. hni' |
| oitenta e três | ရှစ်ဆယ့်သုံး | shi' hse. dhun: |
| | | |
| noventa | ကိုးဆယ် | kou: hse |
| noventa e um | ကိုးဆယ့်တစ် | kou: hse. ti' |
| noventa e dois | ကိုးဆယ့်နှစ် | kou: hse. hni' |
| noventa e três | ကိုးဆယ့်သုံး | kou: hse. dhaun: |

## 4. Números cardinais. Parte 2

| | | |
|---|---|---|
| cem | တစ်ရာ | ti' ja |
| duzentos | နှစ်ရာ | hni' ja |
| trezentos | သုံးရာ | thoun: ja |
| quatrocentos | လေးရာ | lei: ja |
| quinhentos | ငါးရာ | nga: ja |
| | | |
| seiscentos | ခြောက်ရာ | chau' ja |
| setecentos | ခုနစ်ရာ | khun hni' ja |
| oitocentos | ရှစ်ရာ | shi' ja |
| novecentos | ကိုးရာ | kou: ja |
| | | |
| mil | တစ်ထောင် | ti' htaun |
| dois mil | နှစ်ထောင် | hni' taun |
| três mil | သုံးထောင် | thoun: daun |
| dez mil | တစ်သောင်း | ti' thaun: |
| cem mil | တစ်သိန်း | ti' thein: |
| | | |
| um milhão | တစ်သန်း | ti' than: |
| um bilhão | ဘီလီယံ | bi li jan |

## 5. Números. Frações

| | | |
|---|---|---|
| fração (f) | အပိုင်းကိန်း | apain: gein: |
| um meio | နှစ်ပိုင်းတစ်ပိုင်း | hni' bain: di' bain: |
| um terço | သုံးပိုင်းတစ်ပိုင်း | thoun: bain: di' bain: |
| um quarto | လေးပိုင်းတစ်ပိုင်း | lei: bain: ti' pain: |
| | | |
| um oitavo | ရှစ်ပိုင်းတစ်ပိုင်း | shi' bain: di' bain: |
| um décimo | ဆယ်ပိုင်းတစ်ပိုင်း | hse bain: da' bain: |
| dois terços | သုံးပိုင်းနှစ်ပိုင်း | thoun: bain: hni' bain: |
| três quartos | လေးပိုင်းသုံးပိုင်း | lei: bain: dhoun: bain: |

## 6. Números. Operações básicas

| | | |
|---|---|---|
| subtração (f) | နုတ်ခြင်း | nou' khjin: |
| subtrair (vi, vt) | နုတ်သည် | nou' te |
| divisão (f) | စားခြင်း | sa: gjin: |
| dividir (vt) | စားသည် | sa: de |
| | | |
| adição (f) | ပေါင်းခြင်း | paun: gjin: |
| somar (vt) | ပေါင်းသည် | paun: de |
| adicionar (vt) | ထပ်ပေါင်းသည် | hta' paun: de |
| multiplicação (f) | မြှောက်ခြင်း | hmjau' chin: |
| multiplicar (vt) | မြှောက်သည် | hmjau' de |

## 7. Números. Diversos

| | | |
|---|---|---|
| algarismo, dígito (m) | ကိန်းဂဏန်း | kein: ga nan: |
| número (m) | ကိန်း | kein: |
| numeral (m) | ဂဏန်းအက္ခရာ | ganan: e' kha ja |
| menos (m) | အနုတ် | ahnou' |
| mais (m) | အပေါင်း | apaun: |
| fórmula (f) | ပုံသေနည်း | poun dhei ne: |
| | | |
| cálculo (m) | တွက်ချက်ခြင်း | twe' che' chin: |
| contar (vt) | ရေတွက်သည် | jei dwe' te |
| calcular (vt) | ရေတွက်သည် | jei dwe' te |
| comparar (vt) | နိုင်းယှဉ်သည် | hnain: shin de |
| | | |
| Quanto, -os, -as? | ဘယ်လောက်လဲ | be lau' le: |
| soma (f) | ပေါင်းလဒ် | paun: la' |
| resultado (m) | ရလဒ် | jala' |
| resto (m) | အကြွင်း | akjwin: |
| | | |
| alguns, algumas ... | အချို့ | achou. |
| pouco (~ tempo) | အနည်းငယ် | ane: nge |
| poucos, poucas | အနည်းငယ် | ane: nge |
| um pouco de ... | အနည်းငယ် | ane: nge |
| resto (m) | ကျန်သော | kjan de. |
| um e meio | တစ်ခုခွဲ | ti' khu. khwe: |
| dúzia (f) | ဒါဇင် | da zin |

| | | |
|---|---|---|
| ao meio | တစ်ဝက်စီ | ti' we' si |
| em partes iguais | ညီတူညီမျှ | nji du nji hmja. |
| metade (f) | တစ်ဝက် | ti' we' |
| vez (f) | ကြိမ် | kjein |

## 8. Os verbos mais importantes. Parte 1

| | | |
|---|---|---|
| abrir (vt) | ဖွင့်သည် | hpwin. de |
| acabar, terminar (vt) | ပြီးသည် | pji: de |
| aconselhar (vt) | အကြံပေးသည် | akjan bei: de |
| adivinhar (vt) | မှန်းဆသည် | hman za de |
| advertir (vt) | သတိပေးသည် | dhadi. pei: de |
| ajudar (vt) | ကူညီသည် | ku nji de |
| almoçar (vi) | နေ့လယ်စာစားသည် | nei. le za za de |
| alugar (~ um apartamento) | ငှားသည် | hnga: de |
| amar (pessoa) | ချစ်သည် | chi' te |
| ameaçar (vt) | ခြိမ်းခြောက်သည် | chein: gjau' te |
| anotar (escrever) | ရေးထားသည် | jei: da: de |
| apressar-se (vr) | လောသည် | lo de |
| arrepender-se (vr) | နောင်တရသည် | naun da. ja. de |
| assinar (vt) | လက်မှတ်ထိုးသည် | le' hma' htou: de |
| brincar (vi) | စနောက်သည် | sanau' te |
| brincar, jogar (vi, vt) | ကစားသည် | gaza: de |
| buscar (vt) | ရှာသည် | sha de |
| caçar (vi) | အမဲလိုက်သည် | ame: lai' de |
| cair (vi) | ကျဆင်းသည် | kja zin: de |
| cavar (vt) | တူးသည် | tu: de |
| chamar (~ por socorro) | ခေါ်သည် | kho de |
| chegar (vi) | ရောက်သည် | jau' te |
| chorar (vi) | ငိုသည် | ngou de |
| começar (vt) | စတင်သည် | sa. tin de |
| comparar (vt) | နှိုင်းယှဉ်သည် | hnain: shin de |
| concordar (dizer "sim") | သဘောတူသည် | dhabo: tu de |
| confiar (vt) | ယုံကြည်သည် | joun kji de |
| confundir (equivocar-se) | ရောထွေးသည် | jo: dwei: de |
| conhecer (vt) | သိသည် | thi. de |
| contar (fazer contas) | ရေတွက်သည် | jei dwe' te |
| contar com … | အားကိုးသည် | a: kou: de |
| continuar (vt) | ဆက်လုပ်သည် | hse' lou' te |
| controlar (vt) | ထိန်းချုပ်သည် | htein: gjou' te |
| convidar (vt) | ဖိတ်သည် | hpi' de |
| correr (vi) | ပြေးသည် | pjei: de |
| criar (vt) | ဖန်တီးသည် | hpan di: de |
| custar (vt) | ကုန်ကျသည် | koun kja de |

## 9. Os verbos mais importantes. Parte 2

| | | |
|---|---|---|
| dar (vt) | ပေးသည် | pei: de |
| dar uma dica | အရိပ်အမြွက်ပေးသည် | aji' ajmwe' pei: de |
| decorar (enfeitar) | အလှဆင်သည် | ahla. zin dhe |
| defender (vt) | ကာကွယ်သည် | ka gwe de |
| deixar cair (vt) | ဖြုတ်ချသည် | hpjou' cha. de |

| | | |
|---|---|---|
| descer (para baixo) | ဆင်းသည် | hsin: de |
| desculpar (vt) | ခွင့်လွှတ်သည် | khwin. hlu' te |
| desculpar-se (vr) | တောင်းပန်သည် | thaun: ban de |
| dirigir (~ uma empresa) | ညွှန်ကြားသည် | hnjun gja: de |
| discutir (notícias, etc.) | ဆွေးနွေးသည် | hswe: nwe: de |

| | | |
|---|---|---|
| disparar, atirar (vi) | ပစ်သည် | pi' te |
| dizer (vt) | ပြောသည် | pjo: de |
| duvidar (vt) | သံသယဖြစ်သည် | than thaja. bji' te |
| encontrar (achar) | ရှာတွေ့သည် | sha dwei. de |
| enganar (vt) | လိမ်ပြောသည် | lain bjo: de |

| | | |
|---|---|---|
| entender (vt) | နားလည်သည် | na: le de |
| entrar (na sala, etc.) | ဝင်သည် | win de |
| enviar (uma carta) | ပို့သည် | pou. de |
| errar (enganar-se) | မှားသည် | hma: de |
| escolher (vt) | ရွေးသည် | jwei: de |

| | | |
|---|---|---|
| esconder (vt) | ဖုံးကွယ်သည် | hpoun: gwe de |
| escrever (vt) | ရေးသည် | jei: de |
| esperar (aguardar) | စောင့်သည် | saun. de |
| esperar (ter esperança) | မျှော်လင့်သည် | hmjo. lin. de |
| esquecer (vt) | မေ့သည် | mei. de |

| | | |
|---|---|---|
| estar (vi) | ဖြစ်နေသည် | hpji' nei de |
| estudar (vt) | သင်ယူလေ့လာသည် | thin ju lei. la de |
| exigir (vt) | တိုက်တွန်းသည် | tai' tun: de |
| existir (vi) | တည်ရှိသည် | ti shi. de |
| explicar (vt) | ရှင်းပြသည် | shin: bja. de |

| | | |
|---|---|---|
| falar (vi) | ပြောသည် | pjo: de |
| faltar (a la escuela, etc.) | ပျက်ကွက်သည် | pje' kwe' te |
| fazer (vt) | ပြုလုပ်သည် | pju. lou' te |
| ficar em silêncio | နှုတ်ဆိတ်သည် | hnou' hsei' te |
| gabar-se (vr) | ကြွားသည် | kjwa: de |

| | | |
|---|---|---|
| gostar (apreciar) | ကြိုက်သည် | kjai' de |
| gritar (vi) | အော်သည် | o de |
| guardar (fotos, etc.) | ထိန်းထားသည် | htein: da: de |
| informar (vt) | အကြောင်းကြားသည် | akjaun: kja: de |
| insistir (vi) | တိုက်တွန်းပြောဆိုသည် | tou' tun: bjo: zou de |

| | | |
|---|---|---|
| insultar (vt) | စော်ကားသည် | so ga: de |
| interessar-se (vr) | စိတ်ဝင်စားသည် | sei' win za: de |
| ir (a pé) | သွားသည် | thwa: de |
| ir nadar | ရေကူးသည် | jei ku: de |
| jantar (vi) | ညစာစားသည် | nja. za za: de |

17

## 10. Os verbos mais importantes. Parte 3

| | | |
|---|---|---|
| ler (vt) | ဖတ်သည် | hpa' te |
| libertar, liberar (vt) | လွတ်မြောက်စေသည် | lu' mjau' sei de |
| matar (vt) | သတ်သည် | tha' te |
| mencionar (vt) | ဖော်ပြသည် | hpjo bja. de |
| mostrar (vt) | ပြသည် | pja. de |

| | | |
|---|---|---|
| mudar (modificar) | ပြောင်းလဲသည် | pjaun: le: de |
| nadar (vi) | ရေကူးသည် | jei ku: de |
| negar-se a ... (vr) | ငြင်းဆန်သည် | njin: zan de |
| objetar (vt) | ငြင်းသည် | njin: de |

| | | |
|---|---|---|
| observar (vt) | စောင့်ကြည့်သည် | saun. gji. de |
| ordenar (mil.) | အမိန့်ပေးသည် | amin. bei: de |
| ouvir (vt) | ကြားသည် | ka: de |
| pagar (vt) | ပေးရှေ့သည် | pei: gjei de |
| parar (vi) | ရပ်သည် | ja' te |

| | | |
|---|---|---|
| parar, cessar (vt) | ရပ်သည် | ja' te |
| participar (vi) | ပါဝင်သည် | pa win de |
| pedir (comida, etc.) | မှာသည် | hma de |
| pedir (um favor, etc.) | တောင်းဆိုသည် | taun: hsou: de |
| pegar (tomar) | ယူသည် | ju de |

| | | |
|---|---|---|
| pegar (uma bola) | ဖမ်းသည် | hpan: de |
| pensar (vi, vt) | ထင်သည် | htin de |
| perceber (ver) | သတိထားမိသည် | dhadi. da: mi. de |
| perdoar (vt) | ခွင့်လွှတ်သည် | khwin. hlu' te |
| perguntar (vt) | မေးသည် | mei: de |

| | | |
|---|---|---|
| permitir (vt) | ခွင့်ပြုသည် | khwin bju. de |
| pertencer a ... (vi) | ပိုင်ဆိုင်သည် | pain zain de |
| planejar (vt) | စီစဉ်သည် | si zin de |
| poder (~ fazer algo) | တတ်နိုင်သည် | ta' nain de |
| possuir (uma casa, etc.) | ပိုင်ဆိုင်သည် | pain zain de |

| | | |
|---|---|---|
| preferir (vt) | ပိုကြိုက်သည် | pou gjai' te |
| preparar (vt) | ချက်ပြုတ်သည် | che' pjou' te |
| prever (vt) | ကြိုမြင်သည် | kjou mjin de |
| prometer (vt) | ကတိပေးသည် | gadi pei: de |
| pronunciar (vt) | အသံထွက်သည် | athan dwe' te |

| | | |
|---|---|---|
| propor (vt) | အဆိုပြုသည် | ahsou bju. de |
| punir (castigar) | အပြစ်ပေးသည် | apja' pei: de |
| quebrar (vt) | ချက်ဆီးသည် | hpje' hsi: de |
| queixar-se de ... | တိုင်ပြောသည် | tain bjo: de |
| querer (desejar) | လိုချင်သည် | lou gjin de |

## 11. Os verbos mais importantes. Parte 4

| | | |
|---|---|---|
| ralhar, repreender (vt) | ရှုသည် | hsu. de |
| recomendar (vt) | အကြံပြုထောက်ခံသည် | akjan pju htau' khan de |

| | | |
|---|---|---|
| repetir (dizer outra vez) | ထပ်လုပ်သည် | hta' lou' te |
| reservar (~ um quarto) | မှာသည် | hma de |
| responder (vt) | ဖြေသည် | hpjei de |

| | | |
|---|---|---|
| rezar, orar (vi) | ရှိုးသည် | shi. gou: de |
| rir (vi) | ရယ်သည် | je de |
| roubar (vt) | ခိုးသည် | khou: de |
| saber (vt) | သိသည် | thi. de |
| sair (~ de casa) | ထွက်သည် | htwe' te |

| | | |
|---|---|---|
| salvar (resgatar) | ကယ်ဆယ်သည် | ke ze de |
| seguir (~ alguém) | လိုက်သည် | lai' te |
| sentar-se (vr) | ထိုင်သည် | htain de |
| ser (vi) | ဖြစ်သည် | hpji' te |
| ser necessário | အလိုရှိသည် | alou' shi. de |

| | | |
|---|---|---|
| significar (vt) | ဆိုလိုသည် | hsou lou de |
| sorrir (vi) | ပြုံးသည် | pjoun: de |
| subestimar (vt) | လျှော့တွက်သည် | sho. dwe' de |
| surpreender-se (vr) | အံ့ဩသည် | an. o. de |

| | | |
|---|---|---|
| tentar (~ fazer) | စမ်းကြည့်သည် | san: kji. de |
| ter (vt) | ရှိသည် | shi. de |
| ter fome | ဗိုက်ဆာသည် | bai' hsa de |

| | | |
|---|---|---|
| ter medo | ကြောက်သည် | kjau' te |
| ter sede | ရေဆာသည် | jei za de |
| tocar (com as mãos) | ကိုင်သည် | kain de |
| tomar café da manhã | နံနက်စာစားသည် | nan ne' za za: de |
| trabalhar (vi) | အလုပ်လုပ်သည် | alou' lou' te |
| traduzir (vt) | ဘာသာပြန်သည် | ba dha bjan de |

| | | |
|---|---|---|
| unir (vt) | ပေါင်းစည်းသည် | paun: ze: de |
| vender (vt) | ရောင်းသည် | jaun: de |
| ver (vt) | မြင်သည် | mjin de |
| virar (~ para a direita) | ကွေ့သည် | kwei. de |
| voar (vi) | ပျံသန်းသည် | pjan dan: de |

## 12. Cores

| | | |
|---|---|---|
| cor (f) | အရောင် | ajaun |
| tom (m) | အသွေးအဆင်း | athwei: ahsin: |
| tonalidade (m) | အရောင်အသွေး | ajaun athwei: |
| arco-íris (m) | သက်တံ | the' tan |

| | | |
|---|---|---|
| branco (adj) | အဖြူရောင် | ahpju jaun |
| preto (adj) | အနက်ရောင် | ane' jaun |
| cinza (adj) | ခဲရောင် | khe: jaun |

| | | |
|---|---|---|
| verde (adj) | အစိမ်းရောင် | asain: jaun |
| amarelo (adj) | အဝါရောင် | awa jaun |
| vermelho (adj) | အနီရောင် | ani jaun |
| azul (adj) | အပြာရောင် | apja jaun |
| azul claro (adj) | အပြာနုရောင် | apja nu. jaun |

| rosa (adj) | ပန်းရောင် | pan: jaun |
| laranja (adj) | လိမ္မော်ရောင် | limmo jaun |
| violeta (adj) | ခရမ်းရောင် | khajan: jaun |
| marrom (adj) | အညိုရောင် | anjou jaun |

| dourado (adj) | ရွှေရောင် | shwei jaun |
| prateado (adj) | ငွေရောင် | ngwei jaun |

| bege (adj) | ဝါညိုနုရောင် | wa njou nu. jaun |
| creme (adj) | နို့စိမ်းရောင် | nou. hni' jaun |
| turquesa (adj) | စိမ်းပြာရောင် | sein: bja jaun |
| vermelho cereja (adj) | ချယ်ရီရောင် | che ji jaun |
| lilás (adj) | ခရမ်းဖျော့ရောင် | khajan: bjo. jaun |
| carmim (adj) | ကြက်သွေးရောင် | kje' thwei: jaun |

| claro (adj) | အရောင်ဖျော့သော | ajaun bjo. de. |
| escuro (adj) | အရောင်ရင့်သော | ajaun jin. de. |
| vivo (adj) | တောက်ပသော | tau' pa. de. |

| de cor | အရောင်ရှိသော | ajaun shi. de. |
| a cores | ရောင်စုံ | jau' soun |
| preto e branco (adj) | အဖြူအမည်း | ahpju ame: |
| unicolor (de uma só cor) | တစ်ရောင်တည်းရှိသော | ti' jaun te: shi. de. |
| multicolor (adj) | အရောင်စုံသော | ajaun zoun de. |

## 13. Questões

| Quem? | ဘယ်သူလဲ | be dhu le: |
| O que? | ဘာလဲ | ba le: |
| Onde? | ဘယ်မှာလဲ | be hma le: |
| Para onde? | ဘယ်ကိုလဲ | be gou le: |
| De onde? | ဘယ်ကလဲ | be ga. le: |
| Quando? | ဘယ်တော့လဲ | be do. le: |
| Para quê? | ဘာအတွက်လဲ | ba atwe' le: |
| Por quê? | ဘာကြောင့်လဲ | ba gjaun. le: |

| Para quê? | ဘာအတွက်လဲ | ba atwe' le: |
| Como? | ဘယ်လိုလဲ | be lau le: |
| Qual (~ é o problema?) | ဘယ်လိုမျိုးလဲ | be lau mjou: le: |
| Qual (~ deles?) | ဘယ်ဟာလဲ | be ha le: |
| A quem? | ဘယ်သူ့ကိုလဲ | be dhu. gou le: |
| De quem? | ဘယ်သူ့အကြောင်းလဲ | be dhu. kjaun: le: |
| Do quê? | ဘာအကြောင်းလဲ | ba akjain: le: |
| Com quem? | ဘယ်သူ့နဲ့လဲ | be dhu ne. le: |

| Quanto, -os, -as? | ဘယ်လောက်လဲ | be lau' le: |
| De quem (~ é isto?) | ဘယ်သူ့ | be dhu. |

## 14. Palavras funcionais. Advérbios. Parte 1

| Onde? | ဘယ်မှာလဲ | be hma le: |
| aqui | ဒီမှာ | di hma |

| lá, ali | ဟိုမှာ | hou hma. |
| em algum lugar | တစ်နေရာရာမှာ | ti' nei ja ja hma |
| em lugar nenhum | ဘယ်မှာမှ | be hma hma. |

| perto de ... | နားမှာ | na: hma |
| perto da janela | ပြတင်းပေါက်နားမှာ | badin: pau' hna: hma |

| Para onde? | ဘယ်ကိုလဲ | be gou le: |
| aqui | ဒီဘက်ကို | di be' kou |
| para lá | ဟိုဘက်ကို | hou be' kou |
| daqui | ဒီဘက်မှ | di be' hma |
| de lá, dali | ဟိုဘက်မှ | hou be' hma. |

| perto | နီးသည် | ni: de |
| longe | အဝေးမှာ | awei: hma |

| perto de ... | နားမှာ | na: hma |
| à mão, perto | ဘေးမှာ | bei: hma |
| não fica longe | မနီးမဝေး | ma. ni ma. wei: |

| esquerdo (adj) | ဘယ် | be |
| à esquerda | ဘယ်ဘက်မှာ | be be' hma |
| para a esquerda | ဘယ်ဘက် | be be' |

| direito (adj) | ညာဘက် | nja be' |
| à direita | ညာဘက်မှာ | nja be' hma |
| para a direita | ညာဘက် | nja be' |

| em frente | ရှေ့မှာ | shei. hma |
| da frente | ရှေ့ | shei. |
| adiante (para a frente) | ရှေ့ | shei. |

| atrás de ... | နောက်မှာ | nau' hma |
| de trás | နောက်က | nau' ka. |
| para trás | နောက် | nau' |

| meio (m), metade (f) | အလယ် | ale |
| no meio | အလယ်မှာ | ale hma |

| do lado | ဘေးမှာ | bei: hma |
| em todo lugar | နေရာတိုင်းမှာ | nei ja dain: hma |
| por todos os lados | ပတ်လည်မှာ | pa' le hma |

| de dentro | အထဲမှ | a hte: hma. |
| para algum lugar | တစ်နေရာရာကို | ti' nei ja ja gou |
| diretamente | တိုက်ရိုက် | tai' jai' |
| de volta | အပြန် | apjan |

| de algum lugar | တစ်နေရာရာမှ | ti' nei ja ja hma. |
| de algum lugar | တစ်နေရာရာမှ | ti' nei ja ja hma. |

| em primeiro lugar | ပထမအနေဖြင့် | pahtama. anei gjin. |
| em segundo lugar | ဒုတိယအနေဖြင့် | du. di. ja. anei bjin. |
| em terceiro lugar | တတိယအနေဖြင့် | tati. ja. anei bjin. |
| de repente | မတော်တဆ | ma. do da. za. |
| no início | အစမှာ | asa. hma |

21

| pela primeira vez | ပထမဆုံး | pahtama. zoun: |
| muito antes de ... | မတိုင်ခင် အတော်လေး အလိုက | ma. dain gin ato lei: alou ga. |
| de novo | အသစ်တဖန် | athi' da. ban |
| para sempre | အမြဲတမ်း | amje: dan: |

| nunca | ဘယ်တော့မှ | be do hma. |
| de novo | တဖန် | tahpan |
| agora | အခုတော့ | akhu dau. |
| frequentemente | ခဏခဏ | khana. khana. |
| então | ထိုသို့ဖြစ်လျှင် | htou dhou. bji' shin |
| urgentemente | အမြန် | aman |
| normalmente | ပုံမှန် | poun hman |

| a propósito, ... | စကားမစပ် | zaga: ma. za' |
| é possível | ဖြစ်နိုင်သည် | hpjin nain de |
| provavelmente | ဖြစ်နိုင်သည် | hpji' nein de |
| talvez | ဖြစ်နိုင်သည် | hpji' nein de |
| além disso, ... | ဒါအပြင် | da. apjin |
| por isso ... | ဒါကြောင့် | da gjaun. |
| apesar de ... | သော်လည်း | tho lei: |
| graças a ... | ကြောင့် | kjaun. |

| que (pron.) | သာ | ba |
| que (conj.) | ဟု | hu |
| algo | တစ်ရုရု | ti' khu. gu. |
| alguma coisa | တစ်ရုရု | ti' khu. gu. |
| nada | ဘာမှ | ba hma. |

| quem | ဘယ်သူ | be dhu. |
| alguém (~ que ...) | တစ်ယောက်ယောက် | ti' jau' jau' |
| alguém (com ~) | တစ်ယောက်ယောက် | ti' jau' jau' |

| ninguém | ဘယ်သူမှ | be dhu hma. |
| para lugar nenhum | ဘယ်ကိုမှ | be gou hma. |
| de ninguém | ဘယ်သူမှမပိုင်သော | be dhu hma ma. bain de. |
| de alguém | တစ်ယောက်ယောက်ရဲ့ | ti' jau' jau' je. |

| tão | ဒီလို | di lou |
| também (gostaria ~ de ...) | ထိုပြင်လည်း | htou. bjin le: |
| também (~ eu) | လည်းဘဲ | le: be: |

## 15. Palavras funcionais. Advérbios. Parte 2

| Por quê? | ဘာကြောင့်လဲ | ba gjaun. le: |
| por alguma razão | တစ်ရုရုကြောင့် | ti' khu. gu. gjaun. |
| porque ... | အဘယ်ကြောင့်ဆိုသော် | abe gjo:n. zou dho |
| por qualquer razão | တစ်ရုရုအတွက် | ti' khu. gu. atwe' |

| e (tu ~ eu) | နှင့် | hnin. |
| ou (ser ~ não ser) | သို့မဟုတ် | thou. ma. hou' |
| mas (porém) | ဒါပေမဲ့ | da bei me. |
| para (~ a minha mãe) | အတွက် | atwe' |
| muito, demais | အလွန် | alun |
| só, somente | သာ | tha |

| exatamente | အတိအကျ | ati. akja. |
| cerca de (~ 10 kg) | ခန့် | khan. |

| aproximadamente | ခန့်မှန်းခြေအားဖြင့် | khan hman: gjei a: bjin. |
| aproximado (adj) | ခန့်မှန်းခြေဖြစ်သော | khan hman: gjei bji' te. |
| quase | နီးပါး | ni: ba: |
| resto (m) | ကျန်သော | kjan de. |

| o outro (segundo) | တခြားသော | tacha: de. |
| outro (adj) | အခြားသော | apja: de. |
| cada (adj) | တိုင်း | tain: |
| qualquer (adj) | မဆို | ma. zou |
| muitos, muitas | အမြောက်အများ | amjau' amja: |
| muito | အများကြီး | amja: gji: |
| muitas pessoas | များစွာသော | mja: zwa de. |
| todos | အားလုံး | a: loun: |

| em troca de ... | အစား | asa: |
| em troca | အစား | asa: |
| à mão | လက်ဖြင့် | le' hpjin. |
| pouco provável | ဖြစ်နိုင်ခြေ နည်းသည် | hpji' nain gjei ni: de |

| provavelmente | ဖြစ်နိုင်သည် | hpji' nein de |
| de propósito | တမင် | tamin |
| por acidente | အမှတ်တမဲ့ | ahma' ta. me. |

| muito | သိပ် | thei' |
| por exemplo | ဥပမာအားဖြင့် | upama a: bjin. |
| entre | ကြား | kja: |
| entre (no meio de) | ကြားထဲတွင် | ka: de: dwin: |
| tanto | ဒီလောက် | di lau' |
| especialmente | အထူးသဖြင့် | a htu: dha. hjin. |

# Conceitos básicos. Parte 2

## 16. Opostos

| | | |
|---|---|---|
| rico (adj) | ရှင်းသာသော | chan: dha de. |
| pobre (adj) | ဆင်းရဲသော | hsin: je: de. |
| | | |
| doente (adj) | နေမကောင်းသော | nei ma. kaun: de. |
| bem (adj) | ကျန်းမာသော | kjan: ma de. |
| | | |
| grande (adj) | ကြီးသော | kji: de. |
| pequeno (adj) | သေးသော | thei: de. |
| | | |
| rapidamente | မြန်မြန် | mjan mjan |
| lentamente | ဖြည်းဖြည်း | hpjei: bjei: |
| | | |
| rápido (adj) | မြန်သော | mjan de. |
| lento (adj) | ဖြည်းသော | hpjei: de. |
| | | |
| alegre (adj) | ပျော်ရွှင်သော | pjo shwin de. |
| triste (adj) | ဝမ်းနည်းသော | wan: ne: de. |
| | | |
| juntos (ir ~) | အတူတကွ | atu da. kwa. |
| separadamente | သီးခြင်းစီ | thi: gjin: zi |
| | | |
| em voz alta (ler ~) | ကျယ်လောင်စွာ | kje laun zwa |
| para si (em silêncio) | တိတ်ဆိတ်စွာ | tei' hsei' swa |
| | | |
| alto (adj) | မြင့်သော | mjin. de. |
| baixo (adj) | ပုသော | pu dho: |
| | | |
| profundo (adj) | နက်သော | ne' te. |
| raso (adj) | တိမ်သော | tein de |
| | | |
| sim | ဟုတ်တယ် | hou' te |
| não | မဟုတ်ဘူး | ma hou' bu: |
| | | |
| distante (adj) | ဝေးသော | wei: de. |
| próximo (adj) | နီးသော | ni: de. |
| | | |
| longe | အဝေးမှာ | awei: hma |
| à mão, perto | အနီးမှာ | ani: hma |
| | | |
| longo (adj) | ရှည်သော | shei lja: zu: sha. zwa ode |
| curto (adj) | တိုသော | tou de. |
| | | |
| bom (bondoso) | သဘောကောင်းသော | thabo: kaun: de. |
| mal (adj) | ယုတ်မာသော | jou' ma de. |

| casado (adj) | မိန်းမရှိသော | mein: ma. shi. de. |
| solteiro (adj) | တစ်ဦးတည်းဖြစ်သော | ti' u: te: hpi' te. |

| proibir (vt) | တားမြစ်သည် | ta: mji' te |
| permitir (vt) | ခွင့်ပြုသည် | khwin bju. de |

| fim (m) | အဆုံး | ahsoun: |
| início (m) | အစ | asa. |

| esquerdo (adj) | ဘယ် | be |
| direito (adj) | ညာဘက် | nja be' |

| primeiro (adj) | ပထမ | pahtama. |
| último (adj) | နောက်ဆုံးဖြစ်သော | nau' hsoun: bji' te. |

| crime (m) | ရာဇဝတ်မှု | raza. wu' hma. |
| castigo (m) | အပြစ်ပေးခြင်း | apja' pei: gjin: |

| ordenar (vt) | အမိန့်ချသည် | amin. gja. de |
| obedecer (vt) | နာခံသည် | na gan de |

| reto (adj) | ဖြောင့်တန်းသော | hpjaun. dan: de. |
| curvo (adj) | ကောက်ကွေ့သော | kau' kwe. de. |

| paraíso (m) | ကောင်းကင်ဘုံ | kaun: gin boun |
| inferno (m) | ငရဲ | nga. je: |

| nascer (vi) | မွေးဖွားသည် | mwei: bwa: de |
| morrer (vi) | ကွယ်လွန်သည် | kwe lun de |

| forte (adj) | သန်မာသော | than ma de. |
| fraco, débil (adj) | အားပျော့သော | a: bjo. de. |

| velho, idoso (adj) | အိုမင်းသော | ou min de. |
| jovem (adj) | ငယ်ရွယ်သော | ngwe jwe de. |

| velho (adj) | အိုဟောင်းသော | ou haun: de. |
| novo (adj) | သစ်သော | thi' te. |

| duro (adj) | မာသော | ma de. |
| macio (adj) | နူးညံ့သော | nu: njan. de. |

| quente (adj) | နွေးသော | nwei: de. |
| frio (adj) | အေးသော | ei: de. |

| gordo (adj) | ဝသော | wa. de. |
| magro (adj) | ပိန်သော | pein de. |

| estreito (adj) | ကျဉ်းသော | kjin de. |
| largo (adj) | ကျယ်သော | kje de. |

| bom (adj) | ကောင်းသော | kaun: de. |
| mau (adj) | ဆိုးသော | hsou: de. |

| valente, corajoso (adj) | ရဲရင့်သော | je: jin. de. |
| covarde (adj) | ကြောက်တတ်သော | kjau' ta' te. |

## 17. Dias da semana

| | | |
|---|---|---|
| segunda-feira (f) | တနင်္လာ | tanin: la |
| terça-feira (f) | အင်္ဂါ | in ga |
| quarta-feira (f) | ဗုဒ္ဓဟူး | bou' da. hu: |
| quinta-feira (f) | ကြာသပတေး | kja dha ba. dei: |
| sexta-feira (f) | သောကြာ | thau' kja |
| sábado (m) | စနေ | sanei |
| domingo (m) | တနင်္ဂနွေ | tanin: ganwei |

| | | |
|---|---|---|
| hoje | ယနေ့ | ja. nei. |
| amanhã | မနက်ဖြန် | mane' bjan |
| depois de amanhã | သဘက်ခါ | dhabe' kha |
| ontem | မနေ့က | ma. nei. ka. |
| anteontem | တနေ့က | ta. nei. ga. |

| | | |
|---|---|---|
| dia (m) | နေ့ | nei. |
| dia (m) de trabalho | ရုံးဖွင့်ရက် | joun: hpwin je' |
| feriado (m) | ပွဲတော်ရက် | pwe: do je' |
| dia (m) de folga | ရုံးပိတ်ရက် | joun: bei' je' |
| fim (m) de semana | ရုံးပိတ်ရက်များ | joun: hpwin je' mja: |

| | | |
|---|---|---|
| o dia todo | တနေ့လုံး | ta. nei. loun: |
| no dia seguinte | နောက်နေ့ | nau' nei. |
| há dois dias | လွန်ခဲ့သော နှစ်ရက်က | lun ge: de. hni' ja' ka. |
| na véspera | အကြိုနေ့မှာ | akjou nei. hma |
| diário (adj) | နေ့စဉ် | nei. zin |
| todos os dias | နေ့တိုင်း | nei dain: |

| | | |
|---|---|---|
| semana (f) | ရက်သတ္တပတ် | je' tha' daba' |
| na semana passada | ပြီးခဲ့တဲ့အပတ်က | pji: ge. de. apa' ka. |
| semana que vem | လာမယ့်အပတ်မှာ | la. me. apa' hma |
| semanal (adj) | အပတ်စဉ် | apa' sin |
| toda semana | အပတ်စဉ် | apa' sin |
| duas vezes por semana | တစ်ပတ် နှစ်ကြိမ် | ti' pa' hni' kjein |
| toda terça-feira | အင်္ဂါနေ့တိုင်း | in ga nei. dain: |

## 18. Horas. Dia e noite

| | | |
|---|---|---|
| manhã (f) | နံနက်ခင်း | nan ne' gin: |
| de manhã | နံနက်ခင်းမှာ | nan ne' gin: hma |
| meio-dia (m) | မွန်းတည့် | mun: de. |
| à tarde | နေ့လယ်စာစားချိန်ပြီးနောက် | nei. le za za: gjein bji: nau' |

| | | |
|---|---|---|
| tardinha (f) | ညနေခင်း | nja. nei gin: |
| à tardinha | ညနေခင်းမှာ | nja. nei gin: hma |
| noite (f) | ည | nja |
| à noite | ညမှာ | nja hma |
| meia-noite (f) | သန်းခေါင်ယံ | than: gaun jan |

| | | |
|---|---|---|
| segundo (m) | စက္ကန့် | se' kan. |
| minuto (m) | မိနစ် | mi. ni' |
| hora (f) | နာရီ | na ji |

| | | |
|---|---|---|
| meia hora (f) | နာရီဝက် | na ji we' |
| quarto (m) de hora | ဆယ့်ငါးမိနစ် | hse. nga: mi. ni' |
| quinze minutos | ၁၅ မိနစ် | ta' hse. |
| vinte e quatro horas | နှစ်ဆယ့်လေးနာရီ | hni' hse lei: na ji |

| | | |
|---|---|---|
| nascer (m) do sol | နေထွက်ချိန် | nei dwe' gjein |
| amanhecer (m) | အာရုဏ်ဦး | a joun u: |
| madrugada (f) | နံနက်စောစော | nan ne' so: zo: |
| pôr-do-sol (m) | နေဝင်ချိန် | nei win gjein |

| | | |
|---|---|---|
| de madrugada | နံနက်အစောပိုင်း | nan ne' aso: bain: |
| esta manhã | ယနေ့နံနက် | ja. nei. nan ne' |
| amanhã de manhã | မနက်ဖြန်နံနက် | mane' bjan nan ne' |

| | | |
|---|---|---|
| esta tarde | ယနေ့နေ့လယ် | ja. nei. nei. le |
| à tarde | နေ့လယ်စာစားချိန်ပြီးနောက် | nei. le za za: gjein bji: nau' |
| amanhã à tarde | မနက်ဖြန်မွန်းလွဲပိုင်း | mane' bjan mun: lwe: bain: |

| | | |
|---|---|---|
| esta noite, hoje à noite | ယနေ့ညနေ | ja. nei. nja. nei |
| amanhã à noite | မနက်ဖြန်ညနေ | mane' bjan nja. nei |

| | | |
|---|---|---|
| às três horas em ponto | ၃ နာရီတွင် | thoun: na ji dwin |
| por volta das quatro | ၄ နာရီခန့်တွင် | lei: na ji khan dwin |
| às doze | ၁၂ နာရီအရောက် | hse. hni' na ji ajau' |

| | | |
|---|---|---|
| em vinte minutos | နောက် မိနစ် ၂၀ မှာ | nau' mi. ni' hni' se hma |
| em uma hora | နောက်တစ်နာရီမှာ | nau' ti' na ji hma |
| a tempo | အချိန်ကိုက် | achein kai' |

| | | |
|---|---|---|
| ... um quarto para | မတ်တင်း | ma' tin: |
| dentro de uma hora | တစ်နာရီအတွင်း | ti' na ji atwin: |
| a cada quinze minutos | ၁၅ မိနစ်တိုင်း | ta' hse. nga: mi ni' htain: |
| as vinte e quatro horas | ၂၄ နာရီလုံး | hna' hse. lei: na ji |

## 19. Meses. Estações

| | | |
|---|---|---|
| janeiro (m) | ဇန်နဝါရီလ | zan na. wa ji la. |
| fevereiro (m) | ဖေဖော်ဝါရီလ | hpei bo wa ji la |
| março (m) | မတ်လ | ma' la. |
| abril (m) | ဧပြီလ | ei bji la. |
| maio (m) | မေလ | mei la. |
| junho (m) | ဇွန်လ | zun la. |

| | | |
|---|---|---|
| julho (m) | ဇူလိုင်လ | zu lain la. |
| agosto (m) | ဩဂုတ်လ | o: gou' la. |
| setembro (m) | စက်တင်ဘာလ | sa' htin ba la. |
| outubro (m) | အောက်တိုဘာလ | au' tou ba la |
| novembro (m) | နိုဝင်ဘာလ | nou win ba la. |
| dezembro (m) | ဒီဇင်ဘာလ | di zin ba la. |

| | | |
|---|---|---|
| primavera (f) | နွေဦးရာသီ | nwei: u: ja dhi |
| na primavera | နွေဦးရာသီမှာ | nwei: u: ja dhi hma |
| primaveril (adj) | နွေဦးရာသီနှင့်ဆိုင်သော | nwei: u: ja dhi hnin. zain de. |
| verão (m) | နွေရာသီ | nwei: ja dhi |

27

| no verão | နွေရာသီမှာ | nwei: ja dhi hma |
| de verão | နွေရာသီနှင့်ဆိုင်သော | nwei: ja dhi hnin. zain de. |

| outono (m) | ဆောင်းဦးရာသီ | hsaun: u: ja dhi |
| no outono | ဆောင်းဦးရာသီမှာ | hsaun: u: ja dhi hma |
| outonal (adj) | ဆောင်းဦးရာသီနှင့်ဆိုင်သော | hsaun: u: ja dhi hnin. zain de. |

| inverno (m) | ဆောင်းရာသီ | hsaun: ja dhi |
| no inverno | ဆောင်းရာသီမှာ | hsaun: ja dhi hma |
| de inverno | ဆောင်းရာသီနှင့်ဆိုင်သော | hsaun: ja dhi hnin. zain de. |
| mês (m) | လ | la. |
| este mês | ဒီလ | di la. |
| mês que vem | နောက်လ | nau' la |
| no mês passado | ယခင်လ | jakhin la. |

| um mês atrás | ပြီးခဲ့တဲ့တစ်လကျော် | pji: ge. de. di' la. gjo |
| em um mês | နောက်တစ်လကျော် | nau' ti' la. gjo |
| em dois meses | နောက်နှစ်လကျော် | nau' hni' la. gjo |
| todo o mês | တစ်လလုံး | ti' la. loun: |
| um mês inteiro | တစ်လလုံး | ti' la. loun: |

| mensal (adj) | လစဉ် | la. zin |
| mensalmente | လစဉ် | la. zin |
| todo mês | လတိုင်း | la. dain: |
| duas vezes por mês | တစ်လနှစ်ကြိမ် | ti' la. hni' kjein: |

| ano (m) | နှစ် | hni' |
| este ano | ဒီနှစ်မှာ | di hna' hma |
| ano que vem | နောက်နှစ်မှာ | nau' hni' hnma |
| no ano passado | ယခင်နှစ်မှာ | jakhin hni' hma |
| há um ano | ပြီးခဲ့တဲ့တစ်နှစ်ကျော်က | pji: ge. de. di' hni' kjo ga. |
| em um ano | နောက်တစ်နှစ်ကျော် | nau' ti' hni' gjo |
| dentro de dois anos | နောက်နှစ်နှစ်ကျော် | nau' hni' hni' gjo |
| todo o ano | တစ်နှစ်လုံး | ti' hni' loun: |
| um ano inteiro | တစ်နှစ်လုံး | ti' hni' loun: |

| cada ano | နှစ်တိုင်း | hni' tain: |
| anual (adj) | နှစ်စဉ်ဖြစ်သော | hni' san bji' te. |
| anualmente | နှစ်စဉ် | hni' san |
| quatro vezes por ano | တစ်နှစ်လေးကြိမ် | ti' hni' lei: gjein: |

| data (~ de hoje) | နေ့ | nei. zwe: |
| data (ex. ~ de nascimento) | ရက်စွဲ | je' swe: |
| calendário (m) | ပြက္ခဒိန် | pje' gadein |

| meio ano | နှစ်ဝက် | hni' we' |
| seis meses | နှစ်ဝက် | hni' we' |
| estação (f) | ရာသီ | ja dhi |
| século (m) | ရာစု | jazu. |

## 20. Tempo. Diversos

| tempo (m) | အချိန် | achein |
| momento (m) | အခိုက်အတန့် | akhai' atan. |

| | | |
|---|---|---|
| instante (m) | ခဏ | khana. |
| instantâneo (adj) | ချက်ချင်း | che' chin: |
| lapso (m) de tempo | ကာလအပိုင်းအခြား | ka la apain: acha: |
| vida (f) | ဘဝ | ba. wa. |
| eternidade (f) | ထာဝရ | hta wa. ja. |

| | | |
|---|---|---|
| época (f) | ခေတ် | khi' |
| era (f) | ခေတ် | khi' |
| ciclo (m) | စက်ဝန်း | se' wun: |
| período (m) | အချိန်ပိုင်း | achein bain: |
| prazo (m) | သက်တမ်း | the' tan |

| | | |
|---|---|---|
| futuro (m) | အနာဂတ် | ana ga' |
| futuro (adj) | အနာဂတ် | ana ga' |
| da próxima vez | နောက်တစ်ကြိမ် | nau' ti' kjein |
| passado (m) | အတိတ် | ati' |
| passado (adj) | လွန်ခဲ့သော | lun ge. de. |
| na última vez | ပြီးခဲ့သောတစ်ခေါက် | pji: ge. dho di' gau' |
| mais tarde | နောက်မှ | nau' hma. |
| depois de ... | ပြီးနောက် | pji: nau' |
| atualmente | ယခုအချိန် | jakhu. achein |
| agora | အခု | akhu. |
| imediatamente | ချက်ချင်း | che' chin: |
| em breve | မကြာခင် | ma. gja gin |
| de antemão | ကြိုတင် | kjou tin |

| | | |
|---|---|---|
| há muito tempo | တော်တော်ကြာကြာက | to do gja gja |
| recentemente | သိပ်မကြာခင်က | thei' ma. gja gjin ga. |
| destino (m) | ကံတရား | kan daja: |
| recordações (f pl) | အမှတ်တရ | ahma' ta ra |
| arquivo (m) | မော်ကွန်း | mo gun: |
| durante ... | အချိန်အတွင်း | achein atwin |
| durante muito tempo | ကြာကြာ | kja gja |
| pouco tempo | ခဏ | khana. |
| cedo (levantar-se ~) | စောစော | so: zo: |
| tarde (deitar-se ~) | နောက်ကျမှ | nau' kja. hma. |

| | | |
|---|---|---|
| para sempre | အမြဲတမ်း | amje: dan: |
| começar (vt) | စတင်သည် | sa. tin de |
| adiar (vt) | ရွှေ့ဆိုင်းသည် | shwei' zain: de |

| | | |
|---|---|---|
| ao mesmo tempo | တချိန်တည်းမှာ | takhein de: hma |
| permanentemente | အမြဲတမ်း | amje: dan: |
| constante (~ ruído, etc.) | ဆက်တိုက်ဖြစ်သော | hse' dain bja' de. |
| temporário (adj) | ယာယီဖြစ်သော | ja ji bji' te. |

| | | |
|---|---|---|
| às vezes | တခါတလေ | takha talei |
| raras vezes, raramente | ရှားရှားပါးပါး | sha: sha: ba: ba: |
| frequentemente | ခဏခဏ | khana. khana. |

## 21. Linhas e formas

| | | |
|---|---|---|
| quadrado (m) | စတုရန်း | satu. jan: |
| quadrado (adj) | စတုရန်းပုံဖြစ်သော | satu. jan: boun bji' te. |

| círculo (m) | အဝိုင်း | awain: |
| redondo (adj) | ဝိုင်းသော | wain: de. |
| triângulo (m) | တြိဂံ | tri. gan |
| triangular (adj) | တြိဂံပုံဖြစ်သော | tri. gan bou hpi' te |

| oval (f) | ဘဲဥပုံ | be: u. boun |
| oval (adj) | ဘဲဥပုံဖြစ်သော | be: u. boun pja' de. |
| retângulo (m) | ထောင့်မှန်စတုဂံ | htaun. hman zatu. gan |
| retangular (adj) | ထောင့်မှန်ဖြစ်သော | htaun. hman hpji' te. |

| pirâmide (f) | ထူရှန်းပုံ | htu. gjwan: boun |
| losango (m) | ရွှဲ | ran bu |
| trapézio (m) | ထရာဝီးဇီးယမ်း | htaja bi: zi: jan: |
| cubo (m) | ကုဗဝတ္ထု | ku ba. toun: |
| prisma (m) | ပရစ်ဇင် | pa. ji' zan |

| circunferência (f) | အဝန်း | awun: |
| esfera (f) | ထုလုံး | htu. loun: |
| globo (m) | ရှိမောင်းလုံးဝန်းသော | mou maun loun: wun: de. |
| diâmetro (m) | အချင်း | achin: |
| raio (m) | အချင်းဝက် | achin: we' |
| perímetro (m) | ပတ်လည်အနား | pa' le ana: |
| centro (m) | ဗဟို | ba hou |

| horizontal (adj) | အလျားလိုက် | alja: lai' |
| vertical (adj) | ဒေါင်လိုက် | daun lou' |
| paralela (f) | အပြိုင် | apjain |
| paralelo (adj) | အပြိုင်ဖြစ်သော | apjain bja' te. |

| linha (f) | မျဉ်း | mjin: |
| traço (m) | ချက် | che' |
| reta (f) | မျဉ်းဖြောင့် | mjin: baun. |
| curva (f) | မျဉ်းကွေး | mjin: gwei: |
| fino (linha ~a) | ပါးသော | pa: de. |
| contorno (m) | ကွန်တိုမျဉ်း | kun tou mjin: |

| interseção (f) | ဖြတ်မှတ် | hpja' hma' |
| ângulo (m) reto | ထောင့်မှန် | htaun. hman |
| segmento (m) | အပိုင်း | apain: |
| setor (m) | စက်ဝိုင်းစိတ် | se' wain: zei' |
| lado (de um triângulo, etc.) | အနား | ana: |
| ângulo (m) | ထောင့် | htaun. |

## 22. Unidades de medida

| peso (m) | အလေးချိန် | alei: gjein |
| comprimento (m) | အရှည် | ashei |
| largura (f) | အကျယ် | akje |
| altura (f) | အမြင့် | amjin. |
| profundidade (f) | အနက် | ane' |
| volume (m) | ထုထည် | du. de |
| área (f) | အကျယ်အဝန်း | akje awun: |
| grama (m) | ဂရမ် | ga ran |
| miligrama (m) | မီလိဂရမ် | mi li ga. jan |

| | | |
|---|---|---|
| quilograma (m) | ကီလိုဂရမ် | ki lou ga jan |
| tonelada (f) | တန် | tan |
| libra (453,6 gramas) | ပေါင် | paun |
| onça (f) | အောင်စ | aun sa. |

| | | |
|---|---|---|
| metro (m) | မီတာ | mi ta |
| milímetro (m) | မီလီမီတာ | mi li mi ta |
| centímetro (m) | စင်တီမီတာ | sin ti mi ta |
| quilômetro (m) | ကီလိုမီတာ | ki lou mi ta |
| milha (f) | မိုင် | main |

| | | |
|---|---|---|
| polegada (f) | လက်မ | le' ma |
| pé (304,74 mm) | ပေ | pei |
| jarda (914,383 mm) | ကိုက် | kou' |

| | | |
|---|---|---|
| metro (m) quadrado | စတုရန်းမီတာ | satu. jan: mi ta |
| hectare (m) | ဟက်တာ | he' ta |

| | | |
|---|---|---|
| litro (m) | လီတာ | li ta |
| grau (m) | ဒီဂရီ | di ga ji |
| volt (m) | ဗို့ | boi. |
| ampère (m) | အမ်ပီယာ | an bi ja |
| cavalo (m) de potência | မြင်းကောင်ရေအား | mjin: gaun jei a: |

| | | |
|---|---|---|
| quantidade (f) | အရေအတွက် | ajei adwe' |
| um pouco de ... | နည်းနည်း | ne: ne: |
| metade (f) | တစ်ဝက် | ti' we' |
| dúzia (f) | ဒါဇင် | da zin |
| peça (f) | ခု | khu. |

| | | |
|---|---|---|
| tamanho (m), dimensão (f) | အတိုင်းအတာ | atain: ata |
| escala (f) | စကေး | sakei: |

| | | |
|---|---|---|
| mínimo (adj) | အနည်းဆုံး | ane: zoun |
| menor, mais pequeno | အသေးဆုံး | athei: zoun: |
| médio (adj) | အလယ်အလတ် | ale ala' |
| máximo (adj) | အများဆုံး | amja: zoun: |
| maior, mais grande | အကြီးဆုံး | akji: zoun: |

## 23. Recipientes

| | | |
|---|---|---|
| pote (m) de vidro | ဖန်ဘူး | hpan bu: |
| lata (~ de cerveja) | သံဘူး | than bu: |
| balde (m) | ရေပုံး | jei boun: |
| barril (m) | စည်ပိုင်း | si bain: |

| | | |
|---|---|---|
| bacia (~ de plástico) | ဇလုံ | za loun |
| tanque (m) | သံစည် | than zi |
| cantil (m) de bolso | အရက်ပုလင်းပြား | aje' pu lin: pja: |
| galão (m) de gasolina | တာဆီပုံး | da' hsi boun: |
| cisterna (f) | တိုင်ကီ | tain ki |

| | | |
|---|---|---|
| caneca (f) | မတ်ခွက် | ma' khwe' |
| xícara (f) | ခွက် | khwe' |

| | | |
|---|---|---|
| pires (m) | အောက်ခံပန်းကန်ပြား | au' khan ban: kan pja: |
| copo (m) | ဖန်ခွက် | hpan gwe' |
| taça (f) de vinho | ဝိုင်ခွက် | wain gwe' |
| panela (f) | ပေါင်းအိုး | paun: ou: |

| | | |
|---|---|---|
| garrafa (f) | ပုလင်း | palin: |
| gargalo (m) | ပုလင်းလည်ပင်း | palin: le bin: |

| | | |
|---|---|---|
| jarra (f) | ဖန်ရှိုင့် | hpan gjain. |
| jarro (m) | ကရား | kaja: |
| recipiente (m) | အိုးခွက် | ou: khwe' |
| pote (m) | မြေအိုး | mjei ou: |
| vaso (m) | ပန်းအိုး | pan: ou: |

| | | |
|---|---|---|
| frasco (~ de perfume) | ပုလင်း | palin: |
| frasquinho (m) | ပုလင်းကလေး | palin: galei: |
| tubo (m) | ဘူး | bu: |

| | | |
|---|---|---|
| saco (ex. ~ de açúcar) | ဂုန်အိတ် | goun ni ei' |
| sacola (~ plastica) | အိတ် | ei' |
| maço (de cigarros, etc.) | ဘူး | bu: |

| | | |
|---|---|---|
| caixa (~ de sapatos, etc.) | စက္ကူဘူး | se' ku bu: |
| caixote (~ de madeira) | သေတ္တာ | thi' ta |
| cesto (m) | တောင်း | taun: |

## 24. Materiais

| | | |
|---|---|---|
| material (m) | အထည် | a hte |
| madeira (f) | သစ်သား | thi' tha: |
| de madeira | သစ်သားနှင့်လုပ်သော | thi' tha: hnin. lou' te. |

| | | |
|---|---|---|
| vidro (m) | ဖန် | hpan |
| de vidro | ဖန်နှင့်လုပ်သော | hpan hnin. lou' te |

| | | |
|---|---|---|
| pedra (f) | ကျောက် | kjau' |
| de pedra | ကျောက်ဖြင့်လုပ်ထားသော | kjau' hpjin. lou' hta: de. |

| | | |
|---|---|---|
| plástico (m) | ပလပ်စတစ် | pa. la' sa. ti' |
| plástico (adj) | ပလပ်စတစ်နှင့်လုပ်သော | pa. la' sa. ti' hnin. zain de |

| | | |
|---|---|---|
| borracha (f) | ရော်ဘာ | jo ba |
| de borracha | ရော်ဘာနှင့်လုပ်သော | jo ba hnin. lou' te. |

| | | |
|---|---|---|
| tecido, pano (m) | အထည် | a hte |
| de tecido | အထည်နှင့်လုပ်သော | a hte hnin. lou' te. |

| | | |
|---|---|---|
| papel (m) | စက္ကူ | se' ku |
| de papel | စက္ကူနှင့်လုပ်သော | se' ku hnin. lou' te. |

| | | |
|---|---|---|
| papelão (m) | စက္ကူထူ | se' ku htu |
| de papelão | စက္ကူထူနှင့်လုပ်သော | se' ku htu hnin. lou' te. |
| polietileno (m) | ပေါ်လီသင်း | po li thin: |
| celofane (m) | မှန်ကြည်စက္ကူ | hman gji se' ku |

| | | |
|---|---|---|
| linóleo (m) | ကျမ်းခင်း ဆေယာင်းပုဆိုး | kjan: khin: hpa jaun: pou hsou: |
| madeira (f) compensada | အထပ်သား | a hta' tha: |

| | | |
|---|---|---|
| porcelana (f) | ကြွေ | kjwei |
| de porcelana | ကြွေနှင့်လုပ်သော | kjwei hnin. lou' te |
| argila (f), barro (m) | မြေစေး | mjei zei: |
| de barro | မြေထည် | mjei de |
| cerâmica (f) | ကြွေထည်မြေထည် | kjwei de mjei de |
| de cerâmica | ကြွေထည်မြေထည်နှင့်လုပ်သော | kjwei de mjei de hnin. lou' te. |

## 25. Metais

| | | |
|---|---|---|
| metal (m) | သတ္တု | tha' tu. |
| metálico (adj) | သတ္တုနှင့်လုပ်သော | tha' tu. hnin. lou' te. |
| liga (f) | သတ္တုစပ် | tha' tu. za' |

| | | |
|---|---|---|
| ouro (m) | ရွှေ | shwei |
| de ouro | ရွှေနှင့်လုပ်သော | shwei hnin. lou' te |
| prata (f) | ငွေ | ngwei |
| de prata | ငွေနှင့်လုပ်သော | ngwei hnin. lou' de. |

| | | |
|---|---|---|
| ferro (m) | သံ | than |
| de ferro | သံနှင့်လုပ်သော | than hnin. lou' te. |
| aço (m) | သံမဏိ | than mani. |
| de aço (adj) | သံမဏိနှင့်လုပ်သော | than mani. hnin. lou' te. |
| cobre (m) | ကြေးနီ | kjei: ni |
| de cobre | ကြေးနီနှင့်လုပ်သော | kjei: ni hnin. lou. de. |

| | | |
|---|---|---|
| alumínio (m) | အလူမီနီယံ | alu mi ni jan |
| de alumínio | အလူမီနီယံနှင့်လုပ်သော | alu mi ni jan hnin. lou' te. |
| bronze (m) | ကြေးညို | kjei: njou |
| de bronze | ကြေးညိုနှင့်လုပ်သော | kjei: njou hnin. lou' de. |

| | | |
|---|---|---|
| latão (m) | ကြေးဝါ | kjei: wa |
| níquel (m) | နီကယ် | ni ke |
| platina (f) | ရွှေဖြူ | shwei bju |
| mercúrio (m) | ပြဒါး | bada: |
| estanho (m) | သံဖြူ | than bju |
| chumbo (m) | ခဲ | khe: |
| zinco (m) | သွပ် | thu' |

# O SER HUMANO

## O ser humano. O corpo

### 26. Humanos. Conceitos básicos

| | | |
|---|---|---|
| ser (m) humano | လူ | lu |
| homem (m) | အမျိုးသား | amjou: dha: |
| mulher (f) | အမျိုးသမီး | amjou: dhami: |
| criança (f) | ကလေး | kalei: |
| | | |
| menina (f) | ကောင်မလေး | kaun ma. lei: |
| menino (m) | ကောင်လေး | kaun lei: |
| adolescente (m) | ဆယ်ကျော်သက် | hse gjo dhe' |
| velho (m) | လူကြီး | lu gji: |
| velha (f) | အမျိုးသမီးကြီး | amjou: dhami: gji: |

### 27. Anatomia humana

| | | |
|---|---|---|
| organismo (m) | ဇီဝရုပ် | zi wa ju' |
| coração (m) | နှလုံး | hnaloun: |
| sangue (m) | သွေး | thwei: |
| artéria (f) | သွေးလွတ်ကြော | thwei hlwa' kjo: |
| veia (f) | သွေးပြန်ကြော | thwei: bjan gjo: |
| | | |
| cérebro (m) | ဦးနှောက် | oun: hnau' |
| nervo (m) | အာရုံကြော | a joun gjo: |
| nervos (m pl) | အာရုံကြောများ | a joun gjo: mja: |
| vértebra (f) | ကျောရိုးအဆစ် | kjo: jou: ahsi' |
| coluna (f) vertebral | ကျောရိုး | kjo: jou: |
| | | |
| estômago (m) | အစာအိမ် | asa: ein |
| intestinos (m pl) | အူ | au |
| intestino (m) | အူ | au |
| fígado (m) | အသည်း | athe: |
| rim (m) | ကျောက်ကပ် | kjau' ka' |
| | | |
| osso (m) | အရိုး | ajou: |
| esqueleto (m) | အရိုးစု | ajou: zu |
| costela (f) | နံရိုး | nan jou: |
| crânio (m) | ဦးခေါင်းခွံ | u: gaun: gwan |
| | | |
| músculo (m) | ကြွက်သား | kjwe' tha: |
| bíceps (m) | လက်ရှိကြွက်သား | le' jou: gjwe' tha: |
| tríceps (m) | လက်မောင်းနောက်သား | le' maun: nau' tha: |
| tendão (m) | အရွတ် | ajwa' |
| articulação (f) | အဆစ် | ahsi' |

| pulmões (m pl) | အဆုတ် | ahsou' |
| órgãos (m pl) genitais | အင်္ဂါဇာတ် | in ga za' |
| pele (f) | အရေပြား | ajei bja: |

## 28. Cabeça

| cabeça (f) | ခေါင်း | gaun: |
| rosto, cara (f) | မျက်နှာ | mje' hna |
| nariz (m) | နှာခေါင်း | hna gaun: |
| boca (f) | ပါးစပ် | pa: zi' |

| olho (m) | မျက်စိ | mje' si. |
| olhos (m pl) | မျက်စိများ | mje' si. mja: |
| pupila (f) | သူငယ်အိမ် | thu nge ein |
| sobrancelha (f) | မျက်ခုံး | mje' khoun: |
| cílio (f) | မျက်တောင် | mje' taun |
| pálpebra (f) | မျက်ခွံ | mje' khwan |

| língua (f) | လျှာ | sha |
| dente (m) | သွား | thwa: |
| lábios (m pl) | နှုတ်ခမ်း | hna' khan: |
| maçãs (f pl) do rosto | ပါးရဲ့ | pa: jou: |
| gengiva (f) | သွားဖုံး | thwahpoun: |
| palato (m) | အာခေါင် | a gaun |

| narinas (f pl) | နှာခေါင်းပေါက် | hna gaun: bau' |
| queixo (m) | မေးစေ့ | mei: zei. |
| mandíbula (f) | မေးရိုး | mei: jou: |
| bochecha (f) | ပါး | pa: |

| testa (f) | နဖူး | na. hpu: |
| têmpora (f) | နားထင် | na: din |
| orelha (f) | နားရွက် | na: jwe' |
| costas (f pl) da cabeça | နောက်စေ့ | nau' sei. |
| pescoço (m) | လည်ပင်း | le bin: |
| garganta (f) | လည်ချောင်း | le gjaun: |

| cabelo (m) | ဆံပင် | zabin |
| penteado (m) | ဆံပင်ပုံစံ | zabin boun zan |
| corte (m) de cabelo | ဆံပင်ညှပ်သည့်ပုံစံ | zabin hnja' thi. boun zan |
| peruca (f) | ဆံပင်တု | zabin du. |

| bigode (m) | နှုတ်ခမ်းမွေး | hnou' khan: hmwei: |
| barba (f) | မုတ်ဆိတ်မွေး | mou' hsei' hmwei: |
| ter (~ barba, etc.) | အရှပ်ထားသည် | ashei hta: de |
| trança (f) | ကျစ်ဆံမြီး | kji' zan mji: |
| suíças (f pl) | ပါးသိုင်းမွေး | pa: dhain: hmwei: |

| ruivo (adj) | ဆံပင်အနီရောင်ရှိသော | zabin ani jaun shi. de |
| grisalho (adj) | အရောင်ဖျော့သော | ajaun bjo. de. |
| careca (adj) | ထိပ်ပြောင်သော | htei' pjaun de. |
| calva (f) | ဆံပင်ကျွတ်နေသောနေရာ | zabin kju' nei dho nei ja |
| rabo-de-cavalo (m) | မြင်းမြီးပုံဆံပင် | mjin: mji: boun zan zan bin |
| franja (f) | ဆံရစ် | hsaji' |

## 29. Corpo humano

| | | |
|---|---|---|
| mão (f) | လက် | le' |
| braço (m) | လက်မောင်း | le' maun: |
| | | |
| dedo (m) | လက်ချောင်း | le' chaun: |
| dedo (m) do pé | ခြေချောင်း | chei gjaun: |
| polegar (m) | လက်မ | le' ma |
| dedo (m) mindinho | လက်သန်း | le' than: |
| unha (f) | လက်သည်းခွံ | le' the: dou' tan zin: |
| | | |
| punho (m) | လက်သီး | le' thi: |
| palma (f) | လက်ဝါး | le' wa: |
| pulso (m) | လက်ကောက်ဝတ် | le' kau' wa' |
| antebraço (m) | လက်ဖျံ | le' hpjan |
| cotovelo (m) | တံတောင်ဆစ် | daduan zi' |
| ombro (m) | ပခုံး | pakhoun: |
| | | |
| perna (f) | ခြေထောက် | chei htau' |
| pé (m) | ခြေထောက် | chei htau' |
| joelho (m) | ဒူး | du: |
| panturrilha (f) | ခြေသလုံးကြွက်သား | chei dha. loun: gjwe' dha: |
| quadril (m) | တင်ပါး | tin ba: |
| calcanhar (m) | ခြေဖနောင့် | chei ba. naun. |
| | | |
| corpo (m) | ခန္ဓာကိုယ် | khan da kou |
| barriga (f), ventre (m) | ဗိုက် | bai' |
| peito (m) | ရင်ဘတ် | jin ba' |
| seio (m) | နို့ | nou. |
| lado (m) | နံပါး | nan ba: |
| costas (dorso) | ကျော | kjo: |
| região (f) lombar | ခါးအောက်ပိုင်း | kha: au' pain: |
| cintura (f) | ခါး | kha: |
| | | |
| umbigo (m) | ချက် | che' |
| nádegas (f pl) | တင်ပါး | tin ba: |
| traseiro (m) | နောက်ပိုင်း | nau' pain: |
| | | |
| sinal (m), pinta (f) | မဲ့ | hme. |
| sinal (m) de nascença | မွေးရာပါအမှတ် | mwei: ja ba ahma' |
| tatuagem (f) | တက်တူး | te' tu: |
| cicatriz (f) | အမာရွတ် | ama ju' |

# Vestuário & Acessórios

## 30. Roupa exterior. Casacos

| | | |
|---|---|---|
| roupa (f) | အဝတ်အစား | awu' aza: |
| roupa (f) exterior | အပေါ်ဝတ်အကျီ | apo we' in: gji |
| roupa (f) de inverno | ဆောင်းတွင်းဝတ်အဝတ်အစား | hsaun: dwin: wu' awu' asa: |

| | | |
|---|---|---|
| sobretudo (m) | ကုတ်အကျီရှည် | kou' akji shi |
| casaco (m) de pele | သားမွေးအနွေးထည် | tha: mwei: anwei: de |
| jaqueta (f) de pele | အမွေးပွအပေါ်အကျီ | ahmwei pwa po akji. |
| casaco (m) acolchoado | ၄က်မွေးကုတ်အကျီ | hnge' hmwei: kou' akji. |

| | | |
|---|---|---|
| casaco (m), jaqueta (f) | အပေါ်အကျီ | apo akji. |
| impermeável (m) | မိုးကာအကျီ | mou: ga akji |
| a prova d'água | ရေလုံသော | jei loun de. |

## 31. Vestuário de homem & mulher

| | | |
|---|---|---|
| camisa (f) | ရှပ်အကျီ | sha' in gji |
| calça (f) | ဘောင်းဘီ | baun: bi |
| jeans (m) | ဂျင်းဘောင်းဘီ | gjin: bain: bi |
| paletó, terno (m) | အပေါ်အကျီ | apo akji. |
| terno (m) | အနောက်တိုင်းဝတ်စုံ | anau' tain: wu' saun |

| | | |
|---|---|---|
| vestido (ex. ~ de noiva) | ဂါဝန် | ga wun |
| saia (f) | စကတ် | saka' |
| blusa (f) | ဘလောက်စ်အကျီ | ba. lau' s in: gji |
| casaco (m) de malha | ကြယ်သီးပါသော အနွေးထည် | kje dhi: ba de. anwei: dhe |
| casaco, blazer (m) | အပေါ်ဖုံးအကျီ | apo hpoun akji. |

| | | |
|---|---|---|
| camiseta (f) | တီရှပ် | ti shi' |
| short (m) | ဘောင်းဘီတို | baun: bi dou |
| training (m) | အားကစားဝတ်စုံ | a: gaza: wu' soun |
| roupão (m) de banho | ရေချိုးခန်းဝတ်စုံ | jei gjou: gan: wu' soun |
| pijama (m) | ညအိပ်ဝတ်စုံ | nja a' wu' soun |

| | | |
|---|---|---|
| suéter (m) | ဆွယ်တာ | hswe da |
| pulôver (m) | ဆွယ်တာ | hswe da |

| | | |
|---|---|---|
| colete (m) | ဝစ်ကုတ် | wi' kou' |
| fraque (m) | တေးပိတ်ကုတ်အကျီ | tei: l kou' in: gji |
| smoking (m) | ညစာစားပွဲဝတ်စုံ | nja. za za: bwe' wu' soun |

| | | |
|---|---|---|
| uniforme (m) | တူညီဝတ်စုံ | tu nji wa' soun |
| roupa (f) de trabalho | အလုပ်ဝင် ဝတ်စုံ | alou' win wu' zoun |
| macacão (m) | စက်ရုံဝတ်စုံ | se' joun wu' soun |
| jaleco (m), bata (f) | ဂျူတိကုတ် | gju di gou' |

## 32. Vestuário. Roupa interior

| roupa (f) íntima | အတွင်းခံ | atwin: gan |
| cueca boxer (f) | ဘောက်ျ;ဝတ်အတွင်းခံ | jau' kja: wu' atwin: gan |
| calcinha (f) | မိန်းကလေးဝတ်အတွင်းခံ | mein: galei: wa' atwin: gan |
| camiseta (f) | စွပ်ကျယ် | su' kje |
| meias (f pl) | ခြေအိတ်များ | chei ei' mja: |

| camisola (f) | ညအိပ်ဂါဝန်ရှည် | nja a' ga wun she |
| sutiã (m) | ဘရာစီယာ | ba ra si ja |
| meias longas (f pl) | ခြေအိတ်ရှည် | chei ei' shi |
| meias-calças (f pl) | အသားကပ်-ဘောင်းဘီရှည် | atha: ka' baun: bi shei |
| meias (~ de nylon) | စတော့ကင် | sato. kin |
| maiô (m) | ရေကူးဝတ်စုံ | jei ku: wa' zoun |

## 33. Adereços de cabeça

| chapéu (m), touca (f) | ဦးထုပ် | u: htou' |
| chapéu (m) de feltro | ဦးထုပ်ပျော့ | u: htou' pjo. |
| boné (m) de beisebol | ရာထိုးဦးထုပ် | sha dou: u: dou' |
| boina (~ italiana) | လူကြီးဆောင်းဦးထုပ်ပြား | lu gji: zaun: u: dou' pja: |

| boina (ex. ~ basca) | ဘယ်ရီဦးထုပ် | be ji u: htu' |
| capuz (m) | အကျီတွင်ပါသော ခေါင်းစွပ် | akji. twin pa dho: gaun: zu' |
| chapéu panamá (m) | ဦးထုပ်အဝိုင်း | u: htou' awain: |
| touca (f) | သိုးမွေးခေါင်းစွပ် | thou: mwei: gaun: zu' |

| lenço (m) | ခေါင်းစည်းပုဝါ | gaun: zi: bu. wa |
| chapéu (m) feminino | အမျိုးသမီးဆောင်းဦးထုပ် | amjou: dhami: zaun: u: htou' |

| capacete (m) de proteção | ဦးထုပ်အမာ | u: htou' ama |
| bibico (m) | တပ်မတော်သုံးဦးထုပ် | ta' mado dhoun: u: dou' |
| capacete (m) | အမာစားဦးထုပ် | ama za: u: htou' |

| chapéu-coco (m) | ဦးထုပ်လုံး | u: htou' loun: |
| cartola (f) | ဦးထုပ်မြင့် | u: htou' mjin. |

## 34. Calçado

| calçado (m) | ဖိနပ် | hpana' |
| botinas (f pl), sapatos (m pl) | ရှူးဖိနပ် | shu: hpi. na' |
| sapatos (de salto alto, etc.) | မိန်းကလေးစီးရှူးဖိနပ် | mein: galei: zi: shu: bi. na' |
| botas (f pl) | လည်ရှည်ဖိနပ် | le she bi. na' |
| pantufas (f pl) | အိမ်တွင်းစီးကွင်းထိုးဖိနပ် | ein dwin: |

| tênis (~ Nike, etc.) | အားကစားဖိနပ် | a: gaza: bana' |
| tênis (~ Converse) | ပတ္တူဖိနပ် | pa' tu bi. na' |
| sandálias (f pl) | ကြိုးသိုင်းဖိနပ် | kjou: dhain: bi. na' |

| sapateiro (m) | ဖိနပ်ချုပ်သမား | hpana' chou' tha ma: |
| salto (m) | ဒေါက် | dau' |

| par (m) | အစုံ | asoun. |
|---|---|---|
| cadarço (m) | ဖိနပ်ကြိုး | hpana' kjou: |
| amarrar os cadarços | ဖိနပ်ကြိုးရှည်သည် | hpana' kjou: gjin de |
| calçadeira (f) | ဖိနပ်စီးရာတွင်သုံးသည့် | hpana' si: ja dhwin dhoun: |
| | ဖိနပ်ကော | dhin. hpana' ko |
| graxa (f) para calçado | ဖိနပ်တိုက်ဆေး | hpana' tou' hsei: |

## 35. Têxtil. Tecidos

| algodão (m) | ဝါချည် | wa gji |
|---|---|---|
| de algodão | ဝါချည်မှ | wa gji hma. |
| linho (m) | ရှည်ကြမ်း | che kjan: |
| de linho | ရှည်ကြမ်းမှ | che kjan: hma. |

| seda (f) | ပိုးရှည် | pou: gje |
|---|---|---|
| de seda | ပိုးသားဖြင့်ပြုလုပ်ထားသော | pou: dha: bjin. bju. lou' hta: de. |
| lã (f) | သိုးမွေးရှည် | thou: mwei: gji |
| de lã | သိုးမွေးဖြင့်ပြုလုပ်ထားသော | thou: mwei: bjin. bju lou' hta: de. |

| veludo (m) | ကတ္တီပါ | gadi ba |
|---|---|---|
| camurça (f) | မျက်နှာပြင်ကြမ်းသောသားရေ | mje' hna bin gjain: dho dha: jei |
| veludo (m) cotelê | ရှည်ကတ္တီပါ | che gadi ba |

| nylon (m) | နိုင်လွန် | nain lun |
|---|---|---|
| de nylon | နိုင်လွန်မှ | nain lun hma |
| poliéster (m) | ပေါ်လီအက်ဆာတာ | po li e' sa. ta |
| de poliéster | ပေါ်လီအက်ဆာတာ | po li e' sa. ta |

| couro (m) | သားရေ | tha: ei |
|---|---|---|
| de couro | သားရေမှ | tha: jei hma. |
| pele (f) | သားမွေး | tha: mwei: |
| de pele | သားမွေးဖြင့်ပြုလုပ်ထားသော | tha: mwei: bjin. bju. lou' hta: de. |

## 36. Acessórios pessoais

| luva (f) | လက်အိတ် | lei' ei' |
|---|---|---|
| mitenes (f pl) | နှစ်ကန့်လက်အိတ် | hni' kan. le' ei' |
| cachecol (m) | မာဖလာ | ma ba. la |

| óculos (m pl) | မျက်မှန် | mje' hman |
|---|---|---|
| armação (f) | မျက်မှန်ကိုင်း | mje' hman gain: |
| guarda-chuva (m) | ထီး | hti: |
| bengala (f) | တုတ်ကောက် | tou' kau' |
| escova (f) para o cabelo | ခေါင်းဘီး | gaun: bi: |
| leque (m) | ပန်ကန် | pan gan |

| gravata (f) | လည်စည်း | le zi: |
|---|---|---|
| gravata-borboleta (f) | ဖဲပြားပုံလည်စည်း | hpe' bja: boun le zi: |
| suspensórios (m pl) | ဘောင်းဘီသိုင်းကြိုး | baun: bi dhain: gjou: |

| | | |
|---|---|---|
| lenço (m) | လက်ကိုင်ပုဝါ | le' kain bu. wa |
| pente (m) | ဘီး | bi: |
| fivela (f) para cabelo | ဆံညှပ် | hsan hnja' |
| grampo (m) | ကလစ် | kali' |
| fivela (f) | ခါးပတ်ခေါင်း | kha: ba' khaun: |
| cinto (m) | ခါးပတ် | kha: ba' |
| alça (f) de ombro | ပုခုံးသိုင်းကြိုး | pu. goun: dhain: gjou: |
| bolsa (f) | လက်ကိုင်အိတ် | le' kain ei' |
| bolsa (feminina) | မိန်းကလေးပုံးလွယ်အိတ် | mein: galei: bou goun: lwe ei' |
| mochila (f) | ကျောပိုးအိတ် | kjo: bou: ei' |

## 37. Vestuário. Diversos

| | | |
|---|---|---|
| moda (f) | ဖက်ရှင် | hpe' shin |
| na moda (adj) | ခေတ်မီသော | khi' mi de. |
| estilista (m) | ဖက်ရှင်ဒီဇိုင်နာ | hpe' shin di zain na |
| colarinho (m) | အက္ၤျီကောလာ | akji. ko la |
| bolso (m) | အိတ်ကပ် | ei' ka' |
| de bolso | အိတ်ဆောင် | ei' hsaun |
| manga (f) | အက္ၤျီလက် | akji. le' |
| ganchinho (m) | အက္ၤျီချိတ်ကွင်း | akji. gjei' kwin: |
| bragueta (f) | ဘောင်းဘီလျှာဆက် | baun: bi ja ze' |
| zíper (m) | ဇစ် | zi' |
| colchete (m) | ချိတ်စရာ | che' zaja |
| botão (m) | ကြယ်သီး | kje dhi: |
| botoeira (casa de botão) | ကြယ်သီးပေါက် | kje dhi: bau' |
| soltar-se (vr) | ပြုတ်ထွက်သည် | pjou' htwe' te |
| costurar (vi) | စက်ချုပ်သည် | se' khjou' te |
| bordar (vt) | ပန်းထိုးသည် | pan: dou: de |
| bordado (m) | ပန်းထိုးခြင်း | pan: dou: gjin: |
| agulha (f) | အပ် | a' |
| fio, linha (f) | အပ်ချည် | a' chi |
| costura (f) | ချုပ်ရိုး | chou' jou: |
| sujar-se (vr) | ညစ်ပေသွားသည် | nji' pei dhwa: de |
| mancha (f) | အစွန်းအထင်း | aswan: ahtin: |
| amarrotar-se (vr) | တွန့်ကြေသောသည် | tun. gjei zei de |
| rasgar (vt) | ပေါက်ပြဲသွားသည် | pau' pje: dhwa: de |
| traça (f) | အဝတ်ပိုးဖလံ | awu' pou: hpa. lan |

## 38. Cuidados pessoais. Cosméticos

| | | |
|---|---|---|
| pasta (f) de dente | သွားတိုက်ဆေး | thwa: tai' hsei: |
| escova (f) de dente | သွားတိုက်တံ | thwa: tai' tan |
| escovar os dentes | သွားတိုက်သည် | thwa: tai' te |

| gilete (f) | သင်တုန်းဓား | thin toun: da: |
| creme (m) de barbear | မုတ်ဆိတ်ရိတ် ဆပ်ပြာ | mou' zei' jei' hsa' pja |
| barbear-se (vr) | ရိတ်သည် | jei' te |
| sabonete (m) | ဆပ်ပြာ | hsa' pja |
| xampu (m) | ခေါင်းလျှော်ရည် | gaun: sho je |
| tesoura (f) | ကတ်ကြေး | ka' kjei: |
| lixa (f) de unhas | လက်သည်းတိုက်တံစဉ်း | le' the: |
| corta-unhas (m) | လက်သည်းညှပ် | le' the: hnja' |
| pinça (f) | ဇာဂနာ | za ga. na |

| cosméticos (m pl) | အလှကုန်ပစ္စည်း | ahla. koun pji' si: |
| máscara (f) | မျက်နှာပေါင်းတင်ခြင်း | mje' hna baun: din gjin: |
| manicure (f) | လက်သည်းအလှပြုပြင်ခြင်း | le' the: ahla bjin gjin |
| fazer as unhas | လက်သည်းအလှပြင်သည် | le' the: ahla bjin de |
| pedicure (f) | ခြေသည်းအလှပြင်သည် | chei dhi: ahla. pjin de |

| bolsa (f) de maquiagem | မိတ်ကပ်အိတ် | mi' ka' ei' |
| pó (de arroz) | ပေါင်ဒါ | paun da |
| pó (m) compacto | ပေါင်ဒါဘူး | paun da bu: |
| blush (m) | ပါးနီ | pa: ni |

| perfume (m) | ရေမွှေး | jei mwei: |
| água-de-colônia (f) | ရေမွှေး | jei mwei: |
| loção (f) | လိုးရှင်း | lou shin: |
| colônia (f) | အော်ဒီကလုန်းရေမွှေး | o di ka lun: jei mwei: |

| sombra (f) de olhos | မျက်ခွံဆိုးဆေး | mje' khwan zou: zei: |
| delineador (m) | အိုင်းလိုင်နာတောင့် | ain: lain: na daun. |
| máscara (f), rímel (m) | မျက်တောင်ခြယ်ဆေး | mje' taun gje zei: |

| batom (m) | နှုတ်ခမ်းနီ | hna' khan: ni |
| esmalte (m) | လက်သည်းဆိုးဆေး | le' the: azou: zei: |
| laquê (m), spray fixador (m) | ဆံပင်သုံး ဝပရေး | zabin dhoun za. ba. jei: |
| desodorante (m) | ချွေးနံပျောက်ဆေး | chwei: nan. bjau' hsei: |

| creme (m) | ခရင်မ် | khajin m |
| creme (m) de rosto | မျက်နှာခရင်မ် | mje' hna ga. jin m |
| creme (m) de mãos | ဟန်ခရင်မ် | han kha. rin m |
| creme (m) antirrugas | အသားရှော်ကာကွယ်ဆေး | atha: gjau' ka gwe zei: |
| creme (m) de dia | နေ့လိမ်းခရင်မ် | nei. lein: ga jin'm |
| creme (m) de noite | ညလိမ်းခရင်မ် | nja lein: khajinm |
| de dia | နေ့လယ်ဘက်သုံးသော | nei. le be' thoun: de. |
| da noite | ညဘက်သုံးသော | nja. be' thoun: de. |

| absorvente (m) interno | အတောင့် | ataun. |
| papel (m) higiênico | အိမ်သာသုံးစက္ကူ | ein dha dhoun: se' ku |
| secador (m) de cabelo | ဆံပင်အခြောက်ခံစက် | zabin achou' hsan za' |

## 39. Joalheria

| joias (f pl) | လက်ဝတ်ရတနာ | le' wa' ja. da. na |
| precioso (adj) | အဖိုးတန် | ahpou: dan |
| marca (f) de contraste | ရွှေကြေးငွေကြေးမှတ် | shwei ge: ngwei ge: hma' |

| | | |
|---|---|---|
| anel (m) | လက်စွပ် | le' swa' |
| aliança (f) | လက်ထပ်လက်စွပ် | le' hta' le' swa' |
| pulseira (f) | လက်ကောက် | le' kau' |
| brincos (m pl) | နားကပ် | na: ka' |
| colar (m) | လည်ဆွဲ | le zwe: |
| coroa (f) | သရဖူ | tharahpu: |
| colar (m) de contas | လည်ဆွဲပုတီး | le zwe: bu. di: |

| | | |
|---|---|---|
| diamante (m) | စိန် | sein |
| esmeralda (f) | မြ | mja. |
| rubi (m) | ပတ္တမြား | pa' ta. mja: |
| safira (f) | နီလာ | ni la |
| pérola (f) | ပုလဲ | pale: |
| âmbar (m) | ပယင်း | pajin: |

## 40. Relógios de pulso. Relógios

| | | |
|---|---|---|
| relógio (m) de pulso | နာရီ | na ji |
| mostrador (m) | နာရီဒိုက်ခွက် | na ji dai' hpwe' |
| ponteiro (m) | နာရီလက်တံ | na ji le' tan |
| bracelete (em aço) | နာရီကြိုး | na ji gjou: |
| bracelete (em couro) | နာရီကြိုး | na ji gjou: |

| | | |
|---|---|---|
| pilha (f) | ဓာတ်ခဲ | da' khe: |
| acabar (vi) | အားကုန်သည် | a: kun de |
| trocar a pilha | ဓာတ်ထရှိလဲသည် | ba' hta ji le: de |
| estar adiantado | မြန်သည် | mjan de |
| estar atrasado | နောက်ကျသည် | nau' kja. de |

| | | |
|---|---|---|
| relógio (m) de parede | တိုင်ကပ်နာရီ | tain ka' na ji |
| ampulheta (f) | သဲနာရီ | the: naji |
| relógio (m) de sol | နေနာရီ | nei na ji |
| despertador (m) | နှိုးစက် | hnou: ze' |
| relojoeiro (m) | နာရီပြင်ဆရာ | ma ji bjin zaja |
| reparar (vt) | ပြင်သည် | pjin de |

# Alimentação. Nutrição

## 41. Comida

| | | |
|---|---|---|
| carne (f) | အသား | atha: |
| galinha (f) | ကြက်သား | kje' tha: |
| frango (m) | ကြက်ကလေး | kje' ka, lei: |
| pato (m) | ဘဲသား | be: dha: |
| ganso (m) | ဘဲငန်းသား | be: ngan: dha: |
| caça (f) | တောကောင်သား | to: gaun dha: |
| peru (m) | ကြက်ဆင်သား | kje' hsin dha: |

| | | |
|---|---|---|
| carne (f) de porco | ဝက်သား | we' tha: |
| carne (f) de vitela | နွားကလေးသား | nwa: ga. lei: dha: |
| carne (f) de carneiro | သိုးသား | thou: tha: |
| carne (f) de vaca | အမဲသား | ame: dha: |
| carne (f) de coelho | ယုန်သား | joun dha: |

| | | |
|---|---|---|
| linguiça (f), salsichão (m) | ဝက်အူချောင်း | we' u gjaun: |
| salsicha (f) | အသားချောင်း | atha: gjaun: |
| bacon (m) | ဝက်သားနယ်ခြောက် | we' has: ne gjau' |
| presunto (m) | ဝက်ပေါင်ခြောက် | we' paun gjau' |
| pernil (m) de porco | ဝက်ပေါင်ကြက်တိုက် | we' paun gje' tai' |

| | | |
|---|---|---|
| patê (m) | အနှစ်အခဲပျော့ | ahni' akhe pjo. |
| fígado (m) | အသည်း | athe: |
| guisado (m) | ကြွတ်သား | kjei' tha: |
| língua (f) | လျှာ | sha |

| | | |
|---|---|---|
| ovo (m) | ဥ | u. |
| ovos (m pl) | ဥများ | u. mja: |
| clara (f) de ovo | အကာ | aka |
| gema (f) de ovo | အနှစ် | ahni' |

| | | |
|---|---|---|
| peixe (m) | ငါး | nga: |
| mariscos (m pl) | ပင်လယ်အစားအစာ | pin le asa: asa |
| crustáceos (m pl) | အခွံမာရေနေသတ္တဝါ | akhun ma jei nei dha' ta. wa |
| caviar (m) | ငါးဥ | nga: u. |

| | | |
|---|---|---|
| caranguejo (m) | ကဏန်း | kanan: |
| camarão (m) | ပုစွန် | bazun |
| ostra (f) | ကမာကောင် | kama kaun |
| lagosta (f) | ကျောက်ပုစွန် | kjau' pu. zun |
| polvo (m) | ရေဘဝဲသား | jei ba. we: dha: |
| lula (f) | ပြည်ကြီးငါး | pjei gji: nga: |

| | | |
|---|---|---|
| esturjão (m) | ဝတ္တာဂျင်ငါး | sata gjin nga: |
| salmão (m) | ဆော်လ်ပွန်ငါး | hso: la. mun nga: |
| halibute (m) | ပင်လယ်ငါးကြီးသား | pin le nga: gji: dha: |
| bacalhau (m) | ငါးကြီးဆီထုတ်သောငါး | nga: gji: zi dou' de. nga: |

| cavala, sarda (f) | မက်ကရယ်ငါး | me' ka. je nga: |
| atum (m) | တူနာငါး | tu na nga: |
| enguia (f) | ငါးရှဉ့် | nga: shin. |

| truta (f) | ထရောက်ငါး | hta. jau' nga: |
| sardinha (f) | ငါးသေတ္တာငါး | nga: dhei ta' nga: |
| lúcio (m) | ပိုက်ငါး | pai' nga |
| arenque (m) | ငါးသလောက် | nga: dha. lau' |

| pão (m) | ပေါင်မုန့် | paun moun. |
| queijo (m) | ဒိန်ခဲ | dain ge: |
| açúcar (m) | သကြား | dhagja: |
| sal (m) | ဆား | hsa: |

| arroz (m) | ဆန်စပါး | hsan zaba |
| massas (f pl) | အီတာလီခေါက်ဆွဲ | ita. li khau' hswe: |
| talharim, miojo (m) | ခေါက်ဆွဲ | gau' hswe: |

| manteiga (f) | ထောပတ် | hto: ba' |
| óleo (m) vegetal | ဆီ | hsi |
| óleo (m) de girassol | နေကြာပန်းဆီ | nei gja ban: zi |
| margarina (f) | ဟင်းရွက်အဆီခဲ | hin: jwe' ahsi khe: |

| azeitonas (f pl) | သံလွင်သီး | than lun dhi: |
| azeite (m) | သံလွင်ဆီ | than lun zi |

| leite (m) | နွားနို့ | nwa: nou. |
| leite (m) condensado | နို့ဆီ | ni. zi |
| iogurte (m) | ဒိန်ချဉ် | dain gjin |
| creme (m) azedo | နို့ချဉ် | nou. gjin |
| creme (m) de leite | မလိုင် | ma. lain |

| maionese (f) | ခံပျစ်ပျစ်စားမြိန်ရည် | kha' pji' pji' sa: mjein jei |
| creme (m) | ထောပတ်မလိုင် | hto: ba' ma. lein |

| grãos (m pl) de cereais | နှံးစားစေ့ | nhnan za: zei. |
| farinha (f) | ဂျုံမုန့် | gjoun hmoun. |
| enlatados (m pl) | စည်သွပ်ဗူးများ | si dhwa' bu: mja: |

| flocos (m pl) de milho | ပြောင်းဖူးမုန့်ဆန်း | pjaun: bu: moun. zan: |
| mel (m) | ပျားရည် | pja: je |
| geleia (m) | ယို | jou |
| chiclete (m) | ပီကေ | pi gei |

## 42. Bebidas

| água (f) | ရေ | jei |
| água (f) potável | သောက်ရေ | thau' jei |
| água (f) mineral | ဓာတ်ဆားရည် | da' hsa: ji |

| sem gás (adj) | ဂက်စ်မပါသော | ga' s ma. ba de. |
| gaseificada (adj) | ဂက်စ်ပါသော | ga' s ba de. |
| com gás (adj) | စပါကာလင် | saba ga. lin |
| gelo (m) | ရေခဲ | jei ge: |

| com gelo | ရေခဲနှင့် | jei ge: hnin. |
| não alcoólico (adj) | အယ်ကိုဟောမပါသော | e kou ho: ma. ba de. |
| refrigerante (m) | အယ်ကိုဟောမဟုတ် သော ဖျော်ရည်စရာ | e kou ho: ma. hou' te. dhau' sa. ja |
| refresco (m) | အအေး | aei: |
| limonada (f) | လီမွန်ဖျော်ရည် | li mun hpjo ji |

| bebidas (f pl) alcoólicas | အယ်ကိုဟောပါဝင် သော ဖျော်ရည်စရာ | e kou ho: ba win de. dhau' sa. ja |
| vinho (m) | ဝိုင် | wain |
| vinho (m) branco | ဝိုင်ဖြူ | wain gju |
| vinho (m) tinto | ဝိုင်နီ | wain ni |

| licor (m) | အရက်ရှိုပြင်း | aje' gjou pjin |
| champanhe (m) | ရှန်ပိန် | shan pein |
| vermute (m) | ရန့်သင်းသောဆေးစိမ်ဝိုင် | jan dhin: dho: zei: zein wain |

| uísque (m) | ဝိစကီ | wi sa. gi |
| vodca (f) | ဗော့ကာ | bo ga |
| gim (m) | ဂျင် | gjin |
| conhaque (m) | ကော့ညာက် | ko. nja' |
| rum (m) | ရမ် | ran |

| café (m) | ကော်ဖီ | ko hpi |
| café (m) preto | ဘလက်ကော်ဖီ | ba. le' ko: phi |
| café (m) com leite | ကော်ဖီနို့ဖျော် | ko hpi ni. jo: |
| cappuccino (m) | ကပူချီနို | ka. pu chi ni. |
| café (m) solúvel | ကော်ဖီမှုန် | ko hpi mi' |

| leite (m) | နွားနို့ | nwa: nou. |
| coquetel (m) | ကော့တေး | ko. dei: |
| batida (f), milkshake (m) | မစ်ရှိတ် | mi' shei' |

| suco (m) | အချိုရည် | achou ji |
| suco (m) de tomate | ခရမ်းချဉ်သီးအချိုရည် | khajan: chan dhi: achou jei |
| suco (m) de laranja | လိမ္မော်ရည် | limmo ji |
| suco (m) fresco | အသီးဖျော်ရည် | athi: hpjo je |

| cerveja (f) | ဘီယာ | bi ja |
| cerveja (f) clara | အရောင်ဖျော့သောဘီယာ | ajaun bjau. de. bi ja |
| cerveja (f) preta | အရောင်ရင့်သောဘီယာ | ajaun jin. de. bi ja |

| chá (m) | လက်ဖက်ရည် | le' hpe' ji |
| chá (m) preto | လက်ဖက်နက် | le' hpe' ne' |
| chá (m) verde | လက်ဖက်စိမ်း | le' hpe' sein: |

## 43. Vegetais

| vegetais (m pl) | ဟင်းသီးဟင်းရွက် | hin: dhi: hin: jwe' |
| verdura (f) | ဟင်းခတ်အမွှေးရွက် | hin: ga' ahmwei: jwe' |

| tomate (m) | ခရမ်းချဉ်သီး | khajan: chan dhi: |
| pepino (m) | သခွားသီး | thakhwa: dhi: |
| cenoura (f) | မုန်လာဥနီ | moun la u. ni |

| | | |
|---|---|---|
| batata (f) | အာလူး | a lu: |
| cebola (f) | ကြက်သွန်နီ | kje' thwan ni |
| alho (m) | ကြက်သွန်ဖြူ | kje' thwan bju |

| | | |
|---|---|---|
| couve (f) | ဂေါ်ဖီ | go bi |
| couve-flor (f) | ပန်းဂေါ်ဖီ | pan: gozi |
| couve-de-bruxelas (f) | ဂေါ်ဖီထုပ်အသေးစား | go bi dou' athei: za: |
| brócolis (m pl) | ပန်းဂေါ်ဖီအစိမ်း | pan: gozi asein: |

| | | |
|---|---|---|
| beterraba (f) | မုန်လာဥနီလုံး | moun la u. ni loun: |
| berinjela (f) | ခရမ်းသီး | khajan: dhi: |
| abobrinha (f) | ဘူးသီး | bu: dhi: |
| abóbora (f) | ဖရုံသီး | hpa joun dhi: |
| nabo (m) | တရုတ်မုန်လာဥ | tajou' moun la u. |

| | | |
|---|---|---|
| salsa (f) | တရုတ်နံနံပင် | tajou' nan nan bin |
| endro, aneto (m) | စမြိတ်ပင် | samjei' pin |
| alface (f) | ဆလပ်ရွက် | hsa. la' jwe' |
| aipo (m) | တရုတ်နံနံကြီး | tajou' nan nan gji: |
| aspargo (m) | ကညွတ်မာဗင် | ka. nju' ma bin |
| espinafre (m) | ဒေါက်ခွ | dau' khwa. |

| | | |
|---|---|---|
| ervilha (f) | ပဲစေ့ | pe: zei. |
| feijão (~ soja, etc.) | ပဲအမျိုးမျိုး | pe: amjou: mjou: |
| milho (m) | ပြောင်းဖူး | pjaun: bu: |
| feijão (m) roxo | ပိုလဲစားပဲ | bou za: be: |

| | | |
|---|---|---|
| pimentão (m) | ငရုတ်သီး | nga jou' thi: |
| rabanete (m) | မုန်လာဥသော | moun la u. dhei: |
| alcachofra (f) | အာတိရှော</p> | a ti cho. |

## 44. Frutos. Nozes

| | | |
|---|---|---|
| fruta (f) | အသီး | athi: |
| maçã (f) | ပန်းသီး | pan: dhi: |
| pera (f) | သစ်တော်သီး | thi' to dhi: |
| limão (m) | သံပုရိုသီး | than bu. jou dhi: |
| laranja (f) | လိမ္မော်သီး | limmo dhi: |
| morango (m) | စတော်ဘယ်ရီသီး | sato be ri dhi: |

| | | |
|---|---|---|
| tangerina (f) | ပျားလိမ္မော်သီး | pja: lein mo dhi: |
| ameixa (f) | ဆီးသီး | hsi: dhi: |
| pêssego (m) | မက်မွန်သီး | me' mwan dhi: |
| damasco (m) | တရုတ်ဆီးသီး | jau' hsi: dhi: |
| framboesa (f) | ရတ်စဘယ်ရီ | re' sa be ji |
| abacaxi (m) | နာနတ်သီး | na na' dhi: |

| | | |
|---|---|---|
| banana (f) | ငှက်ပျောသီး | hnge' pjo: dhi: |
| melancia (f) | ဖရဲသီး | hpa. je: dhi: |
| uva (f) | စပျစ်သီး | zabji' thi: |
| ginja, cereja (f) | ချယ်ရီသီး | che ji dhi: |
| ginja (f) | ချယ်ရီရဲချစ်သီး | che ji gjin dhi: |
| cereja (f) | ချယ်ရီရဲကျိုသီး | che ji gjou dhi: |
| melão (m) | သခွားမွေးသီး | thakhwa: hmwei: dhi: |

| | | |
|---|---|---|
| toranja (f) | ဂရိတ်ဖရုသီး | ga. ri' hpa. ju dhi: |
| abacate (m) | ထောပတ်သီး | hto: ba' thi: |
| mamão (m) | သင်္ဘောသီး | thin: bo: dhi: |
| manga (f) | သရက်သီး | thaje' thi: |
| romã (f) | တလည်းသီး | tale: dhi: |
| groselha (f) vermelha | အနီရောင်ဘယ်ရီသီး | ani jaun be ji dhi: |
| groselha (f) negra | ဘလက်ကားရန့် | ba. le' ka: jan. |
| groselha (f) espinhosa | ကလားဆီးဖြူ | ka. la: his: hpju |
| mirtilo (m) | ဘီဘယ်ရီအသီး | bi: be ji athi: |
| amora (f) silvestre | ရှမ်းဆီးသီး | shan: zi: di: |
| passa (f) | စပျစ်သီးခြောက် | zabji' thi: gjau' |
| figo (m) | သဖန်းသီး | thahpjan: dhi: |
| tâmara (f) | စွန်ပလွံသီး | sun palun dhi: |
| amendoim (m) | မြေပဲ | mjei be: |
| amêndoa (f) | ဗာဒံသီး | ba dan di: |
| noz (f) | သစ်ကြားသီး | thi' kja: dhi: |
| avelã (f) | ဟေဇယ်သီး | ho: ze dhi: |
| coco (m) | အုန်းသီး | aun: dhi: |
| pistaches (m pl) | ခွံမာသီး | khwan ma dhi: |

## 45. Pão. Bolaria

| | | |
|---|---|---|
| pastelaria (f) | မုန့်ချို | moun. gjou |
| pão (m) | ပေါင်မုန့် | paun moun. |
| biscoito (m), bolacha (f) | ဘီစကစ် | bi za. ki' |
| chocolate (m) | ချောကလက် | cho: ka. le' |
| de chocolate | ချောကလက်အရသာရှိသော | cho: ka. le' aja. dha shi. de. |
| bala (f) | သကြားလုံး | dhagja: loun: |
| doce (bolo pequeno) | ကိတ် | kei' |
| bolo (m) de aniversário | ကိတ်မုန့် | kei' moun. |
| torta (f) | ပိုင်မုန့် | pain hmoun. |
| recheio (m) | သွပ်ထားသောအစာ | thu' hta: dho: asa |
| geleia (m) | ယို | jou |
| marmelada (f) | အထူးပြုလုပ်ထားသော ယို | a htu: bju. lou' hta: de. jou |
| wafers (m pl) | ဝေဖာ | wei hpa |
| sorvete (m) | ရေခဲမုန့် | jei ge: moun. |
| pudim (m) | ပူတင်း | pu tin: |

## 46. Pratos cozinhados

| | | |
|---|---|---|
| prato (m) | ဟင်းပွဲ | hin: bwe: |
| cozinha (~ portuguesa) | အစားအသောက် | asa: athau' |
| receita (f) | ဟင်းချက်နည်း | hin: gji' ne: |
| porção (f) | တစ်ယောက်စာဟင်းပွဲ | ti' jau' sa hin: bwe: |
| salada (f) | အသုပ် | athou' |
| sopa (f) | စွပ်ပြုတ် | su' pjou' |

| caldo (m) | ဟင်းရည် | hin: ji |
| sanduíche (m) | အသားသွပ်ပေါင်မုန့် | atha: hnja' paun moun. |
| ovos (m pl) fritos | ကြက်ဥကြော် | kje' u. kjo |

| hambúrguer (m) | ဟန်ဘာဂါ | han ba ga |
| bife (m) | အမဲသားတုံး | ame: dha: doun: |

| acompanhamento (m) | အရံဟင်း | ajan hin: |
| espaguete (m) | အီတလီခေါက်ဆွဲ | ita. li khau' hswe: |
| purê (m) de batata | အာလူးနွားနို့ဖျော် | a luu: nwa: nou. bjo |
| pizza (f) | ပီဇာ | pi za |
| mingau (m) | အုတ်ဂျုံယာဂု | ou' gjoun ja gu. |
| omelete (f) | ကြက်ဥခေါက်ကြော် | kje' u. khau' kjo |

| fervido (adj) | ပြုတ်ထားသော | pjou' hta: de. |
| defumado (adj) | ကင်တင်ထားသော | kja' tin da: de. |
| frito (adj) | ကြော်ထားသော | kjo da de. |
| seco (adj) | ခြောက်နေသော | chau' nei de. |
| congelado (adj) | အေးခဲနေသော | ei: khe: nei de. |
| em conserva (adj) | သားရည်စိမ်ထားသော | hsa: |

| doce (adj) | ချိုသော | chou de. |
| salgado (adj) | ငန်သော | ngan de. |
| frio (adj) | အေးသော | ei: de. |
| quente (adj) | ပူသော | pu dho: |
| amargo (adj) | ခါးသော | kha: de. |
| gostoso (adj) | အရသာရှိသော | aja. dha shi. de. |

| cozinhar em água fervente | ပြုတ်သည် | pjou' te |
| preparar (vt) | ချက်သည် | che' de |
| fritar (vt) | ကြော်သည် | kjo de |
| aquecer (vt) | အပူပေးသည် | apu bei: de |

| salgar (vt) | သားထည့်သည် | hsa: hte. de |
| apimentar (vt) | အစပ်ထည့်သည် | asin hte. dhe |
| ralar (vt) | ခြစ်သည် | chi' te |
| casca (f) | အခွံ | akhun |
| descascar (vt) | အခွံနွာသည် | akhun hnwa de |

## 47. Especiarias

| sal (m) | သား | hsa: |
| salgado (adj) | ငန်သော | ngan de. |
| salgar (vt) | သားထည့်သည် | hsa: hte. de |

| pimenta-do-reino (f) | ငရုတ်ကောင်း | nga jou' kaun: |
| pimenta (f) vermelha | ငရုတ်သီး | nga jou' thi: |
| mostarda (f) | မုန်ညင်း | moun njin: |
| raiz-forte (f) | သဘောဒန့်သလွန် | thin: bo: dan. dha lun |

| condimento (m) | ဟင်းခတ်အမှုန့်အမျိုးမျိုး | hin: ga' ahnun. amjou: mjou: |
| especiaria (f) | ဟင်းခတ်အမွှေးအကြိုင် | hin: ga' ahmwei: akjain |
| molho (~ inglês) | ဆော | hso. |
| vinagre (m) | ရှာလကာရည် | sha la. ga je |

| anis estrelado (m) | ဝမ္န်စပါးပင် | samoun zaba: bin |
|---|---|---|
| manjericão (m) | ပင်စိန်း | pin zein: |
| cravo (m) | လေးညှင်း | lei: hnjin: |
| gengibre (m) | ဂျင်း | gjin: |
| coentro (m) | နံနံပင် | nan nan bin |
| canela (f) | သစ်ကြံပိုးခေါက် | thi' kjan bou: gau' |

| gergelim (m) | နှမ်း | hnan: |
|---|---|---|
| folha (f) de louro | ကရဝေးရွက် | ka ja wei: jwe' |
| páprica (f) | ပန်းငရုတ်မှုန့် | pan: nga. jou' hnoun. |
| cominho (m) | ကရဝေး | ka. ja. wei: |
| açafrão (m) | ကုံကုမံ | koun kou man |

## 48. Refeições

| comida (f) | အစားအစာ | asa: asa |
|---|---|---|
| comer (vt) | စားသည် | sa: de |

| café (m) da manhã | နံနက်စာ | nan ne' za |
|---|---|---|
| tomar café da manhã | နံနက်စာစားသည် | nan ne' za za: de |
| almoço (m) | နေ့လယ်စာ | nei. le za |
| almoçar (vi) | နေ့လယ်စာစားသည် | nei. le za za de |
| jantar (m) | ညစာ | nja. za |
| jantar (vi) | ညစာစားသည် | nja. za za: de |

| apetite (m) | စားချင်စိတ် | sa: gjin zei' |
|---|---|---|
| Bom apetite! | စားကောင်းပါစေ | sa: gaun: ba zei |

| abrir (~ uma lata, etc.) | ဖွင့်သည် | hpwin. de |
|---|---|---|
| derramar (~ líquido) | စိတ်ကျသည် | hpi' kja de |
| derramar-se (vr) | မှောက်သည် | hmau' de |
| ferver (vi) | ဆူပွက်သည် | hsu. bwe' te |
| ferver (vt) | ဆူပွက်သည် | hsu. bwe' te |
| fervido (adj) | ဆူပွက်ထားသော | hsu. bwe' hta: de. |
| esfriar (vt) | အအေးခံသည် | aei: gan de |
| esfriar-se (vr) | အေးသွားသည် | ei: dhwa: de |

| sabor, gosto (m) | အရသာ | aja. dha |
|---|---|---|
| fim (m) de boca | ပအာချင်း | pa. achin: |

| emagrecer (vi) | ဝိတ်ချသည် | wei' cha. de |
|---|---|---|
| dieta (f) | ဒါတ်စာ | da' sa |
| vitamina (f) | ဗီတာမင် | bi ta min |
| caloria (f) | ကယ်လိုရီ | ke lou ji |
| vegetariano (m) | သက်သက်လွတ်စားသူ | the' the' lu' za: dhu |
| vegetariano (adj) | သက်သက်လွတ်စားသော | the' the' lu' za: de. |

| gorduras (f pl) | အဆီ | ahsi |
|---|---|---|
| proteínas (f pl) | အသားဓာတ် | atha: da' |
| carboidratos (m pl) | ကစီဓာတ် | ka. zi da' |

| fatia (~ de limão, etc.) | အချပ် | acha' |
|---|---|---|
| pedaço (~ de bolo) | အတုံး | atoun: |
| migalha (f), farelo (m) | အစအန | asa an |

## 49. Por a mesa

| | | |
|---|---|---|
| colher (f) | ဇွန်း | zun: |
| faca (f) | ဓား | da: |
| garfo (m) | ခက်ရင်း | khajin: |
| | | |
| xícara (f) | ခွက် | khwe' |
| prato (m) | ပန်းကန်ပြား | bagan: bja: |
| pires (m) | အောက်ခံပန်းကန်ပြား | au' khan ban: kan pja: |
| guardanapo (m) | လက်သုတ်ပုဝါ | le' thou' pu. wa |
| palito (m) | သွားကြားထိုးတံ | thwa: kja: dou: dan |

## 50. Restaurante

| | | |
|---|---|---|
| restaurante (m) | စားသောက်ဆိုင် | sa: thau' hsain |
| cafeteria (f) | ကော်ဖီဆိုင် | ko hpi zain |
| bar (m), cervejaria (f) | ဘား | ba: |
| salão (m) de chá | လက်ဖက်ရည်ဆိုင် | le' hpe' ji zain |
| | | |
| garçom (m) | စားပွဲထိုး | sa: bwe: dou: |
| garçonete (f) | စားပွဲထိုးမိန်းကလေး | sa: bwe: dou: mein: ga. lei: |
| barman (m) | အရက်ဘားဝန်ထမ်း | aje' ba: wun dan: |
| | | |
| cardápio (m) | စားသောက်ဖွယ်စာရင်း | sa: thau' hpwe za jin: |
| lista (f) de vinhos | ဝိုင်စာရင်း | wain za jin: |
| reservar uma mesa | စားပွဲကြိုတင်မှာယူသည် | sa: bwe: gjou din hma ju de |
| | | |
| prato (m) | ဟင်းပွဲ | hin: bwe: |
| pedir (vt) | မှာသည် | hma de |
| fazer o pedido | မှာသည် | hma de |
| | | |
| aperitivo (m) | နတ်မြိန်လေး | hna' mjein zei: |
| entrada (f) | နတ်မြိန်စာ | hna' mjein za |
| sobremesa (f) | အချိုပွဲ | achou bwe: |
| | | |
| conta (f) | ကျသင့်ငွေ | kja. thin. ngwei |
| pagar a conta | ကုန်ကျငွေရှင်းသည် | koun gja ngwei shin: de |
| dar o troco | ပြန်အမ်းသည် | pjan an: de |
| gorjeta (f) | မုန့်ဖိုး | moun. bou: |

# Família, parentes e amigos

## 51. Informação pessoal. Formulários

| | | |
|---|---|---|
| nome (m) | အမည် | amji |
| sobrenome (m) | မိသားစုအမည် | mi. dha: zu. amji |
| data (f) de nascimento | မွေးနေ့. | mwei: nei. |
| local (m) de nascimento | မွေးရပ် | mwer: ja' |
| | | |
| nacionalidade (f) | လူမျိုး | lu mjou: |
| lugar (m) de residência | နေရပ်ဒေသ | nei ja' da. dha. |
| país (m) | နိုင်ငံ | nain ngan |
| profissão (f) | အလုပ်အကိုင် | alou' akain |
| | | |
| sexo (m) | လိင် | lin |
| estatura (f) | အရပ် | aja' |
| peso (m) | ကိုယ်အလေးချိန် | kou alei: chain |

## 52. Membros da família. Parentes

| | | |
|---|---|---|
| mãe (f) | အမေ | amei |
| pai (m) | အဖေ | ahpei |
| filho (m) | သား | tha: |
| filha (f) | သမီး | thami: |
| | | |
| caçula (f) | သမီးအငယ် | thami: ange |
| caçula (m) | သားအငယ် | tha: ange |
| filha (f) mais velha | သမီးအကြီး | thami: akji: |
| filho (m) mais velho | သားအကြီး | tha: akji: |
| | | |
| irmão (m) | ညီအစ်ကို | nji a' kou |
| irmão (m) mais velho | အစ်ကို | akou |
| irmão (m) mais novo | ညီ | nji |
| irmã (f) | ညီအစ်မ | nji a' ma |
| irmã (f) mais velha | အစ်မ | ama. |
| irmã (f) mais nova | ညီမ | nji ma. |
| | | |
| primo (m) | ဝမ်းကွဲအစ်ကို | wan: kwe: i' kou |
| prima (f) | ဝမ်းကွဲညီမ | wan: kwe: nji ma. |
| | | |
| mamãe (f) | မေမေ | mei mei |
| papai (m) | ဖေဖေ | hpei hpei |
| pais (pl) | မိဘတွေ | mi. ba. dwei |
| criança (f) | ကလေး | kalei: |
| crianças (f pl) | ကလေးများ | kalei: mja: |
| | | |
| avó (f) | အဖွား | ahpwa |
| avô (m) | အဖိုး | ahpou: |

| neto (m) | မြေး | mjei: |
| neta (f) | မြေးမ | mjei: ma. |
| netos (pl) | မြေးများ | mjei: mja: |

| tio (m) | ဦးလေး | u: lei: |
| tia (f) | အဒေါ် | ado |
| sobrinho (m) | တူ | tu |
| sobrinha (f) | တူမ | tu ma. |

| sogra (f) | ယောက္ခမ | jau' khama. |
| sogro (m) | ယောက္ခထီး | jau' khadi: |
| genro (m) | သားမက် | tha: me' |
| madrasta (f) | မိထွေး | mi. dwei: |
| padrasto (m) | ပထွေး | pahtwei: |

| criança (f) de colo | နို့စို့ကလေး | nou. zou. galei: |
| bebê (m) | ကလေးငယ် | kalei: nge |
| menino (m) | ကလေး | kalei: |

| mulher (f) | မိန်းမ | mein: ma. |
| marido (m) | ယောက်ျား | jau' kja: |
| esposo (m) | ခင်ပွန်း | khin bun: |
| esposa (f) | ဇနီး | zani: |

| casado (adj) | မိန်းမရှိသော | mein: ma. shi. de. |
| casada (adj) | ယောက်ျားရှိသော | jau' kja: shi de |
| solteiro (adj) | လူလွတ်ဖြစ်သော | lu lu' hpji te. |
| solteirão (m) | လူပျို | lu bjou |
| divorciado (adj) | တစ်ခုလပ်ဖြစ်သော | ti' khu. la' hpji' te. |
| viúva (f) | မုဆိုးမ | mu. zou: ma. |
| viúvo (m) | မုဆိုးဖို | mu. zou: bou |

| parente (m) | ဆွေမျိုး | hswe mjou: |
| parente (m) próximo | ဆွေမျိုးရင်းချာ | hswe mjou: jin: gja |
| parente (m) distante | ဆွေမျိုးနီးစပ် | hswe mjou: ni: za' |
| parentes (m pl) | မွေးချင်းများ | mwei: chin: mja: |

| órfão (m), órfã (f) | မိဘမဲ့ | mi. ba me. |
| órfão (m) | မိဘမဲ့ကလေး | mi. ba me. ga lei: |
| órfã (f) | မိဘမဲ့ကလေးမ | mi. ba me. ga lei: ma |
| tutor (m) | အုပ်ထိန်းသူ | ou' htin: dhu |
| adotar (um filho) | သားအဖြစ်မွေးစားသည် | tha: ahpji' mwei: za: de |
| adotar (uma filha) | သမီးအဖြစ်မွေးစားသည် | thami: ahpji' mwei: za: de |

## 53. Amigos. Colegas de trabalho

| amigo (m) | သူငယ်ချင်း | thu nge gjin: |
| amiga (f) | မိန်းကလေးသူငယ်ချင်း | mein: galei: dhu nge gjin: |
| amizade (f) | ခင်မင်ရင်းနှီးမှု | khin min jin: ni: hmu. |
| ser amigos | ခင်မင်သည် | khin min de |

| amigo (m) | အပေါင်းအသင်း | apaun: athin: |
| amiga (f) | အပေါင်းအသင်း | apaun: athin: |
| parceiro (m) | လုပ်ဖော်ကိုင်ဖက် | lou' hpo kain be' |

| chefe (m) | အကြီးအကဲ | akji: ake: |
| superior (m) | အထက်လူကြီး | a hte' lu gji: |
| proprietário (m) | ပိုင်ရှင် | pain shin |
| subordinado (m) | လက်အောက်ခံအမှုထမ်း | le' au' khan ahmu. htan: |
| colega (m, f) | လုပ်ဖော်ကိုင်ဖက် | lou' hpo kain be' |

| conhecido (m) | အကျွမ်းဝင်မှု | akjwan: win hmu. |
| companheiro (m) de viagem | ခရီးဖော် | khaji: bo |
| colega (m) de classe | တစ်တန်းတည်းသား | ti' tan: de: dha: |

| vizinho (m) | အိမ်နီးနားချင်း | ein ni: na: gjin: |
| vizinha (f) | မိန်းကလေးအိမ်နီးနားချင်း | mein: galei: ein: ni: na: gjin: |
| vizinhos (pl) | အိမ်နီးနားချင်းများ | ein ni: na: gjin: mja: |

## 54. Homem. Mulher

| mulher (f) | အမျိုးသမီး | amjou: dhami: |
| menina (f) | မိန်းကလေး | mein: ga. lei: |
| noiva (f) | သတို့သမီး | dhadou. thami: |

| bonita, bela (adj) | လှပသော | hla. ba. de. |
| alta (adj) | အရပ်မြင့်သော | aja' mjin. de. |

| esbelta (adj) | သွယ်လျှသော | thwe lja de. |
| baixa (adj) | အရပ်ပုသော | aja' pu. de. |

| loira (f) | ဆံပင်ရွှေရောင် ဖျော့မိန်းကလေး | zabin shwei jaun bjo. min: ga lei: |
| morena (f) | ဆံပင်နက်သောမိန်းကလေး | zabin ne' de.min: ga lei: |

| de senhora | အမျိုးသမီးနှင့်ဆိုင်သော | amjou: dhami: hnin. zain dho: |
| virgem (f) | အပျိုစင် | apjou zin |
| grávida (adj) | ကိုယ်ဝန်ဆောင်ထားသော | kou wun hsaun da: de. |

| homem (m) | အမျိုးသား | amjou: dha: |
| loiro (m) | ဆံပင်ရွှေရောင် ဖျော့ယောက်ျားလေး | zabin shwei jaun bjo. jau' gja: lei: |
| moreno (m) | ဆံပင်နက်သောယောက်ျားလေး | zabin ne' de. jau' gja: lei: |

| alto (adj) | အရပ်မြင့်သော | aja' mjin. de. |
| baixo (adj) | အရပ်ပုသော | aja' pu. de. |

| rude (adj) | ရှိုင်းစိုင်းသော | jain: zain: de. |
| atarracado (adj) | တုတ်ခိုင်သော | tou' khain de. |
| robusto (adj) | တောင့်တင်းသော | taun. din: de |

| forte (adj) | သန်မာသော | than ma de. |
| força (f) | ခွန်အား | khwan a: |

| gordo (adj) | ဝသော | wa. de. |
| moreno (adj) | ညိုသော | njou de. |

| esbelto (adj) | သွယ်လျှသော | thwe lja de. |
| elegante (adj) | ကျော့ရှင်းသော | kjo. shin: de |

## 55. Idade

| | | |
|---|---|---|
| idade (f) | အသက်အရွယ် | athe' ajwe' |
| juventude (f) | ရိုရွယ်ရှိန် | pjou jwe gjein |
| jovem (adj) | ငယ်ရွယ်သော | ngwe jwe de. |
| mais novo (adj) | ပိုငယ်သော | pou nge de. |
| mais velho (adj) | အသက်ပိုကြီးသော | athe' pou kji: de. |
| jovem (m) | လူငယ် | lu nge |
| adolescente (m) | ဆယ်ကျော်သက် | hse gjo dhe' |
| rapaz (m) | လူငယ် | lu nge |
| velho (m) | လူကြီး | lu gji: |
| velha (f) | အမျိုးသမီးကြီး | amjou: dhami: gji: |
| adulto | အရွယ်ရောက်သော | ajwe' jau' te. |
| de meia-idade | သက်လတ်ပိုင်း | the' la' pain: |
| idoso, de idade (adj) | အိုမင်းသော | ou min de. |
| velho (adj) | အသက်ကြီးသော | athe' kji: de. |
| aposentadoria (f) | အငြိမ်းစားလစာ | anjein: za: la. za |
| aposentar-se (vr) | အငြိမ်းစားယူသည် | anjein: za: ju dhe |
| aposentado (m) | အငြိမ်းစား | anjein: za: |

## 56. Crianças

| | | |
|---|---|---|
| criança (f) | ကလေး | kalei: |
| crianças (f pl) | ကလေးများ | kalei: mja: |
| gêmeos (m pl), gêmeas (f pl) | အမွှာ | ahmwa |
| berço (m) | ကလေးပုခက် | kalei: pou khe' |
| chocalho (m) | ချောက်ချက် | gjo' gja' |
| fralda (f) | ခါးတောင်းကျိုက်အထည် | kha: daun: gjai' ahte |
| chupeta (f), bico (m) | ရှို့လိမ် | chou lein |
| carrinho (m) de bebê | ကလေးလက်တွန်းလှည်း | kalei: le' twan: hle: |
| jardim (m) de infância | ကလေးထိန်းကျောင်း | kalei: din: kjaun: |
| babysitter, babá (f) | ကလေးထိန်း | kalei: din: |
| infância (f) | ကလေးဘဝ | kalei: ba. wa. |
| boneca (f) | အရုပ်မ | ajou' ma. |
| brinquedo (m) | ကစားစရာအရုပ် | gaza: zaja ajou' |
| jogo (m) de montar | ပြန်ဆက်ရသော ကလေး ကစားစရာ | pjan za' ja de. galei: gaza: zaja |
| bem-educado (adj) | လိမ္မာသော | limmo: de |
| malcriado (adj) | ဆိုးသွမ်းသော | hsou: dhwan: de. |
| mimado (adj) | အလိုလိုက်ခံရသော | alou lou' khan ja de. |
| ser travesso | ဆိုးသည် | hsou:de |
| travesso, traquinas (adj) | ကျိုဝယ်တတ်သော | kji ze da' de. |
| travessura (f) | ကျိုဝယ်သည် | kji ze de |

| criança (f) travessa | အဆော့မက်သောကလေး | ahsau me' dho: ga. lei: |
| obediente (adj) | နာခံတတ်သော | na gan da' te. |
| desobediente (adj) | မနာခံသော | ma. na gan de. |

| dócil (adj) | လိမ္မာသော | limmo: de |
| inteligente (adj) | တော်သော | to de. |
| prodígio (m) | ပါရမီရှင်ကလေး | pa rami shin galei: |

## 57. Casais. Vida de família

| beijar (vt) | နမ်းသည် | nan: de |
| beijar-se (vr) | အနမ်းပေးသည် | anan: pei: de |
| família (f) | မိသားစု | mi. dha: zu. |
| familiar (vida ~) | ရှိုးရှိုး | mjou: jou: |
| casal (m) | စုံတွဲ | soun dwe: |
| matrimônio (m) | အိမ်ထောင်သည် | ein daun de |
| lar (m) | အိမ် | ein |
| dinastia (f) | မင်းဆက် | min: ze' |

| encontro (m) | ချိန်းတွေ့ခြင်း | chein: dwei chin: |
| beijo (m) | အနမ်း | anan: |

| amor (m) | အချစ် | akja' |
| amar (pessoa) | ချစ်သည် | chi' te |
| amado, querido (adj) | ချစ်လှစွာသော | chi' hla. zwa de. |

| ternura (f) | ကြင်နာမှု | kjin na hmu. |
| afetuoso (adj) | ကြင်နာသော | kjin na hmu. de. |
| fidelidade (f) | သစ္စာ | thi' sa |
| fiel (adj) | သစ္စာရှိသော | thi' sa shi. de. |
| cuidado (m) | ဂရုစိုက်ခြင်း | ga ju. sai' chin: |
| carinhoso (adj) | ဂရုစိုက်သော | ga ju. sai' te. |

| recém-casados (pl) | လက်ထပ်ကာစဖြစ်သော | le' hta' ka za. bji' de. |
| lua (f) de mel | ပျားရည်စမ်းကာလ | pja: je zan: ga la. |
| casar-se (com um homem) | ယောက်ျားယူသည် | jau' kja: ju de |
| casar-se (com uma mulher) | မိန်းမယူသည် | mein: ma. ju de |

| casamento (m) | မင်္ဂလာဆောင်ပွဲ | min ga. la zaun bwe: |
| bodas (f pl) de ouro | ရွှေရတု | shwei jadu. |
| aniversário (m) | နှစ်ပတ်လည် | hni' ba' le |

| amante (m) | လင်ငယ် | lin nge |
| amante (f) | မယားငယ် | ma. ja: nge |

| adultério (m), traição (f) | ဖောက်ပြန်ခြင်း | hpau' pjan gjin |
| cometer adultério | ဖောက်ပြန်သည် | hpau' pjan de |
| ciumento (adj) | သဝန်တိုသော | thawun dou de. |
| ser ciumento, -a | သဝန်တိုသည် | thawun dou de |
| divórcio (m) | ကွာရှင်းခြင်း | kwa shin: gjin: |
| divorciar-se (vr) | ကွာရှင်းသည် | kwa shin: de |

| brigar (discutir) | ခြင်းနဲ့သည် | njin: goun de |
| fazer as pazes | ပြန်လည်သင့်မြတ်သည် | pjan le dhin. mja' te |

| juntos (ir ~) | အတူတကွ | atu da. kwa. |
| sexo (m) | လိင်ကိစ္စ | lein gei' sa. |
| | | |
| felicidade (f) | ပျော်ရွှင်မှု | pjo shwin hmu |
| feliz (adj) | ပျော်ရွှင်သော | pjo shwin de. |
| infelicidade (f) | ကံဆိုးခြင်း | kan hsou: chin: |
| infeliz (adj) | ကံဆုံးသော | kan hsoun de. |

# Caráter. Sentimentos. Emoções

## 58. Sentimentos. Emoções

| | | |
|---|---|---|
| sentimento (m) | ခံစားချက် | khan za: che' |
| sentimentos (m pl) | ခံစားချက်များ | khan za: che' mja: |
| sentir (vt) | ခံစားရသည် | khan za ja. de |
| | | |
| fome (f) | ဆာခြင်း | hsa gjin: |
| ter fome | ဗိုက်ဆာသည် | bai' hsa de |
| sede (f) | ရေဆာခြင်း | jei za gjin: |
| ter sede | ရေဆာသည် | jei za de |
| sonolência (f) | အိပ်ချင်ခြင်း | ei' chin gjin: |
| estar sonolento | အိပ်ချင်သည် | ei' chin de |
| | | |
| cansaço (m) | ပင်ပန်းခြင်း | pin ban: chin: |
| cansado (adj) | ပင်ပန်းသော | pin ban: de. |
| ficar cansado | ပင်ပန်းသည် | pin ban: de |
| | | |
| humor (m) | စိတ်ခံစားမှု | sei' khan za: hmu. |
| tédio (m) | ငြီးငွေ့ခြင်း | ngji: ngwei. chin: |
| entediar-se (vr) | ပျင်းသည် | pjin: de |
| reclusão (isolamento) | မမြင်ကွယ်ရာ | ma. mjin gwe ja |
| isolar-se (vr) | မျက်ကွယ်ပြုသည် | mje' kwe' pju. de |
| | | |
| preocupar (vt) | စိတ်ပူအောင်လုပ်သည် | sei' pu aun lou' te |
| estar preocupado | စိတ်ပူသည် | sei' pu de |
| preocupação (f) | စိုးရိမ်မှု | sou: jein hmu. |
| ansiedade (f) | စိုးရိမ်ပူပန်မှု | sou: jein bu ban hmu. |
| preocupado (adj) | ကိုယ့်တာဝန်ရပ်ရပ်တွင် နစ်မြုပ်နေသော | kei. sa ti' ja' ja' twin ni' mju' nei de. |
| | | |
| estar nervoso | စိတ်လှုပ်ရှားသည် | sei' hlou' sha: de |
| entrar em pânico | တုန်လှုပ်ချောက်ချားသည် | toun hlou' chau' cha: de |
| | | |
| esperança (f) | မျှော်လင့်ချက် | hmjo. lin. gje' |
| esperar (vt) | မျှော်လင့်သည် | hmjo. lin. de |
| | | |
| certeza (f) | ကျိန်းသေ | kjein: dhei |
| certo, seguro de ... | ကျိန်းသေသော | kjein: dhei de. |
| indecisão (f) | မဆုံးဖြတ်ခြင်း | ma. jei ja gjin: |
| indeciso (adj) | မဆုံးဖြတ်သော | ma. jei ja de. |
| | | |
| bêbado (adj) | အရက်မူးသော | aje' mu: de. |
| sóbrio (adj) | အရက်မမူးသော | aje' ma mu: de. |
| fraco (adj) | အားပျော့သော | a: bjo. de. |
| feliz (adj) | ပျော်ရွှင်သော | pjo shwin de |
| assustar (vt) | လန့်သည် | lan. de |
| fúria (f) | ဒူးသွပ်ခြင်း | ju: dhu' chin |
| ira, raiva (f) | ဒေါသ | do: dha. |
| depressão (f) | စိတ်ဓာတ်ကျခြင်း | sei' da' cha. gjin: |

| desconforto (m) | စိတ်ကသိကအောက်ဖြစ်ခြင်း | sei' ka thi ga au' hpji' chin: |
| conforto (m) | စိတ်ရှပ်းသာခြင်း | sei' chan: dha gjin: |
| arrepender-se (vr) | နောင်တရသည် | naun da. ja. de |
| arrependimento (m) | နောင်တရခြင်း | naun da. ja. gjin: |
| azar (m), má sorte (f) | ကံဆိုးခြင်း | kan hsou: chin: |
| tristeza (f) | ဝမ်းနည်းခြင်း | wan: ne: gjin: |

| vergonha (f) | အရှက် | ashe' |
| alegria (f) | ဝမ်းသာမှု | wan: dha hmu. |
| entusiasmo (m) | စိတ်အားထက်သန်မှု | sei' a: de' than hmu. |
| entusiasta (m) | စိတ်အားထက်သန်သူ | sei' a: de' than hmu |
| mostrar entusiasmo | စိတ်အားထက်သန်မှုပြသည် | sei' a: de' than hmu. bja. de |

## 59. Caráter. Personalidade

| caráter (m) | စရိုက် | zajai' |
| falha (f) de caráter | အားနည်းချက် | a: ne: gje' |
| mente (f) | ဦးနောက် | oun: hnau' |
| razão (f) | ဆင်ခြင်တုံတရား | hsin gjin doun da. ja: |

| consciência (f) | အသိတရား | athi. taja: |
| hábito, costume (m) | အကျင့် | akjin. |
| habilidade (f) | စွမ်းရည် | swan: ji |
| saber (~ nadar, etc.) | လုပ်နိုင်သည် | lou' nain de |

| paciente (adj) | သည်းခံတတ်သော | thi: khan da' te |
| impaciente (adj) | သည်းမခံတတ်သော | thi: ma. gan da' te |
| curioso (adj) | စပ်စုသော | sa' su. de. |
| curiosidade (f) | စပ်စုခြင်း | sa' su. gjin: |

| modéstia (f) | ကျုံ့ | ein darei |
| modesto (adj) | ကျုံ့ရှိသော | ein darei shi. de |
| imodesto (adj) | ကျုံ့မရှိသော | ein darei ma. shi. de |

| preguiça (f) | ပျင်းခြင်း | pjin: ji. gjin: |
| preguiçoso (adj) | ပျင်းသော | pjin: ji. de. |
| preguiçoso (m) | ငပျင်း | nga. bjin: |

| astúcia (f) | ကလိမ်ကျစ်လုပ်ခြင်း | kalein kji' lou' chin |
| astuto (adj) | ကလိမ်ကျစ်ကျသော | kalein ka. kji' kja de. |
| desconfiança (f) | သံသယဝင်ခြင်း | than thaja. |
| desconfiado (adj) | သံသယဝင်သော | than thaja. win de. |

| generosidade (f) | ရက်ရောမှု | je' jo: hmu. |
| generoso (adj) | ရက်ရောသော | je' jo: de. |
| talentoso (adj) | ပါရမီရှိသော | pa rami shi. de |
| talento (m) | ပါရမီ | pa rami |

| corajoso (adj) | သတ္တိရှိသော | tha' ti. shi. de. |
| coragem (f) | သတ္တိ | tha' ti. |
| honesto (adj) | ရိုးသားသော | jou: dha: de. |
| honestidade (f) | ရိုးသားမှု | jou: dha: hmu. |
| prudente, cuidadoso (adj) | ဂရုစိုက်သော | ga ju. sai' te. |
| valoroso (adj) | ရဲရင့်သော | je: jin. de. |

| sério (adj) | လေးနက်သော | lei: ne' de. |
| severo (adj) | တင်းကျပ်သော | tin: gja' te |

| decidido (adj) | တိကျပြတ်သားသော | ti. gja. bja' tha: de. |
| indeciso (adj) | မတိကျမပြတ်သားသော | ma. di. gja. ma. bja' tha: de. |
| tímido (adj) | ရှက်တတ်သော | she' ta' te. |
| timidez (f) | ရှက်ရွ့မှု | she' jwan. hmu. |

| confiança (f) | မိမိကိုယ်မိမိယုံကြည်မှု | mi. mi. kou mi. mi. gji hmu. |
| confiar (vt) | ယုံကြည်သည် | joun kji de |
| crédulo (adj) | အယုံလွယ်သော | ajoun lwe de. |

| sinceramente | ဟန်မဆောင်ဘဲ | han ma. zaun be: |
| sincero (adj) | ဟန်မဆောင်တတ်သော | han ma. zaun da' te |
| sinceridade (f) | ရိုးသားမှု | jou: dha: hmu. |
| aberto (adj) | ပွင့်လင်းသော | pwin: lin: de. |

| calmo (adj) | တိတ်ဆိတ်သော | tei' hsei' te |
| franco (adj) | ပွင့်လင်းသော | pwin: lin: de. |
| ingênuo (adj) | အယုံလွယ်သော | ajoun lwe de. |
| distraído (adj) | စဉ်းစားဉာဏ်မရှိသော | sin: za: njan ma. shi. de. |
| engraçado (adj) | ရယ်စရာကောင်းသော | je zaja gaun: de. |

| ganância (f) | လောဘကြီးခြင်း | lau ba. gji: gjin: |
| ganancioso (adj) | လောဘကြီးသော | lau ba. gji: de. |
| avarento, sovina (adj) | တွန့်တိုသော | tun. dou de. |
| mal (adj) | ယုတ်မာသော | jou' ma de. |
| teimoso (adj) | ခေါင်းမာသော | gaun: ma de. |
| desagradável (adj) | မဖွယ်မရာဖြစ်သော | ma. bwe ma. ja bji' te. |

| egoísta (m) | တစ်ကိုယ်ကောင်းဆန်သူ | ti' kai gaun: zan dhu |
| egoísta (adj) | တစ်ကိုယ်ကောင်းဆန်သော | ti' kai gaun: zan de. |
| covarde (m) | ငကြောက် | nga. gjau' |
| covarde (adj) | ကြောက်တတ်သော | kjau' ta' te. |

## 60. O sono. Sonhos

| dormir (vi) | အိပ်သည် | ei' ja de |
| sono (m) | အိပ်ခြင်း | ei' chin: |
| sonho (m) | အိပ်မက် | ei' me' |
| sonhar (ver sonhos) | အိပ်မက်မက်သည် | ei' me' me' te |
| sonolento (adj) | အိပ်ချင်သော | ei' chin de. |

| cama (f) | ခုတင် | khu. din |
| colchão (m) | မွေ့ယာ | mwei. ja |
| cobertor (m) | စောင် | saun |
| travesseiro (m) | ခေါင်းအုံး | gaun: oun: |
| lençol (m) | အိပ်ရာခင်း | ei' ja khin: |

| insônia (f) | အိပ်မပျော်နိုင်ခြင်း | ei' ma. bjo nain gjin: |
| sem sono (adj) | အိပ်မပျော်သော | ei' ma. bjo de. |
| sonífero (m) | အိပ်ဆေး | ei' hsei: |
| tomar um sonífero | အိပ်ဆေးသောက်သည် | ei' hsei: thau' te |
| estar sonolento | အိပ်ချင်သည် | ei' chin de |

| bocejar (vi) | သမ်းသည် | than: de |
| ir para a cama | အိပ်ရာဝင်သည် | ei' ja win de |
| fazer a cama | အိပ်ရာခင်းသည် | ei' ja khin: de |
| adormecer (vi) | အိပ်ပျော်သွားသည် | ei' pjo dhwa: de |

| pesadelo (m) | အိပ်မက်ဆိုး | ei' me' hsou: |
| ronco (m) | ဟောက်သံ | hau' than |
| roncar (vi) | ဟောက်သည် | hau' te |

| despertador (m) | နှိုးစက် | hnou: ze' |
| acordar, despertar (vt) | နှိုးသည် | hnou: de |
| acordar (vi) | နိုးသည် | nou: de |
| levantar-se (vr) | အိပ်ရာထသည် | ei' ja hta. de |
| lavar-se (vr) | မျက်နှာသစ်သည် | mje' hna dhi' te |

## 61. Humor. Riso. Alegria

| humor (m) | ဟာသ | ha dha. |
| senso (m) de humor | ဟာသအမြင် | ha dha. amjin |
| divertir-se (vr) | ပျော်ရွှင်သည် | pjo shwin de |
| alegre (adj) | ပျော်ရွှင်သော | pjo shwin de. |
| diversão (f) | ပျော်ရွှင်မှု | pjo shwin hmu |

| sorriso (m) | အပြုံး | apjoun: |
| sorrir (vi) | ပြုံးသည် | pjoun: de |
| começar a rir | ရယ်လိုက်သည် | je lai' te |
| rir (vi) | ရယ်သည် | je de |
| riso (m) | ရယ်သံ | je dhan |

| anedota (f) | ဟာသဇာတ်လမ်း | ha dha. za' lan |
| engraçado (adj) | ရယ်စရာကောင်းသော | je zaja gaun: de. |
| ridículo, cômico (adj) | ရယ်စရာကောင်းသောသူ | je zaja gaun: de. dhu |

| brincar (vi) | စနောက်သည် | sanau' te |
| piada (f) | ရယ်စရာ | je zaja |
| alegria (f) | ဝမ်းသာမှု | wan: dha hmu. |
| regozijar-se (vr) | ဝမ်းသာသည် | wan: dha de |
| alegre (adj) | ဝမ်းသာသော | wan dha de. |

## 62. Discussão, conversação. Parte 1

| comunicação (f) | ဆက်ဆံပြောဆိုခြင်း | hse' hsan bjou: zou gjin |
| comunicar-se (vr) | ဆက်ဆံပြောဆိုသည် | hse' hsan bjou: zou de |

| conversa (f) | စကားစမြည် | zaga: zamji |
| diálogo (m) | အပြန်အလှန်ပြောခြင်း | apjan a hlan bau gjin: |
| discussão (f) | ဆွေးနွေးခြင်း | hswe: nwe: gjin: |
| debate (m) | အငြင်းပွားမှု | anjin: bwa: hmu. |
| debater (vt) | ငြင်းခုံသည် | njin: goun de |

| interlocutor (m) | ပါဝင်ဆွေးနွေးသူ | pa win zwei: nwei: dhu |
| tema (m) | ခေါင်းစဉ် | gaun: zin |

| ponto (m) de vista | ရှုထောင့် | shu. daun. |
| opinião (f) | အမြင် | amjin |
| discurso (m) | စကား | zaga: |

| discussão (f) | ဆွေးနွေးခြင်း | hswe: nwe: gjin: |
| discutir (vt) | ဆွေးနွေးသည် | hswe: nwe: de |
| conversa (f) | စကားပြော | zaga: bjo: boun |
| conversar (vi) | စကားပြောသည် | zaga: bjo: de |
| reunião (f) | တွေ့ဆုံမှု | twei. hsoun hmu |
| encontrar-se (vr) | တွေ့ဆုံသည် | twei. hsoun de |

| provérbio (m) | စကားပုံ | zaga: boun |
| ditado, provérbio (m) | စကားပုံ | zaga: boun |
| adivinha (f) | စကားထာ | zaga: da |
| dizer uma adivinha | စကားထာဖွက်သည် | zaga: da bwe' te |
| senha (f) | စကားဝက် | zaga: hwe' |
| segredo (m) | လျှို့ဝက်ချက် | shou. hwe' che' |

| juramento (m) | ကျမ်းသစ္စာ | kjan: thi' sa |
| jurar (vi) | ကျမ်းသစ္စာဆိုသည် | kjan: thi' sa hsou de |
| promessa (f) | ကတိ | ka ti |
| prometer (vt) | ကတိပေးသည် | gadi pei: de |

| conselho (m) | အကြံဉာဏ် | akjan njan |
| aconselhar (vt) | အကြံပေးသည် | akjan bei: de |
| seguir o conselho | အကြံကိုလက်ခံသည် | akjan kou le' khan de |
| escutar (~ os conselhos) | နားထောင်သည် | na: daun de |

| novidade, notícia (f) | သတင်း | dhadin: |
| sensação (f) | သတင်းထူး | dhadin: du: |
| informação (f) | သတင်းအချက်အလက် | dhadin: akje' ale' |
| conclusão (f) | သုံးသပ်ချက် | thoun: dha' che' |
| voz (f) | အသံ | athan |
| elogio (m) | ချီးမွမ်းစကား | chi: mun: zaga: |
| amável, querido (adj) | ကြင်နာသော | kjin na hmu. de. |

| palavra (f) | စကားလုံး | zaga: loun: |
| frase (f) | စကားစု | zaga: zu. |
| resposta (f) | အဖြေ | ahpei |
| verdade (f) | အမှန်တရား | ahman da ja: |
| mentira (f) | မုသား | mu. dha: |

| pensamento (m) | အတွေး | atwei: |
| ideia (f) | အကြံ | akjan |
| fantasia (f) | စိတ်ကူးယဉ်အိပ်မက် | sei' ku: jin ei' me' |

## 63. Discussão, conversação. Parte 2

| estimado, respeitado (adj) | လေးစားရသော | lei: za: ja. de. |
| respeitar (vt) | လေးစားသည် | lei: za: de |
| respeito (m) | လေးစားမှု | lei: za: hmu. |
| Estimado ..., Caro ... | လေးစားရပါသော | lei: za: ja. ba. de. |
| apresentar (alguém a alguém) | မိတ်ဆက်ပေးသည် | mi' hse' pei: de |

| | | |
|---|---|---|
| conhecer (vt) | မိတ်ဆက်သည် | mi' hse' te |
| intenção (f) | ရည်ရွယ်ချက် | ji jwe gje' |
| tencionar (~ fazer algo) | ရည်ရွယ်သည် | ji jwe de |
| desejo (de boa sorte) | ဆန္ဒ | hsan da. |
| desejar (ex. ~ boa sorte) | ဆန္ဒပြုသည် | hsan da. bju de |

| | | |
|---|---|---|
| surpresa (f) | အံ့သြခြင်း | an. o: chin: |
| surpreender (vt) | အံ့သြစေသည် | an. o: sei: de |
| surpreender-se (vr) | အံ့သြသည် | an. o. de |

| | | |
|---|---|---|
| dar (vt) | ပေးသည် | pei: de |
| pegar (tomar) | ယူသည် | ju de |
| devolver (vt) | ပြန်ပေးသည် | pjan bei: de |
| retornar (vt) | ပြန်ပေးသည် | pjan bei: de |

| | | |
|---|---|---|
| desculpar-se (vr) | တောင်းပန်သည် | thaun: ban de |
| desculpa (f) | တောင်းပန်ခြင်း | thaun: ban gjin: |
| perdoar (vt) | ခွင့်လွှတ်သည် | khwin. hlu' te |

| | | |
|---|---|---|
| falar (vi) | အပြန်အလှန်ပြောသည် | apjan a hlan bau de |
| escutar (vt) | နားထောင်သည် | na: daun de |
| ouvir até o fim | နားထောင်သည် | na: daun de |
| entender (compreender) | နားလည်သည် | na: le de |

| | | |
|---|---|---|
| mostrar (vt) | ပြသည် | pja. de |
| olhar para ... | ကြည့်သည် | kji. de |
| chamar (alguém para ...) | ခေါ်သည် | kho de |
| perturbar, distrair (vt) | နှောင့်ယှက်သည် | hnaun. hje' te |
| perturbar (vt) | နှောင့်ယှက်သည် | hnaun. hje' te |
| entregar (~ em mãos) | တဆင့်ပေးသည် | tahsin. bei: de |

| | | |
|---|---|---|
| pedido (m) | တောင်းဆိုချက် | taun: hsou che' |
| pedir (ex. ~ ajuda) | တောင်းဆိုသည် | taun: hsou: de |
| exigência (f) | တောင်းဆိုခြင်း | taun: hsou: chin: |
| exigir (vt) | တိုက်တွန်းသည် | tai' tun: de |

| | | |
|---|---|---|
| insultar (chamar nomes) | ကျိုးစယ်သည် | kji ze de |
| zombar (vt) | သရော်သည် | thajo: de |
| zombaria (f) | သရော်ခြင်း | thajo: gjin: |
| alcunha (f), apelido (m) | ချစ်စနိုးပေး ထားသောနာမည် | chi' sa. nou: bei: da: dho: na me |

| | | |
|---|---|---|
| insinuação (f) | စောင်းပြောမှု | saun: bjo: hmu. |
| insinuar (vt) | စောင်းပြောသည် | saun: bjo: de |
| querer dizer | ဆိုလိုသည် | hsou lou de |

| | | |
|---|---|---|
| descrição (f) | ဖော်ပြချက် | hpjo bja. gje' |
| descrever (vt) | ဖော်ပြသည် | hpjo bja. de |
| elogio (m) | ချီးမွမ်းခြင်း | chi: mun: gjin: |
| elogiar (vt) | ချီးမွမ်းသည် | chi: mun: de |

| | | |
|---|---|---|
| desapontamento (m) | စိတ်ပျက်ခြင်း | sei' pje' chin |
| desapontar (vt) | စိတ်ပျက်စေသည် | sei' pje' sei de |
| desapontar-se (vr) | စိတ်ပျက်သည် | sei' pje' te |
| suposição (f) | ယူဆခြင်း | ju za. chin: |
| supor (vt) | ယူဆသည် | ju za. de |

| advertência (f) | သတိပေးခြင်း | dhadi. pei: gjin: |
| advertir (vt) | သတိပေးသည် | dhadi. pei: de |

## 64. Discussão, conversação. Parte 3

| convencer (vt) | စည်းရုံးသည် | si: joun: de |
| acalmar (vt) | ချော့းမျှသည် | hpjaun: bja de |

| silêncio (o ~ é de ouro) | နှုတ်ဆိတ်ခြင်း | hnou' hsei' chin: |
| ficar em silêncio | နှုတ်ဆိတ်သည် | hnou' hsei' te |
| sussurrar (vt) | တီးတိုးပြောသည် | ti: dou: bjo de |
| sussurro (m) | တီးတိုးပြောသံ | ti: dou: bjo dhan |

| francamente | ရှင်းရှင်းပြောရရင် | shin: shin: bjo: ja. jin |
| na minha opinião ... | မိမိအမြင်အား ဖြင့် | mi. mi. amjin a: bjin. |

| detalhe (~ da história) | အသေးစိတ်မှု | athei: zi' hmu. |
| detalhado (adj) | အသေးစိတ်သော | athei: zi' te. |
| detalhadamente | အသေးစိတ် | athei: zi' |

| dica (f) | အရိပ်အမြွက် | aji' ajmwe' |
| dar uma dica | အရိပ်အမြွက်ပေးသည် | aji' ajmwe' pei: de |

| olhar (m) | အသွင် | athwin |
| dar uma olhada | ကြည့်သည် | kji. de |
| fixo (olhada ~a) | မလှုပ်မရှားသော | ma. hlou' sha: de |
| piscar (vi) | မျက်တောင်ခတ်သည် | mje' taun ga' te |
| piscar (vt) | မျက်စိတစ်ဖက်မှိတ်သည် | mje' zi. di' hpe' hmei' te |
| acenar com a cabeça | ခေါင်းညိတ်သည် | gaun: njei' te |

| suspiro (m) | သက်ပြင်းချခြင်း | the' pjin: gja. gjin: |
| suspirar (vi) | သက်ပြင်းချသည် | the' pjin: gja. de |
| estremecer (vi) | သိမ့်သိမ့်တုန်သည် | thein. dhein. doun de |
| gesto (m) | လက်ဟန်ခြေဟန် | le' han hpjei han |
| tocar (com as mãos) | ထိသည် | hti. de |
| agarrar (~ pelo braço) | ဖမ်းကိုင်သည် | hpan: gain de |
| bater de leve | ပုတ်သည် | pou' te |

| Cuidado! | ဂရုစိုက်ပါ | ga ju. sai' pa |
| Sério? | တကယ်လား | dage la: |
| Tem certeza? | သေချာလား | thei gja la: |
| Boa sorte! | အောင်မြင်ပါစေ | aun mjin ba zei |
| Entendi! | ရှင်းပါတယ် | shin: ba de |
| Que pena! | စိတ်မကောင်းပါဘူး | sei' ma. kaun: ba bu: |

## 65. Acordo. Recusa

| consentimento (~ mútuo) | သဘောတူညီချက် | dhabo: tu nji gje' |
| consentir (vi) | သဘောတူသည် | dhabo: tu de |
| aprovação (f) | လက်ခံခြင်း | le' khan gjin: |
| aprovar (vt) | လက်ခံသည် | le' khan de |
| recusa (f) | ငြင်းဆန်ခြင်း | njin: zan gjin: |

| | | |
|---|---|---|
| negar-se a … | ြင်းဆန်သည် | njin: zan de |
| Ótimo! | အရမ်းေကာင်း | ajan: gaun: |
| Tudo bem! | ေကာင်းတယ် | kaun: de |
| Está bem! De acordo! | ေကာင်းပြီ | kaun: bji |

| | | |
|---|---|---|
| proibido (adj) | တားမြစ်ထားေသာ | ta: mji' hta: te. |
| é proibido | မလုပ်ရ | ma. lou' ja. |
| é impossível | မဖြစ်နိုင် | ma. bji' nain |
| incorreto (adj) | မှားေသာ | hma: de. |

| | | |
|---|---|---|
| rejeitar (~ um pedido) | ပယ်ချသည် | pe gja. de |
| apoiar (vt) | ေထာက်ခံသည် | htau' khan de |
| aceitar (desculpas, etc.) | လက်ခံသည် | le' khan de |

| | | |
|---|---|---|
| confirmar (vt) | အတည်ြပုသည် | ati pju. de |
| confirmação (f) | အတည်ြပုချက် | ati pju. gje' |
| permissão (f) | ခွင့်ြပုချက် | khwin bju. che' |
| permitir (vt) | ခွင့်ြပုသည် | khwin bju. de |
| decisão (f) | ဆုံးြဖတ်ချက် | hsoun: hpja' cha' |
| não dizer nada | နှုတ်ဆိတ်သည် | hnou' hsei' te |

| | | |
|---|---|---|
| condição (com uma ~) | အေြခအေန | achei anei |
| pretexto (m) | ဆင်ေြခ | hsin gjei |
| elogio (m) | ချီးမွမ်းြခင်း | chi: mun: gjin: |
| elogiar (vt) | ချီးမွမ်းသည် | chi: mun: de |

---

## 66. Sucesso. Boa sorte. Insucesso

| | | |
|---|---|---|
| êxito, sucesso (m) | ေအာင်ြမင်မှု | aun mjin hmu. |
| com êxito | ေအာင်ြမင်စွာ | aun mjin zwa |
| bem sucedido (adj) | ေအာင်ြမင်ေသာ | aun mjin dho: |

| | | |
|---|---|---|
| sorte (fortuna) | ကံေကာင်းြခင်း | kan gaun: gjin: |
| Boa sorte! | ေအာင်ြမင်ပါေစ | aun mjin ba zei |
| de sorte | ကံေကာင်းစွာရှိေသာ | kan gaun: zwa ja. shi. de. |
| sortudo, felizardo (adj) | ကံေကာင်းေသာ | kan kaun: de. |

| | | |
|---|---|---|
| fracasso (m) | မေအာင်ြမင်ြခင်း | ma. aun mjin gjin:. |
| pouca sorte (f) | ကံဆိုးြခင်း | kan hsou: chin: |
| azar (m), má sorte (f) | ကံဆိုးြခင်း | kan hsou: chin: |

| | | |
|---|---|---|
| mal sucedido (adj) | မေအာင်ြမင်ေသာ | ma. aun mjin de. |
| catástrofe (f) | ကပ်ေဘး | ka' bei: |

| | | |
|---|---|---|
| orgulho (m) | ဂုဏ် | goun |
| orgulhoso (adj) | ဂုဏ်ယူေသာ | goun dhu de. |
| estar orgulhoso, -a | ဂုဏ်ယူသည် | goun dhu de |

| | | |
|---|---|---|
| vencedor (m) | အနိုင်ရသူ | anain ja. dhu |
| vencer (vi, vt) | အနိုင်ရသည် | anain ja de |
| perder (vt) | ရှုံးသည် | shoun: de |
| tentativa (f) | ကြိုးစားမှု | kjou: za: hmu. |
| tentar (vt) | ကြိုးစားသည် | kjou: za: de |
| chance (m) | အခွင့်အေရး | akhwin. ajei: |

## 67. Conflitos. Emoções negativas

| | | |
|---|---|---|
| grito (m) | အော်သံ | o dhan |
| gritar (vi) | အော်သည် | o de |
| começar a gritar | စတင်အော်သည် | sa. tin o de |

| | | |
|---|---|---|
| discussão (f) | ရင်းပွဲရင်း | njin: goun gjin: |
| brigar (discutir) | ရင်းပွဲသည် | njin: goun de |
| escândalo (m) | ရိုက်ရန်ဖြစ်ခြင်း | khai' jan bji' chin: |
| criar escândalo | ရိုက်ရန်ဖြစ်သည် | khai' jan bji' te |
| conflito (m) | အဌင်းပွားမှု | anjin: bwa: hmu. |
| mal-entendido (m) | နားလည်မှုလွဲခြင်း | na: le hmu. lwe: gjin: |

| | | |
|---|---|---|
| insulto (m) | စော်ကားမှု | so ga: hmu |
| insultar (vt) | စော်ကားသည် | so ga: de |
| insultado (adj) | အစော်ကားခံရသော | aso ka: gan ja de. |
| ofensa (f) | စိတ်နာမှု | sei' na hmu. |
| ofender (vt) | စိတ်နာအောင်လုပ်သည် | sei' na aun lou' te |
| ofender-se (vr) | စိတ်နာသည် | sei' na de |

| | | |
|---|---|---|
| indignação (f) | မခံမရပ်နိုင်ဖြစ်ခြင်း | ma. gan ma. ja' nain bji' chin |
| indignar-se (vr) | မခံမရပ်နိုင်ဖြစ်သည် | ma. gan ma. ja' nain bji' te |
| queixa (f) | တိုင်ကြောခြင်း | tain bjo: gjin: |
| queixar-se (vr) | တိုင်ကြောသည် | tain bjo: de |

| | | |
|---|---|---|
| desculpa (f) | တောင်းပန်ခြင်း | thaun: ban gjin: |
| desculpar-se (vr) | တောင်းပန်သည် | thaun: ban de |
| pedir perdão | တောင်းပန်သည် | thaun: ban de |

| | | |
|---|---|---|
| crítica (f) | ဝေဖန်မှု | wei ban hmu. |
| criticar (vt) | ဝေဖန်သည် | wei ban de |
| acusação (f) | စွပ်စွဲခြင်း | su' swe: chin: |
| acusar (vt) | စွပ်စွဲသည် | su' swe: de |

| | | |
|---|---|---|
| vingança (f) | လက်စားရေးခြင်း | le' sa: gjei gjin: |
| vingar (vt) | လက်စားရေးသည် | le' sa: gjei de |
| vingar-se de | ပြန်ဆပ်သည် | pjan za' te |

| | | |
|---|---|---|
| desprezo (m) | အထင်သေးခြင်း | a htin dhei: gjin: |
| desprezar (vt) | အထင်သေးသည် | a htin dhei: de |
| ódio (m) | အမုန်း | amun: |
| odiar (vt) | မုန်းသည် | moun: de |

| | | |
|---|---|---|
| nervoso (adj) | စိတ်လှုပ်ရှားသော | sei' hlou' sha: de. |
| estar nervoso | စိတ်လှုပ်ရှားသည် | sei' hlou' sha: de |
| zangado (adj) | စိတ်ဆိုးသော | sei' hsou: de. |
| zangar (vt) | ဒေါသထွက်စေသည် | do: dha. dwe' sei de |

| | | |
|---|---|---|
| humilhação (f) | မျက်နှာပျက်ရခြင်း | mje' hna bje' ja gjin: |
| humilhar (vt) | မျက်နှာပျက်စေသည် | mje' hna bje' sei de |
| humilhar-se (vr) | အရှက်ရသည် | ashe' ja. de |

| | | |
|---|---|---|
| choque (m) | တုန်လှုပ်ချောက်ချားခြင်း | toun hlou' chau' cha: gjin: |
| chocar (vt) | တုန်လှုပ်ချောက်ချားသည် | toun hlou' chau' cha: de |
| aborrecimento (m) | ဒုက္ခ | dou' kha |

| | | |
|---|---|---|
| desagradável (adj) | မဖွယ်မရာဖြစ်သော | ma. bwe ma. ja bji' te. |
| medo (m) | ကြောက်ရွံ့ခြင်း | kjau' jun. gjin: |
| terrível (tempestade, etc.) | အလွန် | alun |
| assustador (ex. história ~a) | ထိတ်လန့်သော | htei' lan. de |
| horror (m) | ကြောက်မက်ဖွယ်ရာ | kjau' ma' hpwe ja |
| horrível (crime, etc.) | ကြောက်မက်ဖွယ်ဖြစ်သော | kjau' ma' hpwe bja' te. |
| | | |
| começar a tremer | တုန်သည် | toun de |
| chorar (vi) | ငိုသည် | ngou de |
| começar a chorar | မျက်ရည်ဝဲသည် | mje' je we: de |
| lágrima (f) | မျက်ရည် | mje' je |
| | | |
| falta (f) | အပြစ် | apja' |
| culpa (f) | စိတ်မသန့်ခြင်း | sei' ma. dhan. gjin: |
| desonra (f) | အရှက် | ashe' |
| protesto (m) | ကန့်ကွက်ချက် | kan gwe' che' |
| estresse (m) | စိတ်ဖိစီးမှု | sei' hpi zi: hmu. |
| | | |
| perturbar (vt) | နှောင့်ယှက်သည် | hnaun. hje' te |
| zangar-se com ... | ဒေါသထွက်သည် | do: dha. dwe' de |
| zangado (irritado) | ဒေါသကြီးသော | do: dha. gji: de. |
| terminar (vt) | အဆုံးသတ်သည် | ahsoun: tha' te |
| praguejar | ဆူပူကြိမ်းမောင်းသည် | hsu. bu gjein: maun: de |
| | | |
| assustar-se | လန့်သွားသည် | lan. dhwa: de |
| golpear (vt) | ရိုက်သည် | jai' te |
| brigar (na rua, etc.) | ရိုက်ရန်ဖြစ်သည် | khai' jan bji' te |
| | | |
| resolver (o conflito) | ဖျန်ဖြေပေးသည် | hpan bjei bjei: de |
| descontente (adj) | မကျေနပ်သော | ma. gjei na' te. |
| furioso (adj) | ပြင်းထန်သော | pjin: dan dho: |
| | | |
| Não está bem! | ဒါ မကောင်းဘူး | da ma. gaun: dhu: |
| É ruim! | ဒါတော့ဆိုးတယ် | da do. zou: de |

# Medicina

| doença (f) | ရောဂါ | jo: ga |
|---|---|---|
| estar doente | ဖျားနာသည် | hpa: na de |
| saúde (f) | ကျန်းမာရေး | kjan: ma jei: |

| nariz (m) escorrendo | နှာစေးခြင်း | hna zei: gjin: |
| amigdalite (f) | အာသီးရောင်ခြင်း | a sha. jaun gjin: |
| resfriado (m) | အအေးမိခြင်း | aei: mi. gjin: |
| ficar resfriado | အအေးမိသည် | aei: mi. de |

| bronquite (f) | ရောင်းဆိုးရင်ကျပ်နာ | gaun: ou: jin gja' na |
| pneumonia (f) | အဆုတ်ရောင်ရောဂါ | ahsou' jaun jo: ga |
| gripe (f) | တုပ်ကွေး | tou' kwei: |

| míope (adj) | အဝေးမှုန်သော | awei: hmun de. |
| presbita (adj) | အနီးမှုန် | ani: hmoun |
| estrabismo (m) | မျက်စိစွင်းခြင်း | mje' zi. zwei gjin: |
| estrábico, vesgo (adj) | မျက်စိစွေသော | mje' zi. zwei de. |
| catarata (f) | နာမကျန်းဖြစ်ခြင်း | na. ma. gjan: bji' chin: |
| glaucoma (m) | ရေတိမ် | jei dein |

| AVC (m), apoplexia (f) | လေသင်တုန်းဖြတ်ခြင်း | lei dhin doun: bja' chin: |
| ataque (m) cardíaco | နှလုံးဖောက်ပြန်မှု | hnaloun: bau' bjan hmu. |
| enfarte (m) do miocárdio | နှလုံးကြွက်သားပုပ်ခြင်း | hnaloun: gjwe' tha: bou' chin: |
| paralisia (f) | သွက်ချာပါဒ | thwe' cha ba da. |
| paralisar (vt) | လိုင်းတွဲသွားသည် | hsain: dwa dhwa: de |

| alergia (f) | မတည့်ခြင်း | ma. de. gjin: |
| asma (f) | ပန်းနာ | pan: na |
| diabetes (f) | ဆီးချိုရောဂါ | hsi: gjou jau ba |

| dor (f) de dente | သွားကိုက်ခြင်း | thwa: kai' chin: |
| cárie (f) | သွားပိုးစားခြင်း | thwa: pou: za: gjin: |

| diarreia (f) | ဝမ်းလျှောခြင်း | wan: sho: gjin: |
| prisão (f) de ventre | ဝမ်းချုပ်ခြင်း | wan: gjou' chin: |
| desarranjo (m) intestinal | ဗိုက်နာခြင်း | bai' na gjin: |
| intoxicação (f) alimentar | အစာအဆိပ်သင့်ခြင်း | asa: ahsei' thin. gjin: |
| intoxicar-se | အစားမှားခြင်း | asa: hma: gjin: |

| artrite (f) | အဆစ်ရောင်နာ | ahsi' jaun na |
| raquitismo (m) | အရိုးပျော့နာ | ajou: bjau. na |
| reumatismo (m) | ဒူလာ | du la |
| arteriosclerose (f) | နှလုံးသွေးကြော | hna. loun: twei: kjau |
| | အဆစ်ဝတ်ခြင်း | ahsi pei' khin: |

| gastrite (f) | အစာအိမ်ရောင်ရမ်းနာ | asa: ein jaun jan: na |
| apendicite (f) | အူအတက်ရောင်ခြင်း | au hte' jaun gjin: |

| | | |
|---|---|---|
| colecistite (f) | သည်းခြေပြွန်ရောင်ခြင်း | thi: gjei bjun jaun gjin: |
| úlcera (f) | ဖက်ခွက်နာ | hpe' khwe' na |
| | | |
| sarampo (m) | ဝက်သက် | we' the' |
| rubéola (f) | ရျက်သိုး | gjou' thou: |
| icterícia (f) | အသားဝါရောဂါ | atha: wa jo: ga |
| hepatite (f) | အသည်းရောင်ရောဂါ | athe: jaun jau ba |
| | | |
| esquizofrenia (f) | စိတ်ကစဉ့်ကလျားရောဂါ | sei' ga. zin. ga. lja: jo: ga |
| raiva (f) | ခွေးရူးပြန်ရောဂါ | khwei: ju: bjan jo: ba |
| neurose (f) | စိတ်မှုမမှန်ခြင်း | sei' mu ma. hman gjin: |
| contusão (f) cerebral | ဦးနှောက်ထိခိုက်ခြင်း | oun: hnau' hti. gai' chin: |
| | | |
| câncer (m) | ကင်ဆာ | kin hsa |
| esclerose (f) | အသားမျှင်ကင် မာသွားခြင်း | atha: hmjin kha' ma dwa: gjin: |
| esclerose (f) múltipla | အာရုံကြောပျက်စီး | a joun gjo: bje' si: |
| | ရောင်ရမ်းသည့်ရောဂါ | jaun jan: dhi. jo: ga |
| | | |
| alcoolismo (m) | အရက်နာဆွဲခြင်း | aje' na zwe: gjin: |
| alcoólico (m) | အရက်သမား | aje' dha. ma: |
| sífilis (f) | ဆစ်ဖလစ်ကာလသားရောဂါ | his' hpa. li' ka la. dha: jo: ba |
| AIDS (f) | ကိုယ်ခံအားကျကုးစက်ရောဂါ | kou khan a: kja ku: za' jau ba |
| | | |
| tumor (m) | အသားပို | atha: pou |
| maligno (adj) | ကင်ဆာဖြစ်နေသော | kin hsa bji' nei de. |
| benigno (adj) | ပြန့်ပွားခြင်းမရှိသော | pjan. bwa: gjin: ma. shi. de. |
| | | |
| febre (f) | အဖျားတက်ရောဂါ | ahpja: de' jo: ga |
| malária (f) | ငှက်ဖျားရောဂါ | hnge' hpja: jo: ba |
| gangrena (f) | ဂန်ဂရိန်းနာရောဂါ | gan ga. ji na jo: ba |
| enjoo (m) | လှိုင်းမူးခြင်း | hlain: mu: gjin: |
| epilepsia (f) | ဝက်ရူးပြန်ရောဂါ | we' ju: bjan jo: ga |
| | | |
| epidemia (f) | ကင်ရောဂါ | ka' jo ba |
| tifo (m) | တိုက်ဖိုက်ရောဂါ | tai' hpai' jo: ba |
| tuberculose (f) | တီဘီရောဂါ | ti bi jo: ba |
| cólera (f) | ကာလဝမ်းရောဂါ | ka la. wan: jau ga |
| peste (f) bubônica | ကပ်ဆိုး | ka' hsou: |

## 69. Sintomas. Tratamentos. Parte 1

| | | |
|---|---|---|
| sintoma (m) | လက္ခဏာ | le' khana |
| temperatura (f) | အပူချိန် | apu gjein |
| febre (f) | ကိုယ်အပူချိန်တက် | kou apu chain de' |
| pulso (m) | သွေးခုန်နှုန်း | thwei: khoun hnan: |
| | | |
| vertigem (f) | မူးနောက်ခြင်း | mu: nau' chin: |
| quente (testa, etc.) | ပူသော | pu dho: |
| calafrio (m) | တုန်ခြင်း | toun gjin: |
| pálido (adj) | ဖျုရော်သော | hpju jo de. |
| | | |
| tosse (f) | ချောင်းဆိုးခြင်း | gaun: zou: gjin: |
| tossir (vi) | ချောင်းဆိုးသည် | gaun: zou: de |
| espirrar (vi) | နှာချေသည် | hna gjei de |

desmaio (m)   အားနည်းခြင်း   a: ne: gjin:
desmaiar (vi)   သတိလစ်သည်   dhadi. li' te

mancha (f) preta   ပွန်းပဲဒဏ်ရာ   pun: be. dan ja
galo (m)   ေခါင်ဖိုခြင်း   hsaun. mi. gjin:
machucar-se (vr)   ေခါင်မိသည်   hsaun. mi. de.
contusão (f)   ပွန်းပဲဒဏ်ရာ   pun: be. dan ja
machucar-se (vr)   ပွန်းပဲဒဏ်ရာရသည်   pun: be. dan ja ja. de

mancar (vi)   ထော့နဲ့ထော့နဲ့လျောက်သည်   hto. ne. hto. ne. shau' te
deslocamento (f)   အဆစ်လွဲခြင်း   ahsi' lwe: gjin:
deslocar (vt)   အဆစ်လွဲသည်   ahsi' lwe: de
fratura (f)   ကျိုးအက်ခြင်း   kjou: e' chin:
fraturar (vt)   ကျိုးအက်သည်   kjou: e' te

corte (m)   ရှသည်   sha. de
cortar-se (vr)   ရှမိသည်   sha. mi. de
hemorragia (f)   သွေးထွက်ခြင်း   thwei: htwe' chin:

queimadura (f)   မီးေလာင်သည့်ဒဏ်ရာ   mi: laun de. dan ja
queimar-se (vr)   မီးေလာင်ဒဏ်ရာရသည်   mi: laun dan ja ja. de

picar (vt)   ဖောက်သည်   hpau' te
picar-se (vr)   ကိုယ်တိုင်ဖောက်သည်   kou tain hpau' te
lesionar (vt)   ထိခိုက်ဒဏ်ရာရသည်   hti. gai' dan ja ja. de
lesão (m)   ထိခိုက်ဒဏ်ရာ   hti. gai' dan ja
ferida (f), ferimento (m)   ဒဏ်ရာ   dan ja
trauma (m)   စိတ်ဒဏ်ရာ   sei' dan ja

delirar (vi)   ကယောင်ကတမ်းဖြစ်သည်   kajaun ka dan: bi' te
gaguejar (vi)   တုံ့နေးတုံ့ နေးဖြစ်သည်   toun. hnei: toun. hnei: bji' te
insolação (f)   အပူလျပ်ခြင်း   apu hlja' chin

## 70. Sintomas. Tratamentos. Parte 2

dor (f)   နာကျင်မှု   na gjin hmu.
farpa (no dedo, etc.)   ပဲထွက်သောအစ   pe. dwe' tho: asa.

suor (m)   ေချွး   chwei:
suar (vi)   ေချွးထွက်သည်   chwei: htwe' te
vômito (m)   အန်ခြင်း   an gjin:
convulsões (f pl)   အကြောလိုက်ခြင်း   akjo: lai' chin:

grávida (adj)   ကိုယ်ဝန်ေဆာင်ထားသော   kou wun hsaun da: de.
nascer (vi)   မွေးဖွားသည်   mwei: bwa: de
parto (m)   မီးဖွားခြင်း   mi: bwa: gjin:
dar à luz   မီးဖွားသည်   mi: bwa: de
aborto (m)   ကိုယ်ဝန်ဖျက်ချခြင်း   kou wun hpje' cha chin:

respiração (f)   အသက်ရှုခြင်း   athe' shu gjin:
inspiração (f)   ဝင်ေလ   win lei
expiração (f)   ထွက်ေလ   htwe' lei
expirar (vi)   အသက်ရှုထုတ်သည်   athe' shu dou' te
inspirar (vi)   အသက်ရှုသွင်းသည်   athe' shu dhwin: de

| inválido (m) | ကိုယ်အင်္ဂါမသန်စွမ်းသူ | kou an ga ma. dhan swan: dhu |
| aleijado (m) | မသန်မစွမ်းသူ | ma. dhan ma. zwan dhu |
| drogado (m) | ဆေးစွဲသူ | hsei: zwe: dhu |

| surdo (adj) | နားမကြားသော | na: ma. gja: de. |
| mudo (adj) | ဆွံ့အသော | hsun. ade. |
| surdo-mudo (adj) | ဆွံ့အ နားမကြားသူ | hsun. ana: ma. gja: dhu |

| louco, insano (adj) | စိတ်မနှံ့သော | sei' ma. hnan. de. |
| louco (m) | စိတ်မနှံ့သူ | sei' ma. hnan. dhu |
| louca (f) | စိတ်ဝေဒနာရှင်မိန်းကလေး | sei' wei da. na shin mein: ga. lei: |
| ficar louco | ရူးသွပ်သည် | ju: dhu' de |

| gene (m) | မျိုးရိုးဗီဇ | mjou: jou: bi za. |
| imunidade (f) | ကိုယ်ခံအား | kou gan a: |
| hereditário (adj) | မျိုးရိုးလိုက်သော | mjou: jou: lou' te. |
| congênito (adj) | မွေးရာပါဖြစ်သော | mwei: ja ba bji' te. |

| vírus (m) | ဗိုင်းရပ်ပိုးများ | bain: ja' pou: hmwa: |
| micróbio (m) | အဏုဇီဝရုပ် | anu zi wa. jou' |
| bactéria (f) | ဘက်တီးရီးယားပိုး | be' ti: ji: ja: bou: |
| infecção (f) | ရောဂါကူးစက်မှု | jo ga gu: ze' hmu. |

## 71. Sintomas. Tratamentos. Parte 3

| hospital (m) | ဆေးရုံ | hsei: joun |
| paciente (m) | လူနာ | lu na |

| diagnóstico (m) | ရောဂါစစ်ဆေးခြင်း | jo ga zi' hsei: gjin: |
| cura (f) | ဆေးကုထုံး | hsei: ku. doun: |
| tratamento (m) médico | ဆေးဝါးကုသမှု | hsei: wa: gu. dha. hmu. |
| curar-se (vr) | ဆေးကုသမှုခံယူသည် | hsei: ku. dha. hmu. dha de |
| tratar (vt) | ပြုစုသည် | pju. zu. de |
| cuidar (pessoa) | ပြုစုစောင့်ရှောက်သည် | pju. zu. zaun. shau' te |
| cuidado (m) | ပြုစုစောင့်ရှောက်ခြင်း | pju. zu. zaun. shau' chin: |

| operação (f) | ခွဲစိတ်ကုသခြင်း | khwe: zei' ku. dha. hin: |
| enfaixar (vt) | ပတ်တီးစည်းသည် | pa' ti: ze: de |
| enfaixamento (m) | ပတ်တီးစည်းခြင်း | pa' ti: ze: gjin: |

| vacinação (f) | ကာကွယ်ဆေးထိုးခြင်း | ka gwe hsei: dou: gjin: |
| vacinar (vt) | ကာကွယ်ဆေးထိုးသည် | ka gwe hsei: dou: de |
| injeção (f) | ဆေးထိုးခြင်း | hsei: dou: gjin: |
| dar uma injeção | ဆေးထိုးသည် | hsei: dou: de |

| ataque (~ de asma, etc.) | ရောဂါ ရုတ်တရက်ကျရောက်ခြင်း | jo ga jou' ta. je' kja. jau' chin: |
| amputação (f) | ဖြတ်တောက်ကုသခြင်း | hpja' tau' ku. dha gjin: |
| amputar (vt) | ဖြတ်တောက်ကုသသည် | hpja' tau' ku. dha de |
| coma (f) | မေ့မြောခြင်း | mei. mjo: gjin: |
| estar em coma | မေ့မြောသည် | mei. mjo: de |
| reanimação (f) | အသွင်းကုန်ပြုပြုံခြင်း | aswan: boun bju. zu. bjin: |
| recuperar-se (vr) | ရောဂါသက်သာလာသည် | jo ga dhe' tha la de |

| estado (~ de saúde) | ကျန်းမာရေးအခြေအနေ | kjan: ma jei: achei a nei |
| consciência (perder a ~) | ပြန်လည်သတိရလာခြင်း | pjan le dhadi. ja. la. gjin: |
| memória (f) | မှတ်ဉာဏ် | hma' njan |

| tirar (vt) | နှုတ်သည် | hna' te |
| obturação (f) | သွားပေါက်ဖာထေးမှု | thwa: bau' hpa dei: hmu. |
| obturar (vt) | ဖာသည် | hpa de |

| hipnose (f) | အိပ်မွေ့ရုံခြင်း | ei' mwei. gja. gjin: |
| hipnotizar (vt) | အိပ်မွေ့ရုသည် | ei' mwei. gja. de |

## 72. Médicos

| médico (m) | ဆရာဝန် | hsa ja wun |
| enfermeira (f) | သူနာပြု | thu na bju. |
| médico (m) pessoal | ကိုယ်ရေး ဆရာဝန် | kou jei: hsaja wun |

| dentista (m) | သွားဆရာဝန် | thwa: hsaja wun |
| oculista (m) | မျက်စိဆရာဝန် | mje' si. za. ja wun |
| terapeuta (m) | ရောဂါရှာဖွေရေးဆရာဝန် | jo ga sha bwei jei: hsaja wun |
| cirurgião (m) | ခွဲစိတ်ကုဆရာဝန် | khwe: hsei' ku hsaja wun |

| psiquiatra (m) | စိတ်ရောဂါအထူးကုဆရာဝန် | sei' jo: ga ahtu: gu. zaja wun |
| pediatra (m) | ကလေးအထူးကုဆရာဝန် | kalei: ahtu: ku. hsaja wun |
| psicólogo (m) | စိတ်ပညာရှင် | sei' pjin nja shin |
| ginecologista (m) | မီးယပ်ရောဂါအထူး<br>ကုဆရာဝန် | mi: ja' jo: ga ahtu:<br>gu za. ja wun |
| cardiologista (m) | နှလုံးရောဂါအထူး<br>ကုဆရာဝန် | hnaloun: jo: ga ahtu:<br>gu. zaja wun |

## 73. Medicina. Drogas. Acessórios

| medicamento (m) | ဆေးဝါး | hsei: wa: |
| remédio (m) | ကုသခြင်း | ku. dha. gjin: |
| receitar (vt) | ဆေးအညွှန်းပေးသည် | hsa: ahnjun: bwe: de |
| receita (f) | ဆေးညွှန်း | hsei: hnjun: |

| comprimido (m) | ဆေးပြား | hsei: bja: |
| unguento (m) | လိမ်းဆေး | lein: zei: |
| ampola (f) | လေလုံဖန်ပုလင်းငယ် | lei loun ban bu. lin: nge |
| solução, preparado (m) | စပ်ဆေးရည် | sa' ei: je |
| xarope (m) | ဖျော်ရည်ဆီ | hpjo jei zi |
| cápsula (f) | ဆေးတောင့် | hsei: daun. |
| pó (m) | အမှုန့် | ahmoun. |

| atadura (f) | ပတ်တီး | pa' ti: |
| algodão (m) | ဝွမ်းလိပ် | gwan: lei' |
| iodo (m) | တင်ဂျာအိုင်ဒင်း | tin gja ein din: |

| curativo (m) adesivo | ပလာစတာ | pa. la sata |
| conta-gotas (m) | မျက်စဉ်းခတ်ကိရိယာ | mje' zin: ba' ki. ji. ja |
| termômetro (m) | အပူချိန်တိုင်းကိရိယာ | apu gjein dain: gi. ji. ja |

| | | |
|---|---|---|
| seringa (f) | ဆေးထိုးပြွတ် | hsei: dou: bju' |
| cadeira (f) de rodas | ဘီးတပ်ကုလားထိုင် | bi: da' ku. la: dain |
| muletas (f pl) | ချိုင်းထောက် | chain: dau' |
| analgésico (m) | အကိုက်အခဲပျောက်ဆေး | akai' akhe: pjau' hsei: |
| laxante (m) | ဝမ်းနုတ်ဆေး | wan: hnou' hsei: |
| álcool (m) | အရက်ပျံ | aje' pjan |
| ervas (f pl) medicinais | ဆေးဖက်ဝင်အပင်များ | hsei: hpa' win apin mja: |
| de ervas (chá ~) | ဆေးဖက်ဝင်အပင်<br>နှင့်ဆိုင်သော | hsei: hpa' win apin<br>hnin. zain de. |

## 74. Fumar. Produtos tabágicos

| | | |
|---|---|---|
| tabaco (m) | ဆေးရွက်ကြီး | hsei: jwe' kji: |
| cigarro (m) | စီးကရက် | si: ga. ja' |
| charuto (m) | ဆေးပြင်းလိပ် | hsei: bjin: li' |
| cachimbo (m) | ဆေးတံ | hsei: dan |
| maço (~ de cigarros) | ဗူး | bu: |
| fósforos (m pl) | မီးခြစ်ဆံများ | mi: gji' zain mja: |
| caixa (f) de fósforos | မီးခြစ်ဆံဗူး | mi: gji' zain bu: |
| isqueiro (m) | မီးခြစ် | mi: gji' |
| cinzeiro (m) | ဆေးလိပ်ပြာခွက် | hsei: lei' pja gwe' |
| cigarreira (f) | စီးကရက်အလှဗူး | si: ga. ja' ahla. bu: |
| piteira (f) | စီးကရက်ထည့်သောက်သည့်<br>ပြွန်တံငယ် | si: ga. ja' hti. dau' thi.<br>bjwan dan nge |
| filtro (m) | ဖင်ဆီခံ | hpin zi gan |
| fumar (vi, vt) | ဆေးလိပ်သောက်သည် | hsei: lei' ma. dhau' te |
| acender um cigarro | ဆေးလိပ်မီးညှိသည် | hsei: lei' mi: hni. de |
| tabagismo (m) | ဆေးလိပ်သောက်ခြင်း | hsei: lei' ma. dhau' chin: |
| fumante (m) | ဆေးလိပ်သောက်သူ | hsei: lei' ma. dhau' thu |
| bituca (f) | ဆေးလိပ်တို | hsei: lei' tou |
| fumaça (f) | မီးခိုး | mi: gou: |
| cinza (f) | ပြာ | pja |

# HABITAT HUMANO

## Cidade

| cidade (f) | မြို့ | mjou. |
| capital (f) | မြို့တော် | mjou. do |
| aldeia (f) | ရွာ | jwa |

| mapa (m) da cidade | မြို့လမ်းညွှန်မြေပုံ | mjou. lan hnjun mjei boun |
| centro (m) da cidade | မြို့လယ်ခေါင် | mjou. le gaun |
| subúrbio (m) | ဆင်ခြေဖုံးအရပ် | hsin gjei aja' |
| suburbano (adj) | ဆင်ခြေဖုံးအရပ်ဖြစ်သော | hsin gjei hpoun aja' hpa' te. |

| periferia (f) | မြို့စွန် | mjou. zun |
| arredores (m pl) | ပတ်ဝန်းကျင် | pa' wun: gjin: |
| quarteirão (m) | စည်ကားရာမြို့လယ်နေရာ | si: ga: ja mjou. le nei ja |
| quarteirão (m) residencial | လူနေရပ်ကွက် | lu nei ja' kwe' |

| tráfego (m) | ယာဉ်အသွားအလာ | jin athwa: ala |
| semáforo (m) | မီးပွိုင့် | mi: bwain. |
| transporte (m) público | ပြည်သူ့ပိုင်ခရီးသွား | pji dhu bain gaji: dhwa: |
| | ပို့ဆောင်ရေး | bou. zaun jei: |
| cruzamento (m) | လမ်းဆုံ | lan: zoun |

| faixa (f) | လူကူးမျဉ်းကြား | lu gu: mji: gja: |
| túnel (m) subterrâneo | မြေအောက်လမ်းကူး | mjei au' lan: gu: |
| cruzar, atravessar (vt) | လမ်းကူးသည် | lan: gu: de |
| pedestre (m) | လမ်းသွားလမ်းလာ | lan: dhwa: lan: la |
| calçada (f) | လူသွားလမ်း | lu dhwa: lan: |

| ponte (f) | တံတား | dada: |
| margem (f) do rio | ကမ်းနားတဖမ် | kan: na: da. man |
| fonte (f) | ရေပန်း | jei ban: |

| alameda (f) | ရိပ်သာလမ်း | jei' tha lan: |
| parque (m) | ပန်းခြံ | pan: gjan |
| bulevar (m) | လမ်းငယ် | lan: ge |
| praça (f) | ရင်ပြင် | jin bjin |
| avenida (f) | လမ်းမကြီး | lan: mi. gji: |
| rua (f) | လမ်း | lan: |
| travessa (f) | လမ်းသွယ် | lan: dhwe |
| beco (m) sem saída | လမ်းဆုံး | lan: zoun: |

| casa (f) | အိမ် | ein |
| edifício, prédio (m) | အဆောက်အဦ | ahsau' au |
| arranha-céu (m) | မိုးမျှော်တိုက် | mou: hmjo tou' |
| fachada (f) | အိမ်ရှေ့နံရံ | ein shei. nan jan |

| telhado (m) | အမိုး | amou: |
| janela (f) | ပြတင်းပေါက် | badin: pau' |
| arco (m) | မှော | mou' wa. |
| coluna (f) | တိုင် | tain |
| esquina (f) | ထောင့် | htaun. |

| vitrine (f) | ဆိုင်ရှေ့ပစ္စည်း အခင်းအကျင်း | hseun shei. bji' si: akhin: akjin: |
| letreiro (m) | ဆိုင်းဘုတ် | hsain: bou' |
| cartaz (do filme, etc.) | ပိုစတာ | pou sata |
| cartaz (m) publicitário | ကြော်ငြာပိုစတာ | kjo nja bou sata |
| painel (m) publicitário | ကြော်ငြာဆိုင်းဘုတ် | kjo nja zain: bou' |

| lixo (m) | အမှိုက် | ahmai' |
| lata (f) de lixo | အမှိုက်ပုံး | ahmai' poun: |
| jogar lixo na rua | လွှင့်ပစ်သည် | hlwin. bi' te |
| aterro (m) sanitário | အမှိုက်ပုံ | ahmai' poun |

| orelhão (m) | တယ်လီဖုန်းဆက်ရန်နေရာ | te li hpoun: ze' jan nei ja |
| poste (m) de luz | လမ်းမီး | lan: mi: |
| banco (m) | ခုံတန်းရှည် | khoun dan: shei |

| polícia (m) | ရဲ | je: |
| polícia (instituição) | ရဲ | je: |
| mendigo, pedinte (m) | သူတောင်းစား | thu daun: za: |
| desabrigado (m) | အိမ်ယာမဲ့ | ein ja me. |

## 76. Instituições urbanas

| loja (f) | ဆိုင် | hsain |
| drogaria (f) | ဆေးဆိုင် | hsei: zain |
| ótica (f) | မျက်မှန်ဆိုင် | mje' hman zain |
| centro (m) comercial | ဈေးဝင်စင်တာ | zei: wun zin da |
| supermercado (m) | ကုန်တိုက်ကြီး | koun dou' kji: |

| padaria (f) | မုန့်တိုက် | moun. dai' |
| padeiro (m) | ပေါင်မုန့်ဖုတ်သူ | paun moun. bou' dhu |
| pastelaria (f) | မုန့်ဆိုင် | moun. zain |
| mercearia (f) | ကုန်စုံဆိုင် | koun zoun zain |
| açougue (m) | အသားဆိုင် | atha: ain |

| fruteira (f) | ဟင်းသီးဟင်းရွက်ဆိုင် | hin: dhi: hin: jwe' hsain |
| mercado (m) | ဈေး | zei: |

| cafeteria (f) | ကော်ဖီဆိုင် | ko hpi zain |
| restaurante (m) | စားသောက်ဆိုင် | sa: thau' hsain |
| bar (m) | ဘီယာဆိုင် | bi ja zain: |
| pizzaria (f) | ပီဇာမုန့်ဆိုင် | pi za moun. zain |

| salão (m) de cabeleireiro | ဆံပင်ညှပ်ဆိုင် | zain hnja' hsain |
| agência (f) dos correios | စာတိုက် | sa dai' |
| lavanderia (f) | အဝတ်အခြောက်လျှော်လုပ်ငန်း | awu' achou' hlo: lou' ngan: |
| estúdio (m) fotográfico | ဓာတ်ပုံရိုက်ခန်း | da' poun jai' khan: |
| sapataria (f) | ဖိနပ်ဆိုင် | hpana' sain |

| | | |
|---|---|---|
| livraria (f) | စာအုပ်ဆိုင် | sa ou' hsain |
| loja (f) de artigos esportivos | အားကစားပစ္စည်းဆိုင် | a: gaza: pji' si: zain |

| | | |
|---|---|---|
| costureira (m) | စက်ချုင်ဆိုင် | se' pjin zain |
| aluguel (m) de roupa | ဝတ်စုံအငှါးဆိုင် | wa' zoun ahnga: zain |
| videolocadora (f) | အခွေငှါးဆိုင် | akhwei hnga: zain: |

| | | |
|---|---|---|
| circo (m) | ဆပ်ကပ် | hsa' ka' |
| jardim (m) zoológico | တိရစ္ဆာန်ဥယျာဉ် | tharei' hsan u. jin |
| cinema (m) | ရုပ်ရှင်ရုံ | jou' shin joun |
| museu (m) | ပြတိုက် | pja. dai' |
| biblioteca (f) | စာကြည့်တိုက် | sa gji. dai' |

| | | |
|---|---|---|
| teatro (m) | ကဇာတ်ရုံ | ka. za' joun |
| ópera (f) | အော်ပရာဇာတ်ရုံ | o pa ra za' joun |
| boate (casa noturna) | နိက်ကလပ် | nai' ka. la' |
| cassino (m) | လောင်းကစားရုံ | laun: gaza: joun |

| | | |
|---|---|---|
| mesquita (f) | ဗလီ | bali |
| sinagoga (f) | ရှူးဒီဘုရား ရှိုးကျောင်း | ja. hu di bu. ja: shi. gou: gjaun: |
| catedral (f) | ဘုရားရှိခိုးကျောင်းတော် | hpaja: gjaun: do: |
| templo (m) | ဘုရားကျောင်း | hpaja: gjaun: |
| igreja (f) | ဘုရားကျောင်း | hpaja: gjaun: |

| | | |
|---|---|---|
| faculdade (f) | တက္ကသိုလ် | te' kathou |
| universidade (f) | တက္ကသိုလ် | te' kathou |
| escola (f) | စာသင်ကျောင်း | sa dhin gjaun: |

| | | |
|---|---|---|
| prefeitura (f) | စီရင်စုနယ် | si jin zu. ne |
| câmara (f) municipal | မြို့တော်ခန်းမ | mjou. do gan: ma. |
| hotel (m) | ဟိုတယ် | hou te |
| banco (m) | ဘဏ် | ban |

| | | |
|---|---|---|
| embaixada (f) | သံရုံး | than joun: |
| agência (f) de viagens | ခရီးသွားလုပ်ငန်း | khaji: thwa: lou' ngan: |
| agência (f) de informações | သတင်းအချက်အလက်ဌာန | dhadin: akje' ale' hta. na. |
| casa (f) de câmbio | ငွေလဲရန်နေရာ | ngwei le: jan nei ja |

| | | |
|---|---|---|
| metrô (m) | မြေအောက်ဥမင်လမ်း | mjei au' u. min lan: |
| hospital (m) | ဆေးရုံ | hsei: joun |

| | | |
|---|---|---|
| posto (m) de gasolina | ဆီဆိုင် | hsi: zain |
| parque (m) de estacionamento | ကားပါကင် | ka: pa kin |

## 77. Transportes urbanos

| | | |
|---|---|---|
| ônibus (m) | ဘတ်စ်ကား | ba's ka: |
| bonde (m) elétrico | ဓာတ်ရထား | da' ja hta: |
| trólebus (m) | ဓာတ်ကား | da' ka: |
| rota (f), itinerário (m) | လမ်းကြောင်း | lan: gjaun: |
| número (m) | ကားနံပါတ် | ka: nan ba' |
| ir de ... (carro, etc.) | ယဉ်စီးသည် | jin zi: de |
| entrar no ... | ထိုင်သည် | htain de |

| | | |
|---|---|---|
| descer do ... | ကားပေါ်မှဆင်းသည် | ka: bo hma. zin: de |
| parada (f) | မှတ်တိုင် | hma' tain |
| próxima parada (f) | နောက်မှတ်တိုင် | nau' hma' tain |
| terminal (m) | အဆုံးမှတ်တိုင် | ahsoun: hma' tain |
| horário (m) | အချိန်ဇယား | achein zaja: |
| esperar (vt) | စောင့်သည် | saun. de |

| | | |
|---|---|---|
| passagem (f) | လက်မှတ် | le' hma' |
| tarifa (f) | ယာဉ်စီးခ | jin zi: ga. |

| | | |
|---|---|---|
| bilheteiro (m) | ငွေကိုင် | ngwei gain |
| controle (m) de passagens | လက်မှတ်စစ်ဆေးခြင်း | le' hma' ti' hsei: chin |
| revisor (m) | လက်မှတ်စစ်ဆေးသူ | le' hma' ti' hsei: dhu: |

| | | |
|---|---|---|
| atrasar-se (vr) | နောက်ကျသည် | nau' kja. de |
| perder (o autocarro, etc.) | ကားနောက်ကျသည် | ka: nau' kja de |
| estar com pressa | အမြန်လုပ်သည် | aman lou' de |

| | | |
|---|---|---|
| táxi (m) | တက္ကစီ | te' kasi |
| taxista (m) | တက္ကစီမောင်းသူ | te' kasi maun: dhu |
| de táxi (ir ~) | တက္ကစီဖြင့် | te' kasi hpjin. |
| ponto (m) de táxis | တက္ကစီရပ် | te' kasi zu. ja' |
| chamar um táxi | တက္ကစီခေါ်သည် | te' kasi go de |
| pegar um táxi | တက္ကစီငှါးသည် | te' kasi hnga: de |

| | | |
|---|---|---|
| tráfego (m) | ယာဉ်အသွားအလာ | jin athwa: ala |
| engarrafamento (m) | ယာဉ်ကြောပိတ်ဆို့မှု | jin gjo: bei' hsou. hmu. |
| horas (f pl) de pico | အလုပ်ဆင်းချိန် | alou' hsin: gjain |
| estacionar (vi) | ယာဉ်ရပ်နားရန်နေရာယူသည် | jin ja' na: jan nei ja ju de |
| estacionar (vt) | ကားအားပါကင်ထိုးသည် | ka: a: pa kin dou: de |
| parque (m) de estacionamento | ပါကင် | pa gin |

| | | |
|---|---|---|
| metrô (m) | မြေအောက်ဉမင်လမ်း | mjei au' u. min lan: |
| estação (f) | ဘူတာရုံ | bu da joun |
| ir de metrô | မြေအောက်ရထားဖြင့်သွားသည် | mjei au' ja. da: bjin. dhwa: de |
| trem (m) | ရထား | jatha: |
| estação (f) de trem | ရထားဘူတာရုံ | jatha: buda joun |

## 78. Turismo

| | | |
|---|---|---|
| monumento (m) | ရုပ်တု | jou' tu. |
| fortaleza (f) | ခံတပ်ကြီး | khwan da' kji: |
| palácio (m) | နန်းတော် | nan do |
| castelo (m) | ရဲတိုက် | je: dai' |
| torre (f) | မျှော်စင် | hmjo zin |
| mausoléu (m) | ဂူဗိမာန် | gu bi. man |

| | | |
|---|---|---|
| arquitetura (f) | ဗိသုကာပညာ | bi. thu. ka pjin nja |
| medieval (adj) | အလယ်ခေတ်နှင့်ဆိုင်သော | ale khei' hnin. zain de. |
| antigo (adj) | ရှေးကျသော | shei: gja. de |
| nacional (adj) | အမျိုးသားနှင့်ဆိုင်သော | amjou: dha: hnin. zain de. |
| famoso, conhecido (adj) | နာမည်ကြီးသော | na me gji: de. |
| turista (m) | ကမ္ဘာလှည့်ခရီးသည် | ga ba hli. kha. ji: de |
| guia (pessoa) | လမ်းညွှန် | lan: hnjun |

| excursão (f) | လေ့လာရေးခရီး | lei. la jei: gaji: |
| mostrar (vt) | ပြသည် | pja. de |
| contar (vt) | ပြောပြသည် | pjo: bja. de |

| encontrar (vt) | ရှာတွေ့သည် | sha dwei. de |
| perder-se (vr) | ပျောက်သည် | pjau' te |
| mapa (~ do metrô) | မြေပုံ | mjei boun |
| mapa (~ da cidade) | မြေပုံ | mjei boun |

| lembrança (f), presente (m) | အမှတ်တရလက်ဆောင်ပစ္စည်း | ahma' ta ra le' hsaun pji' si: |
| loja (f) de presentes | လက်ဆောင်ပစ္စည်းဆိုင် | le' hsaun pji' si: zain |
| tirar fotos, fotografar | ဓာတ်ပုံရိုက်သည် | da' poun jai' te |
| fotografar-se (vr) | ဓာတ်ပုံရိုက်သည် | da' poun jai' te |

## 79. Compras

| comprar (vt) | ဝယ်သည် | we de |
| compra (f) | ဝယ်စရာ | we zaja |
| fazer compras | ဈေးဝယ်ထွက်ခြင်း | zei: we htwe' chin: |
| compras (f pl) | ရှော့ပင်း | sho. bin: |

| estar aberta (loja) | ဆိုင်ဖွင့်သည် | hsain bwin. de |
| estar fechada | ဆိုင်ပိတ်သည် | hseun bi' te |

| calçado (m) | ဖိနပ် | hpana' |
| roupa (f) | အဝတ်အစား | awu' aza: |
| cosméticos (m pl) | အလှကုန်ပစ္စည်း | ahla. koun pji' si: |
| alimentos (m pl) | စားသောက်ကုန် | sa: thau' koun |
| presente (m) | လက်ဆောင် | le' hsaun |

| vendedor (m) | ရောင်းသူ | jaun: dhu |
| vendedora (f) | ရောင်းသူ | jaun: dhu |

| caixa (f) | ငွေရှင်းရန်နေရာ | ngwei shin: jan nei ja |
| espelho (m) | မှန် | hman |
| balcão (m) | ကောင်တာ | kaun da |
| provador (m) | အဝတ်လဲခန်း | awu' le: gan: |

| provar (vt) | တိုင်းကြည့်သည် | tain: dhi. de |
| servir (roupa, caber) | သင့်တော်သည် | thin. do de |
| gostar (apreciar) | ကြိုက်သည် | kjai' de |

| preço (m) | ဈေးနှုန်း | zei: hnan: |
| etiqueta (f) de preço | ဈေးနှုန်းကတ်ပြား | zei: hnan: ka' pja: |
| custar (vt) | ကုန်ကျသည် | koun mja. de |
| Quanto? | ဘယ်လောက်လဲ | be lau' le: |
| desconto (m) | လျှော့ဈေး | sho. zei: |

| não caro (adj) | ဈေးမကြီးသော | zei: ma. kji: de. |
| barato (adj) | ဈေးပေါသော | zei: po: de. |
| caro (adj) | ဈေးကြီးသော | zei: kji: de. |
| É caro | ဒါဈေးကြီးတယ် | da zei: gji: de |
| aluguel (m) | ငှားရမ်းခြင်း | hna: jan: chin: |
| alugar (roupas, etc.) | ငှားရမ်းသည် | hna: jan: de |

| crédito (m) | အကြွေးစနစ် | akjwei: sani' |
| a crédito | အကြွေးစနစ်ဖြင့် | akjwei: sa ni' hpjin. |

## 80. Dinheiro

| dinheiro (m) | ပိုက်ဆံ | pai' hsan |
| câmbio (m) | လဲလှယ်ခြင်း | le: hle gjin: |
| taxa (f) de câmbio | ငွေလဲနှုန်း | ngwei le: hnan: |
| caixa (m) eletrônico | အလိုအလျောက်ငွေထုတ်စက် | alou aljau' ngwei htou' se' |
| moeda (f) | အကြွေစေ့ | akjwei zei. |

| dólar (m) | ဒေါ်လာ | do la |
| euro (m) | ယူရို | ju rou |

| lira (f) | အီတလီ လိုင်ရာငွေ | ita. li lain ja ngwei |
| marco (m) | ဂျာပန်မတ်ငွေ | gja man ma' ngwei |
| franco (m) | ဖရန့် | hpa. jan. |
| libra (f) esterlina | စတာလင်ပေါင် | sata lin baun |
| iene (m) | ယန်း | jan: |

| dívida (f) | အကြွေး | akjwei: |
| devedor (m) | မြီစား | mji za: |
| emprestar (vt) | ရေးသည် | chei: de |
| pedir emprestado | အကြွေးယူသည် | akjwei: ju de |

| banco (m) | ဘဏ် | ban |
| conta (f) | ငွေစာရင်း | ngwei za jin: |
| depositar (vt) | ထည့်သည် | hte de. |
| depositar na conta | ငွေသွင်းသည် | ngwei dhwin: de |
| sacar (vt) | ငွေထုတ်သည် | ngwei dou' te |

| cartão (m) de crédito | အကြွေးဝယ်ကဒ်ပြား | akjwei: we ka' pja |
| dinheiro (m) vivo | လက်ငင်း | le' ngin: |
| cheque (m) | ချက် | che' |
| passar um cheque | ချက်ရေးသည် | che' jei: de |
| talão (m) de cheques | ချက်စာအုပ် | che' sa ou' |

| carteira (f) | ပိုက်ဆံအိတ် | pai' hsan ei' |
| niqueleira (f) | ပိုက်ဆံအိတ် | pai' hsan ei' |
| cofre (m) | မီးခံသေတ္တာ | mi: gan dhi' ta |

| herdeiro (m) | အမွေစား:အမွေခံ | amwei za: amwei gan |
| herança (f) | အမွေဆက်ခံခြင်း | amwei ze' khan gjin: |
| fortuna (riqueza) | အခွင့်အလမ်း | akhwin. alan: |

| arrendamento (m) | အိမ်ငှါး | ein hnga: |
| aluguel (pagar o ~) | အခန်းငှါးခ | akhan: hnga: ga |
| alugar (vt) | ငှားသည် | hnga: de |

| preço (m) | ဈေးနှုန်း | zei: hnan: |
| custo (m) | ကုန်ကျစရိတ် | koun gja. za. ji' |
| soma (f) | ပေါင်းလဒ် | paun: la' |
| gastar (vt) | သုံးစွဲသည် | thoun: zwe: de |
| gastos (m pl) | စရိတ်စက | zaei' zaga. |

| | | |
|---|---|---|
| economizar (vi) | ချွေတာသည် | chwei da de |
| econômico (adj) | တွက်ခြေကိုက်သော | twe' chei kai' te. |

| | | |
|---|---|---|
| pagar (vt) | ပေးချေသည် | pei: gjei de |
| pagamento (m) | ပေးချေသည့်ငွေ | pei: gjei de. ngwei |
| troco (m) | ပြန်အမ်းငွေ | pjan an: ngwe |

| | | |
|---|---|---|
| imposto (m) | အခွန် | akhun |
| multa (f) | ဒဏ်ငွေ | dan ngwei |
| multar (vt) | ဒဏ်ရိုက်သည် | dan jai' de |

## 81. Correios. Serviço postal

| | | |
|---|---|---|
| agência (f) dos correios | စာတိုက် | sa dai' |
| correio (m) | မေးလ် | mei: l |
| carteiro (m) | စာပို့သမား | sa bou. dhama: |
| horário (m) | ဖွင့်ချိန် | hpwin. gjin |

| | | |
|---|---|---|
| carta (f) | စာ | sa |
| carta (f) registada | မှတ်ပုံတင်ပြီးသောစာ | hma' poun din bji: dho: za: |
| cartão (m) postal | ပို့စကဒ် | pou. sa. ka' |
| telegrama (m) | ကြေးနန်း | kjei: nan: |
| encomenda (f) | ပါဆယ် | pa ze |
| transferência (f) de dinheiro | ငွေလွှဲခြင်း | ngwei hlwe: gjin: |

| | | |
|---|---|---|
| receber (vt) | လက်ခံရရှိသည် | le' khan ja. shi. de |
| enviar (vt) | ပို့သည် | pou. de |
| envio (m) | ပို့ခြင်း | pou. gjin: |

| | | |
|---|---|---|
| endereço (m) | လိပ်စာ | lei' sa |
| código (m) postal | စာပို့သင်္ကေတ | sa bou dhin kei ta. |
| remetente (m) | ပို့သူ | pou. dhu |
| destinatário (m) | လက်ခံသူ | le' khan dhu |

| | | |
|---|---|---|
| nome (m) | အမည် | amji |
| sobrenome (m) | မိသားစု မျိုးရိုးနာမည် | mi. dha: zu. mjou: jou: na mji |

| | | |
|---|---|---|
| tarifa (f) | စာပို့ နှုန်းထား | sa bou. kha. hnan: da: |
| ordinário (adj) | စံနှုန်းသတ်မှတ်ထားသော | san hnoun: dha' hma' hta: de. |
| econômico (adj) | ကုန်ကျငွေသက်သာသော | koun gja ngwe dhe' dha de. |

| | | |
|---|---|---|
| peso (m) | အလေးချိန် | alei: gjein |
| pesar (estabelecer o peso) | ချိန်သည် | chein de |
| envelope (m) | စာအိတ် | sa ei' |
| selo (m) postal | တံဆိပ်ခေါင်း | da zei' khaun: |
| colar o selo | တံဆိပ်ခေါင်းကပ်သည် | da zei' khaun: ka' te |

# Moradia. Casa. Lar

## 82. Casa. Habitação

| Português | Myanmar | Transliteração |
|---|---|---|
| casa (f) | အိမ် | ein |
| em casa | အိမ်မှာ | ein hma |
| pátio (m), quintal (f) | ခြံမြေကွက်လပ် | chan mjei gwe' la' |
| cerca, grade (f) | ခြံစည်းရိုး | chan zi: jou: |
| | | |
| tijolo (m) | အုတ် | ou' |
| de tijolos | အုတ်ဖြင့်လုပ်ထားသော | ou' hpjin. lou' hta: de. |
| pedra (f) | ကျောက် | kjau' |
| de pedra | ကျောက်ဖြင့်လုပ်ထားသော | kjau' hpjin. lou' hta: de. |
| concreto (m) | ကွန်ကရစ် | kun ka. ji' |
| concreto (adj) | ကွန်ကရစ်လောင်းထားသော | kun ka. ji' laun: da: de. |
| | | |
| novo (adj) | သစ်သော | thi' te. |
| velho (adj) | ဟောင်းသော | haun: de. |
| decrépito (adj) | အိုဟောင်းပျက်စီးနေသော | ou haun: pje' si: nei dho: |
| moderno (adj) | ခေတ်မီသော | khi' mi de. |
| de vários andares | အထပ်များစွာပါသော | a hta' mja: swa ba de. |
| alto (adj) | မြင့်သော | mjin. de. |
| | | |
| andar (m) | အထပ် | a hta' |
| de um andar | အထပ်တစ်ထပ်တည်းဖြစ်သော | a hta' ta' hta' te: hpja' tho: |
| | | |
| térreo (m) | မြေညီထပ် | mjei nji da' |
| andar (m) de cima | အပေါ်ဆုံးထပ် | apo zoun: da' |
| | | |
| telhado (m) | အမိုး | amou: |
| chaminé (f) | မီးခိုးခေါင်းတိုင် | mi: gou: gaun: dain |
| | | |
| telha (f) | အုတ်ကြွပ်ပြား | ou' gju' pja: |
| de telha | အုတ်ကြွပ်ဖြင့်မိုးထားသော | ou' gju' hpjin: mou: hta: de. |
| sótão (m) | ထပ်ခိုး | hta' khou: |
| | | |
| janela (f) | ပြတင်းပေါက် | badin: pau' |
| vidro (m) | ဖန် | hpan |
| | | |
| parapeito (m) | ပြတင်းအောက်ခြေဘောင် | badin: au' chei dhaun |
| persianas (f pl) | ပြတင်းကာ | badin: ga |
| | | |
| parede (f) | နံရံ | nan jou: |
| varanda (f) | ဝရန်တာ | wa jan da |
| calha (f) | ရေဆင်းပိုက် | jei zin: bai' |
| | | |
| em cima | အပေါ်မှာ | apo hma |
| subir (vi) | တက်သည် | te' te |
| descer (vi) | ဆင်းသည် | hsin: de |
| mudar-se (vr) | အိမ်ပြောင်းသည် | ein bjaun: de |

## 83. Casa. Entrada. Elevador

| | | |
|---|---|---|
| entrada (f) | ဝင်ပေါက် | win bau' |
| escada (f) | လှေကား | hlei ga: |
| degraus (m pl) | လှေကားထစ် | hlei ga: di' |
| corrimão (m) | လှေကားလက်ရန်း | hlei ga: le' jan: |
| hall (m) de entrada | ဧည့်ခန်းမ | e. gan: ma. |
| caixa (f) de correio | စာတိုက်ပုံး | sa dai' poun: |
| lata (f) do lixo | အမှိုက်ပုံး | ahmai' poun: |
| calha (f) de lixo | အမှိုက်ဆင်းပိုက် | ahmai' hsin: bai' |
| elevador (m) | ဓာတ်လှေကား | da' hlei ga: |
| elevador (m) de carga | ဝန်တင်ဓာတ်လှေကား | wun din da' hlei ga: |
| cabine (f) | ကုန်တင်ဓာတ်လှေကား | koun din ga' hlei ga: |
| pegar o elevador | ဓာတ်လှေကားစီးသည် | da' hlei ga: zi: de |
| apartamento (m) | တိုက်ခန်း | tai' khan: |
| residentes (pl) | နေထိုင်သူများ | nei dain dhu mja: |
| vizinho (m) | အိမ်နီးနားချင်း | ein ni: na: gjin: |
| vizinha (f) | မိန်းကလေးအိမ်နီးနားချင်း | mein: galei: ein ni: na: gjin: |
| vizinhos (pl) | အိမ်နီးနားချင်းများ | ein ni: na: gjin: mja: |

## 84. Casa. Portas. Fechaduras

| | | |
|---|---|---|
| porta (f) | တံခါး | daga: |
| portão (m) | ဂိတ် | gei' |
| maçaneta (f) | တံခါးလက်ကိုင် | daga: le' kain |
| destrancar (vt) | သော့ဖွင့်သည် | tho. bwin. de |
| abrir (vt) | ဖွင့်သည် | hpwin. de |
| fechar (vt) | ပိတ်သည် | pei' te |
| chave (f) | သော့ | tho. |
| molho (m) | အတွဲ | atwe: |
| ranger (vi) | တကျွိကျွိမြည်သည် | ta kjwi. kjwi. mji de |
| rangido (m) | တကျွိကျွိမြည်သံ | ta kjwi. kjwi. mji dhan |
| dobradiça (f) | ပတ္တာ | pa' ta |
| capacho (m) | ခြေသုတ်ခုံ | chei dhou' goun |
| fechadura (f) | တံခါးဂျက် | daga: gje' |
| buraco (m) da fechadura | သော့ပေါက် | tho. bau' |
| barra (f) | မင်းတုံး | min: doun: |
| fecho (ferrolho pequeno) | တံခါးချက် | daga: che' |
| cadeado (m) | သော့ခလောက် | tho. ga. lau' |
| tocar (vt) | ခေါင်းလောင်းမြည်သည် | gaun: laun: mje de |
| toque (m) | ခေါင်းလောင်းမြည်သံ | gaun: laun: mje dhan |
| campainha (f) | လူခေါ်ခေါင်းလောင်း | lu go gaun: laun: |
| botão (m) | လူခေါ်ခေါင်းလောင်းခလုတ် | lu go gaun: laun: khalou' |
| batida (f) | တံခါးခေါက်သံ | daga: khau' than |
| bater (vi) | တံခါးခေါက်သည် | daga: khau' te |
| código (m) | သင်္ကေတဝှက် | thin gei ta. hwe' |
| fechadura (f) de código | ကုဒ်သော့ | kou' tho. |

| interfone (m) | အိမ်တွင်းဆက်သွယ်မှုစနစ် | ein dwin: ze' dhwe hmu. zani' |
| número (m) | နံပါတ် | nan ba' |
| placa (f) de porta | အိမ်တံခါးရှေ့, ဆိုင်းဘုတ် | ein da ga: shei. hsain: bou' |
| olho (m) mágico | ချောင်းကြည့်ပေါက် | chaun: gje. bau' |

## 85. Casa de campo

| aldeia (f) | ရွာ | jwa |
| horta (f) | အသီးအရွက်စိုက်ခင်း | athi: ajwe' sai' khin: |
| cerca (f) | ခြံစည်းရိုး | chan zi: jou: |
| cerca (f) de piquete | ခြံစည်းရိုးတိုင် | chan zi: jou: dain |
| portão (f) do jardim | မလွယ်ပေါက် | ma. lwe bau' |

| celeiro (m) | ကျီ | kji |
| adega (f) | မြေအောက် အစာသိုလှောင်ခန်း | mjei au' asa dhou hlaun gan: |
| galpão, barracão (m) | ဂိုဒေါင် | gou daun |
| poço (m) | ရေတွင်း | jei dwin: |

| fogão (m) | မီးဖို | mi: bou |
| atiçar o fogo | မီးပြင်းအောင်ထိုးသည် | mi: bjin: aun dou: de |
| lenha (carvão ou ~) | ထင်း | htin: |
| acha, lenha (f) | ထင်းတုံး | tin: doun: |

| varanda (f) | ဝရန်တာ | wa jan da |
| alpendre (m) | စင်ကြို | sin gja. |
| degraus (m pl) de entrada | အိမ်ရှေ့လှေကား | ein shei. hlei ga: |
| balanço (m) | ဒန်း | dan: |

## 86. Castelo. Palácio

| castelo (m) | ရဲတိုက် | je: dai' |
| palácio (m) | နန်းတော် | nan do |
| fortaleza (f) | ခံတပ်ကြီး | khwan da' kji: |

| muralha (f) | ရဲတိုက်နံရံပိုင်း | je: dai' nan jan wain: |
| torre (f) | မျှော်စင် | hmjo zin |
| calabouço (m) | ရဲတိုက်ဗျာ မျှော်စင်ခံတံပိုကြီး | je: dai' ba. hou hmjo zin gan ta' kji: |

| grade (f) levadiça | ဆိုင်းကြိုးသုံးခံ ကွန်ရက်တံခါးကြီး | hsain: kjou: dhoun: dhan kwan ja' dan ga: kji: |
| passagem (f) subterrânea | မြေအောက်လမ်း | mjei au' lan: |
| fosso (m) | ကျုံး | kjun: |

| corrente, cadeia (f) | ကြိုး | kjou: |
| seteira (f) | မြားဝင်လွတ်ပေါက် | hmja: dan hlwa' pau' |

| magnífico (adj) | ခမ်းနားသော | khan: na: de. |
| majestoso (adj) | နှည်းထည်ဝါသော | khan nja: hte wa de. |

| inexpugnável (adj) | မထိုးဖောက်နိုင်သော | ma. dou: bau' nein de. |
| medieval (adj) | အလယ်ခေတ်နှင့်ဆိုင်သော | ale khei' hnin. zain de. |

## 87. Apartamento

| | | |
|---|---|---|
| apartamento (m) | တိုက်ခန်း | tai' khan: |
| quarto, cômodo (m) | အခန်း | akhan: |
| quarto (m) de dormir | အိပ်ခန်း | ei' khan: |
| sala (f) de jantar | ထမင်းစားခန်း | htamin: za: gan: |
| sala (f) de estar | ဧည့်ခန်း | e. gan: |
| escritório (m) | အိမ်တွင်းရုံးခန်းလေး | ein dwin: joun: gan: lei: |
| sala (f) de entrada | ဝင်ပေါက် | win bau' |
| banheiro (m) | ရေချိုးခန်း | jei gjou gan: |
| lavabo (m) | အိမ်သာ | ein dha |
| teto (m) | မျက်နှာကြက် | mje' hna gje' |
| chão, piso (m) | ကြမ်းပြင် | kan: pjin |
| canto (m) | ထောင့် | htaun. |

## 88. Apartamento. Limpeza

| | | |
|---|---|---|
| arrumar, limpar (vt) | သန့်ရှင်းရေးလုပ်သည် | than. shin: jei: lou' te |
| guardar (no armário, etc.) | သန့်ရှင်းရေးလုပ်သည် | than. shin: jei: lou' te |
| pó (m) | ဖုန် | hpoun |
| empoeirado (adj) | ဖုန်ထူသော | hpoun du de. |
| tirar o pó | ဖုန်သုတ်သည် | hpoun dou' te |
| aspirador (m) | ဖုန်စုပ်စက် | hpoun zou' se' |
| aspirar (vt) | ဖုန်စုပ်စက်ဖြင့် စုပ်သည် | hpoun zou' se' chin. zou' te |
| varrer (vt) | တံမြက်စည်းလှည်းသည် | tan mje' si: hle: de |
| sujeira (f) | အမှိုက်များ | ahmai' mja: |
| arrumação, ordem (f) | စနစ်တကျ | sani' ta. gja. |
| desordem (f) | ရှုပ်ပွခြင်း | shou' pwei gjin: |
| esfregão (m) | လက်ကိုင်ရှည်ကြမ်းသုတ်ဖတ် | le' kain she gjan: dhou' hpa' |
| pano (m), trapo (m) | ဖုန်သုတ်အဝတ် | hpoun dou' awu' |
| vassoura (f) | တံမြက်စည်း | tan mje' si: |
| pá (f) de lixo | အမှိုက်ဂေါ် | ahmai' go |

## 89. Mobiliário. Interior

| | | |
|---|---|---|
| mobiliário (m) | ပရိဘောဂ | pa ri. bo: ga. |
| mesa (f) | စားပွဲ | sa: bwe: |
| cadeira (f) | ကုလားထိုင် | kala: dain |
| cama (f) | ကုတင် | ku din |
| sofá, divã (m) | ဆိုဖာ | hsou hpa |
| poltrona (f) | လက်တင်ပါသောကုလားထိုင် | le' tin ba dho: ku. la: dain |
| estante (f) | စာအုပ်စင် | sa ou' sin |
| prateleira (f) | စင် | sin |
| guarda-roupas (m) | ဗီရို | bi jou |
| cabide (m) de parede | နံရံကပ်အဝတ်ချိတ်စင် | nan jan ga' awu' gei' zin |

| | | |
|---|---|---|
| cabideiro (m) de pé | အဝတ်ချိတ်စင် | awu' gjei' sin |
| cômoda (f) | အံဆွဲပါ မှန်တင်ခုံ | an. zwe: pa hman din khoun |
| mesinha (f) de centro | စားပွဲပု | sa: bwe: bu. |
| | | |
| espelho (m) | မှန် | hman |
| tapete (m) | ကော်ဇော | ko zo: |
| tapete (m) pequeno | ကော်ဇော | ko zo: |
| | | |
| lareira (f) | မီးလင်းဖို | mi: lin: bou |
| vela (f) | ဖယောင်းတိုင် | hpa. jaun dain |
| castiçal (m) | ဖယောင်းတိုင်စိုက်သောတိုင် | hpa. jaun dain zou' tho dain |
| | | |
| cortinas (f pl) | ခန်းဆီးရှည် | khan: zi: shei |
| papel (m) de parede | နံရံကပ်စက္ကူ | nan jan ga' se' ku |
| persianas (f pl) | ယင်းလိပ် | jin: lei' |
| | | |
| luminária (f) de mesa | စားပွဲတင်မီးအိမ် | sa: bwe: din mi: ein |
| luminária (f) de parede | နံရံကပ်မီး | nan jan ga' mi: |
| abajur (m) de pé | မတ်တပ်မီးစလောင်း | ma' ta' mi: za. laun: |
| lustre (m) | မီးပန်းဆိုင်း | mi: ban: zain: |
| | | |
| pé (de mesa, etc.) | ခြေထောက် | chei htau' |
| braço, descanso (m) | လက်တန်း | le' tan: |
| costas (f pl) | နောက်မှီ | nau' mi |
| gaveta (f) | အံဆွဲ | an. zwe: |

## 90. Quarto de dormir

| | | |
|---|---|---|
| roupa (f) de cama | အိပ်ရာခင်းများ | ei' ja khin: mja: |
| travesseiro (m) | ခေါင်းအုံး | gaun: oun: |
| fronha (f) | ခေါင်းစွပ် | gaun: zu' |
| cobertor (m) | စောင် | saun |
| lençol (m) | အိပ်ရာခင်း | ei' ja khin: |
| colcha (f) | အိပ်ရာဖုံး | ei' ja hpoun: |

## 91. Cozinha

| | | |
|---|---|---|
| cozinha (f) | မီးဖိုခန်း | mi: bou gan: |
| gás (m) | ဓာတ်ငွေ့ | da' ngwei. |
| fogão (m) a gás | ဂက်စ်မီးဖို | ga' s mi: bou |
| fogão (m) elétrico | လျှပ်စစ်မီးဖို | hlja' si' si: bou |
| forno (m) | မုန့်ဖုတ်ရန်ဖို | moun. bou' jan bou |
| forno (m) de micro-ondas | မိုက်ခရိုဝေ့ဗ် | mou' kha. jou wei. b |
| | | |
| geladeira (f) | ရေခဲသေတ္တာ | je ge: dhi' ta |
| congelador (m) | ရေခဲခန်း | jei ge: gan: |
| máquina (f) de lavar louça | ပန်းကန်ဆေးစက် | bagan: zei: ze' |
| | | |
| moedor (m) de carne | အသားကြိတ်စက် | atha: kjei' za' |
| espremedor (m) | အသီးဖျော်စက် | athi: hpjo ze' |
| torradeira (f) | ပေါင်မုန့်ကင်စက် | paun moun. gin ze' |
| batedeira (f) | မွှေစက် | hmwei ze' |

| | | |
|---|---|---|
| máquina (f) de café | ကော်ဖီဖျော်စက် | ko hpi hpjo ze' |
| cafeteira (f) | ကော်ဖီအိုး | ko hpi ou: |
| moedor (m) de café | ကော်ဖီကြိတ်စက် | ko hpi kjei ze' |

| | | |
|---|---|---|
| chaleira (f) | ရေနွေးကရားအိုး | jei nwei: gaja: ou: |
| bule (m) | လက်ဘက်ရည်အိုး | le' be' ji ou: |
| tampa (f) | အိုးအဖုံး | ou: ahpoun: |
| coador (m) de chá | လက်ဖက်ရည်စစ် | le' hpe' ji zi' |

| | | |
|---|---|---|
| colher (f) | ဇွန်း | zun: |
| colher (f) de chá | လက်ဖက်ရည်ဇွန်း | le' hpe' ji zwan: |
| colher (f) de sopa | အရည်သောက်ဇွန်း | aja: dhau' zun: |
| garfo (m) | ခက်ရင်း | khajin: |
| faca (f) | ဓား | da: |

| | | |
|---|---|---|
| louça (f) | အိုးခွက်ပန်းကန် | ou: kwe' pan: gan |
| prato (m) | ပန်းကန်ပြား | bagan: bja: |
| pires (m) | အောက်ခံပန်းကန်ပြား | au' khan ban: kan pja: |

| | | |
|---|---|---|
| cálice (m) | ဖန်ခွက် | hpan gwe' |
| copo (m) | ဖန်ခွက် | hpan gwe' |
| xícara (f) | ခွက် | khwe' |

| | | |
|---|---|---|
| açucareiro (m) | သကြားခွက် | dhagja: khwe' |
| saleiro (m) | ဆားဘူး | hsa: bu: |
| pimenteiro (m) | ငရုတ်ကောင်းဘူး | njou' kaun: bu: |
| manteigueira (f) | ထောပတ်ခွက် | hto: ba' khwe' |

| | | |
|---|---|---|
| panela (f) | ပေါင်းအိုး | paun: ou: |
| frigideira (f) | ဟင်းဝက်ကြော်အိုး | hin: gjo ou: |
| concha (f) | ဟင်းခပ်ဇွန်း | hin: ga' zun |
| coador (m) | ဆန်ခါ | zaga |
| bandeja (f) | လင်ပန်း | lin ban: |

| | | |
|---|---|---|
| garrafa (f) | ပုလင်း | palin: |
| pote (m) de vidro | ဖန်ဘူး | hpan bu: |
| lata (~ de cerveja) | သံဘူး | than bu: |

| | | |
|---|---|---|
| abridor (m) de garrafa | ပုလင်းဖောက်တံ | pu. lin: bau' tan |
| abridor (m) de latas | သံဘူးဖောက်တံ | than bu: bau' tan |
| saca-rolhas (m) | ဝက်အူဖောက်တံ | we' u bau' dan |
| filtro (m) | ရေစစ် | jei zi' |
| filtrar (vt) | စစ်သည် | si' te |

| | | |
|---|---|---|
| lixo (m) | အမှိုက် | ahmai' |
| lixeira (f) | အမှိုက်ပုံး | ahmai' poun: |

## 92. Casa de banho

| | | |
|---|---|---|
| banheiro (m) | ရေချိုးခန်း | jei gjou gan: |
| água (f) | ရေ | jei |
| torneira (f) | ရေပိုက်ခေါင်း | jei bai' khaun: |
| água (f) quente | ရေပူ | jei bu |
| água (f) fria | ရေအေး | jei ei: |

| | | |
|---|---|---|
| pasta (f) de dente | သွားတိုက်ဆေး | thwa: tai' hsei: |
| escovar os dentes | သွားတိုက်သည် | thwa: tai' te |
| escova (f) de dente | သွားတိုက်တံ | thwa: tai' tan |
| | | |
| barbear-se (vr) | ရိတ်သည် | jei' te |
| espuma (f) de barbear | မုတ်ဆိတ်ရှိတ်သုံး | mou' hsei' jei' thoun: |
| | ဆပ်ပြာမြှုပ် | za' pja hmjou' |
| gilete (f) | သင်တုန်းဓား | thin toun: da: |
| | | |
| lavar (vt) | ဆေးသည် | hsei: de |
| tomar banho | ရေချိုးသည် | jei gjou: de |
| chuveiro (m), ducha (f) | ရေပန်း | jei ban: |
| tomar uma ducha | ရေချိုးသည် | jei gjou: de |
| | | |
| banheira (f) | ရေချိုးကန် | jei gjou: gan |
| vaso (m) sanitário | အိမ်သာ | ein dha |
| pia (f) | လက်ဆေးကန် | le' hsei: kan |
| | | |
| sabonete (m) | ဆပ်ပြာ | hsa' pja |
| saboneteira (f) | ဆပ်ပြာခွက် | hsa' pja gwe' |
| | | |
| esponja (f) | ရေမြှုပ် | jei hmjou' |
| xampu (m) | ခေါင်းလျော်ရည် | gaun: sho je |
| toalha (f) | တဘက် | tabe' |
| roupão (m) de banho | ရေချိုးခန်းဝတ်စုံ | jei gjou: gan: wu' soun |
| | | |
| lavagem (f) | အဝတ်လျှော်ခြင်း | awu' sho gjin |
| lavadora (f) de roupas | အဝတ်လျှော်စက် | awu' sho ze' |
| lavar a roupa | ဒီဘီလျော်သည် | dou bi jo de |
| detergente (m) | အဝတ်လျှော်ဆပ်ပြာမှုန့် | awu' sho hsa' pja hmun. |

## 93. Eletrodomésticos

| | | |
|---|---|---|
| televisor (m) | ရုပ်မြင်သံကြားစက် | jou' mjin dhan gja: ze' |
| gravador (m) | အသံသွင်းစက် | athan dhwin: za' |
| videogravador (m) | ဗီဒီယိုပြစက် | bi di jou bja. ze' |
| rádio (m) | ရေဒီယို | rei di jou |
| leitor (m) | ပလေယာစက် | pa. lei ja ze' |
| | | |
| projetor (m) | ဗီဒီယိုပရိုဂျက်တာ | bi di jou pa. jou gje' da |
| cinema (m) em casa | အိမ်တွင်းရုပ်ရှင်ခန်း | ein dwin: jou' shin gan: |
| DVD Player (m) | ဒီဗီဒီပလေယာ | di bi di ba lei ja |
| amplificador (m) | အသံချဲ့စက် | athan che. zek |
| console (f) de jogos | ဂိမ်းဆလုတ် | gein: kha lou' |
| | | |
| câmera (f) de vídeo | ဗွီဒီယိုကင်မရာ | bwi di jou kin ma. ja |
| máquina (f) fotográfica | ကင်မရာ | kin ma. ja |
| câmera (f) digital | ဒီဂျစ်တယ်ကင်မရာ | digji' te gin ma. ja |
| | | |
| aspirador (m) | ဖုန်စုပ်စက် | hpoun zou' se' |
| ferro (m) de passar | မီးပူ | mi: bu |
| tábua (f) de passar | မီးပူတိုက်ရန်စင် | mi: bu tai' jan zin |
| telefone (m) | တယ်လီဖုန်း | te li hpoun: |
| celular (m) | မိုဘိုင်းဖုန်း | mou bain: hpoun: |

| máquina (f) de escrever | လက်နှိပ်စက် | le' hnei' se' |
| máquina (f) de costura | အပ်ချုပ်စက် | a' chou' se' |

| microfone (m) | စကားပြောခွက် | zaga: bjo: gwe' |
| fone (m) de ouvido | နားကြပ် | na: kja' |
| controle remoto (m) | အဝေးထိန်းကိရိယာ | awei: htin: ki. ja. ja |

| CD (m) | စီဒီပြား | si di bja: |
| fita (f) cassete | တိပ်ခွေ | tei' khwei |
| disco (m) de vinil | ရေးဆောင်သုံးဓာတ်ပြား | shei: gi' thoun da' pja: |

## 94. Reparações. Renovação

| renovação (f) | အသစ်ပြုပြင်ဆောက်လုပ်ခြင်း | athi' pju. bin zau' lou' chin: |
| renovar (vt), fazer obras | အသစ်ပြုပြင်ဆောက်လုပ်သည် | athi' pju. bin zau' lou' te |
| reparar (vt) | ပြန်လည်ပြင်ဆင်သည် | pjan le bjin zin de |
| consertar (vt) | အစီအစဉ်တကျထားသည် | asi asin da. gja. da: de |
| refazer (vt) | ပြန်လည်ပြုပြင်သည် | pjan le bju. bjin de |

| tinta (f) | သုတ်ဆေး | thou' hsei: |
| pintar (vt) | ဆေးသုတ်သည် | hsei: dhou' te |
| pintor (m) | အိမ်ဆေးသုတ်သူ | ein zei: dhou' thu |
| pincel (m) | ဆေးသုတ်တံ | hsei: dhou' tan |

| cal (f) | ထုံး | htoun: |
| caiar (vt) | ထုံးသုတ်သည် | htoun: dhou' te |

| papel (m) de parede | နံရံကပ်စက္ကူ | nan jan ga' se' ku |
| colocar papel de parede | နံရံစက္ကူကပ်သည် | nan ja' se' ku ga' te |
| verniz (m) | အရောင်တင်ဆီ | ajaun din zi |
| envernizar (vt) | အရောင်တင်သည် | ajaun din de |

## 95. Canalizações

| água (f) | ရေ | jei |
| água (f) quente | ရေပူ | jei bu |
| água (f) fria | ရေအေး | jei ei: |
| torneira (f) | ရေပိုက်ခေါင်း | jei bai' khaun: |

| gota (f) | ရေစက် | jei ze' |
| gotejar (vi) | ရေစက်ကျသည် | jei ze' kja. de |
| vazar (vt) | ယိုစိမ့်သည် | jou zein. de |
| vazamento (m) | ယိုပေါက် | jou bau' |
| poça (f) | ရေအိုင် | jei ain |

| tubo (m) | ရေပိုက် | jei bai' |
| válvula (f) | အဖွင့်အပိတ်လှလုတ် | ahpwin apei' khalou' |
| entupir-se (vr) | အပေါက်ဆို့သည် | apau' zou. de |

| ferramentas (f pl) | ကိရိယာများ | ki. ji. ja mja: |
| chave (f) inglesa | ရှိုင် | khwa shin |
| desenroscar (vt) | ဖြုတ်သည် | hpjei: de |

| enroscar (vt) | ဝက်အူကျပ်သည် | we' u gja' te |
| desentupir (vt) | ရွှိနေ့သည်ကို | hsou. nei de gou |
| | ပြန်ဖွင့်သည် | bjan bwin. de |
| encanador (m) | ပိုက်ပြင်သူ | pai' bjin dhu |
| porão (m) | မြေအောက်ခန်း | mjei au' khan: |
| rede (f) de esgotos | မိလ္လာစနစ် | mein la zani' |

## 96. Fogo. Deflagração

| incêndio (m) | မီး | mi: |
| chama (f) | မီးတောက် | mi: tau' |
| faísca (f) | မီးပွါး | mi: bwa: |
| fumaça (f) | မီးခိုး | mi: gou: |
| tocha (f) | မီးတုတ် | mi: dou' |
| fogueira (f) | မီးပုံ | mi: boun |

| gasolina (f) | လောင်စာ | laun za |
| querosene (m) | ရေနံဆီ | jei nan zi |
| inflamável (adj) | မီးလောင်လွယ်သော | mi: laun lwe de. |
| explosivo (adj) | ပေါက်ကွဲစေသော | pau' kwe: zei de. |
| PROIBIDO FUMAR! | ဆေးလိပ်မသောက်ရ | hsei: lei' ma. dhau' ja. |

| segurança (f) | ဘေးကင်းမှု | bei: gin: hmu |
| perigo (m) | အန္တရာယ် | an dare |
| perigoso (adj) | အန္တရာယ်ရှိသော | an dare shi. de. |

| incendiar-se (vr) | မတော်တဆမီးစွဲသည် | ma. do da. za. mi: zwe: de |
| explosão (f) | ပေါက်ကွဲမှု | pau' kwe: hmu. |
| incendiar (vt) | မီးရှို့သည် | mi: shou. de |
| incendiário (m) | မီးရှို့မှုကျူးလွန်သူ | mi: shou. hmu. gju: lun dhu |
| incêndio (m) criminoso | မီးရှို့မှု | mi: shou. hmu. |

| flamejar (vi) | မီးတောက်ကြီး | mi: tau' kji: |
| queimar (vi) | မီးလောင်သည် | mi: laun de |
| queimar tudo (vi) | မီးကျွမ်းသည် | mi: kjwan: de |

| chamar os bombeiros | မီးသတ်ဌာနသို့ | mi: dha' hta. na. dhou |
| | အကြောင်းကြားသည် | akjaun: gja: de |
| bombeiro (m) | မီးသတ်သမား | mi: tha' dhama: |
| caminhão (m) de bombeiros | မီးသတ်ကား | mi: tha' ka: |
| corpo (m) de bombeiros | မီးသတ်ဦးစီးဌာန | mi: dha' i: zi: hta. na. |
| escada (f) extensível | မီးသတ်လှေကား | mi: tha' hlei ga: |

| mangueira (f) | မီးသတ်ပိုက် | mi: tha' bai' |
| extintor (m) | မီးသတ်ဘူး | mi: tha' bu: |
| capacete (m) | ဟဲလ်မက်ဦးထုပ် | he: l me u: htou' |
| sirene (f) | အချက်ပေးဩဩသံ | ache' pei: ou' o: dhan |

| gritar (vi) | အကူအညီအော်ဟစ်တောင်း | aku anji o hi' taun: |
| | ခံသည် | gan de. |
| chamar por socorro | အကူအညီတောင်းသည် | aku anji daun: de |
| socorrista (m) | ကယ်ဆယ်သူ | ke ze dhu |
| salvar, resgatar (vt) | ကယ်ဆယ်သည် | ke ze de |
| chegar (vi) | ရောက်ရှိသည် | jau' shi. de |

| apagar (vt) | မီးသတ်သည် | mi: tha' de |
| água (f) | ရေ | jei |
| areia (f) | သဲ | the: |

| ruínas (f pl) | အပျက်အစီး | apje' asi: |
| ruir (vi) | ယိုယွင်းသည် | jou jwin: de |
| desmoronar (vi) | ပြိုကျသည် | pjou gja. de |
| desabar (vi) | ပြိုကျသည် | pjou gja de |

| fragmento (m) | အကျိုးအပဲ့ | akjou: ape. |
| cinza (f) | ပြာ | pja |

| sufocar (vi) | အသက်ရှူကျပ်သည် | athe' shu gja' te |
| perecer (vi) | အသတ်ခံရသည် | atha' khan ja. de |

# ATIVIDADES HUMANAS

## Emprego. Negócios. Parte 1

### 97. Banca

| | | |
|---|---|---|
| banco (m) | ဘဏ် | ban |
| balcão (f) | ဘဏ်ခွဲ | ban gwe: |
| consultor (m) bancário | အတိုင်ပင်ခံပုဂ္ဂိုလ် | atain bin gan bou' gou |
| gerente (m) | မန်နေဂျာ | man nei gji |
| conta (f) | ဘဏ်ငွေစာရင်း | ban ngwei za jin |
| número (m) da conta | ဘဏ်စာရင်းနံပါတ် | ban zajin: nan. ba' |
| conta (f) corrente | ဘဏ်စာရင်းရှင် | ban zajin: shin |
| conta (f) poupança | ဘဏ်ငွေစုစာရင်း | ban ngwei zu. za jin |
| abrir uma conta | ဘဏ်စာရင်းဖွင့်သည် | ban zajin: hpwin. de |
| fechar uma conta | ဘဏ်စာရင်းပိတ်သည် | ban zajin: bi' te |
| depositar na conta | ငွေသွင်းသည် | ngwei dhwin: de |
| sacar (vt) | ငွေထုတ်သည် | ngwei dou' te |
| depósito (m) | အပ်ငွေ | a' ngwei |
| fazer um depósito | ငွေအပ်သည် | ngwei a' te |
| transferência (f) bancária | ကြေးနန်းဖြင့်ငွေလွှဲခြင်း | kjei: nan: bjin. ngwe hlwe: gjin |
| transferir (vt) | ကြေးနန်းဖြင့်ငွေလွှဲသည် | kjei: nan: bjin. ngwe hlwe: de |
| soma (f) | ပေါင်းလဒ် | paun: la' |
| Quanto? | ဘယ်လောက်လဲ | be lau' le: |
| assinatura (f) | လက်မှတ် | le' hma' |
| assinar (vt) | လက်မှတ်ထိုးသည် | le' hma' htou: de |
| cartão (m) de crédito | အကြွေးဝယ်ကဒ်-ခရက်ဒစ်ကဒ် | achwei: we ka' - ka' je' da' ka' |
| senha (f) | ကုဒ်နံပါတ် | kou' nan ba' |
| número (m) do cartão de crédito | ခရက်ဒစ်ကဒ်နံပါတ် | kha. je' di' ka' nan ba' |
| caixa (m) eletrônico | အလိုအလျောက်ငွေထုတ်စက် | alou aljau' ngwei htou' se' |
| cheque (m) | ချက်လက်မှတ် | che' le' hma' |
| passar um cheque | ချက်ရေးသည် | che' jei: de |
| talão (m) de cheques | ချက်စာအုပ် | che' sa ou' |
| empréstimo (m) | ချေးငွေ | chei: ngwei |
| pedir um empréstimo | ချေးငွေလျှောက်လွှာတင်သည် | chei: ngwei shau' hlwa din de |
| obter empréstimo | ချေးငွေရလှုသည် | chei: ngwei ja. ju de |
| dar um empréstimo | ချေးငွေထုတ်ပေးသည် | chei: ngwei htou' pei: de |
| garantia (f) | အာမခံပစ္စည်း | a ma. gan bji' si: |

## 98. Telefone. Conversação telefônica

| | | |
|---|---|---|
| telefone (m) | တယ်လီဖုန်း | te li hpoun: |
| celular (m) | မိုဘိုင်းဖုန်း | mou bain: hpoun: |
| secretária (f) eletrônica | ဖုန်းလူးစက် | hpoun: du: ze' |
| | | |
| fazer uma chamada | ဖုန်းဆက်သည် | hpoun: ze' te |
| chamada (f) | အဝင်ဖုန်း | awin hpun: |
| | | |
| discar um número | နံပါတ် နှိပ်သည် | nan ba' hnei' te |
| Alô! | ဟလို | ha. lou |
| perguntar (vt) | မေးသည် | mei: de |
| responder (vt) | ဖြေသည် | hpjei de |
| | | |
| ouvir (vt) | ကြားသည် | ka: de |
| bem | ကောင်းကောင်း | kaun: gaun: |
| mal | အရမ်းမကောင်း | ajan: ma. gaun: |
| ruído (m) | ဖြတ်ဝင်သည့်ဆူညံသံ | hpja' win dhi. zu njan dhan |
| | | |
| fone (m) | တယ်လီဖုန်းနားကြပ်ပိုင်း | te li hpoun: na: gja' pain: |
| pegar o telefone | ဖုန်းကောက်ကိုင်သည် | hpoun: gau' gain de |
| desligar (vi) | ဖုန်းချသည် | hpoun: gja de |
| | | |
| ocupado (adj) | လိုင်းမအားသော | lain: ma. a: de. |
| tocar (vi) | မြည်သည် | mji de |
| lista (f) telefônica | တယ်လီဖုန်းလမ်းညွှန်စာအုပ် | te li hpoun: lan: hnjun za ou' |
| | | |
| local (adj) | ပြည်တွင်းဒေသတွင်းဖြစ်သော | pji dwin: dei. dha dwin: bji' te. |
| chamada (f) local | ပြည်တွင်းခေါ် ဆိုမှု | pji dwin: go zou hmu. |
| de longa distância | အဝေးခေါ် ဆိုနိုင်သော | awei: go zou nain de. |
| chamada (f) de longa distância | အဝေးခေါ် ဆိုမှု | awei: go zou hmu. |
| | | |
| internacional (adj) | အပြည်ပြည်ဆိုင်ရာဖြစ်သော | apji pji zain ja bja' de. |
| chamada (f) internacional | အပြည်ပြည်ဆိုင်ရာခေါ်ဆိုမှု | apji pji zain ja go: zou hmu |

## 99. Telefone móvel

| | | |
|---|---|---|
| celular (m) | မိုဘိုင်းဖုန်း | mou bain: hpoun: |
| tela (f) | ပြသရင်း | pja. dha. gjin: |
| botão (m) | ခလုတ် | khalou' |
| cartão SIM (m) | ဆင်းကဒ် | hsin: ka' |
| | | |
| bateria (f) | ဘတ်ထရီ | ba' hta ji |
| descarregar-se (vr) | ဖုန်းအားကုန်သည် | hpoun: a: goun: de |
| carregador (m) | အားသွင်းကြိုး | a: dhwin: gjou: |
| | | |
| menu (m) | အစားအသောက်စာရင်း | asa: athau' sa jin: |
| configurações (f pl) | ချိန်ညှိခြင်း | chein hnji. chin: |
| melodia (f) | တီးလုံး | ti: loun: |
| escolher (vt) | ရွေးချယ်သည် | jwei: che de |
| | | |
| calculadora (f) | ဂဏန်းပေါင်းစက် | ganan: baun: za' |
| correio (m) de voz | အသံမေးလ် | athan mei:l |

| despertador (m) | နှိုးစက် | hnou: ze' |
| contatos (m pl) | ဖုန်းအဆက်အသွယ်များ | hpoun: ase' athwe mja: |
| mensagem (f) de texto | မက်ဆေ့ချ် | me' zei. gja |
| assinante (m) | အသုံးပြုသူ | athoun: bju. dhu |

## 100. Estacionário

| caneta (f) | ဘောပင် | bo pin |
| caneta (f) tinteiro | ဖောင်တိန် | hpaun din |

| lápis (m) | ခဲတံ | khe: dan |
| marcador (m) de texto | အရောင်တောက်မင်တံ | ajaun dau' min dan |
| caneta (f) hidrográfica | ရေဆေးစုတ်တံ | jei zei: zou' tan |

| bloco (m) de notas | မှတ်စုစာအုပ် | hma' su. za ou' |
| agenda (f) | နေ့စဉ်မှတ်တမ်းစာအုပ် | nei. zin hma' tan: za ou' |

| régua (f) | ပေတံ | pei dan |
| calculadora (f) | ဂဏန်းပေါင်းစက် | ganan: baun: za' |
| borracha (f) | ခဲဖျက် | khe: bje' |
| alfinete (m) | ထိပ်ပြားကြီးသံမှို | htei' pja: gji: dhan hmou |
| clipe (m) | ကွယ်ချိတ် | twe gjei' |

| cola (f) | ကော် | ko |
| grampeador (m) | စတော့ပလာ | sate' pa. la |
| furador (m) de papel | အပေါက်ဖောက်စက် | apau' hpau' se' |
| apontador (m) | ခဲချွန်စက် | khe: chun ze' |

# Emprego. Negócios. Parte 2

## 101. Media

| jornal (m) | သတင်းစာ | dhadin: za |
| revista (f) | မဂ္ဂဇင်းစာစောင် | ma' ga. zin: za zaun |
| imprensa (f) | စာနယ်ဇင်း | sa ne zin: |
| rádio (m) | ရေဒီယို | rei di jou |
| estação (f) de rádio | ရေဒီယိုဌာန | rei di jou hta. na. |
| televisão (f) | ရုပ်မြင်သံကြား | jou' mjin dhan gja: |

| apresentador (m) | အစီအစဉ်တင်ဆက်သူ | asi asin din ze' thu |
| locutor (m) | သတင်းကြေညာသူ | dhadin: gjei nja dhu |
| comentarista (m) | အစီရင်ခံသူ | asi jin gan dhu |

| jornalista (m) | သတင်းစာဆရာ | dhadin: za zaja |
| correspondente (m) | သတင်းထောက် | dhadin: dau' |
| repórter (m) fotográfico | သတင်းဓာတ်ပုံရိုက်ကူးသူ | dhadin: da' poun jai' ku: dhu |
| repórter (m) | သတင်းထောက် | dhadin: dau' |

| redator (m) | အယ်ဒီတာ | e di ta |
| redator-chefe (m) | အယ်ဒီတာချုပ် | e di ta chu' |

| assinar a ... | ပေးသွင်းသည် | pei: dhwin: de |
| assinatura (f) | လစဉ်ကြေး | la. zin gjei: |
| assinante (m) | လစဉ်ကြေးပေးသွင်းသူ | la. zin gjei: bei: dhwin: dhu |
| ler (vt) | ဖတ်သည် | hpa' te |
| leitor (m) | စာဖတ်သူ | sa hpa' thu |

| tiragem (f) | စောင်ရေ | saun jei |
| mensal (adj) | လစဉ် | la. zin |
| semanal (adj) | အပတ်စဉ် | apa' sin |
| número (jornal, revista) | အကြိမ် | akjein |
| recente, novo (adj) | အသစ်ဖြစ်သော | athi' hpji' te. |

| manchete (f) | ခေါင်းစဉ် | gaun: zin |
| pequeno artigo (m) | ဆောင်းပါးငယ် | hsaun: ba: nge |
| coluna (~ semanal) | ပင်တိုင်ဆောင်းပါး ရှင်ကံ္လ | pin dain zaun: ba: shin gan da. |
| artigo (m) | ဆောင်းပါး | hsaun: ba: |
| página (f) | စာမျက်နှာ | sa mje' hna |

| reportagem (f) | သတင်းပေးပို့ချက် | dhadin: bei: bou. gje' |
| evento (festa, etc.) | အဖြစ်အပျက် | a hpji' apje' |
| sensação (f) | သတင်းထူး | dhadin: du: |
| escândalo (m) | မကောင်းသတင်း | ma. gaun: dhadin: |
| escandaloso (adj) | ကျော်မကောင်းကြား မကောင်းသော | kjo ma. kaun: pja: ma. kaun de |
| grande (adj) | ကြီးကျယ်ခမ်းနားသော | kji: kje khin: na: de. |
| programa (m) | အစီအစဉ် | asi asin |

| entrevista (f) | အင်တာဗျူး | in ta bju: |
| transmissão (f) ao vivo | တိုက်ရိုက်ထုတ်လွှင့်မှု | tai' jai' htou' hlwin. hmu. |
| canal (m) | လိုင်း | lain: |

## 102. Agricultura

| agricultura (f) | စိုက်ပျိုးရေး | sai' pjou: jei: |
| camponês (m) | တောင်သူလယ်သမား | taun dhu le dhama: |
| camponesa (f) | တောင်သူအမျိုးသမီး | taun dhu amjou: dhami: |
| agricultor, fazendeiro (m) | လယ်သမား | le dhama: |

| trator (m) | ထွန်စက် | htun ze' |
| colheitadeira (f) | ရိတ်သိမ်း။သီးနှံ့ခြွေစက် | jei' thein:/ thi: hnan gjwei ze' |

| arado (m) | ထယ် | hte |
| arar (vt) | ထယ်ထိုးသည် | hte dou: de |
| campo (m) lavrado | ထယ်ထိုးစက် | hte dou: ze' |
| sulco (m) | ထယ်ကြောင်း | hte gjaun: |

| semear (vt) | မျိုးကြဲသည် | mjou: gje: de |
| plantadeira (f) | မျိုးကြဲစက် | mjou: gje: ze' |
| semeadura (f) | မျိုးကြဲခြင်း | mjou: gje: gjin: |

| foice (m) | မြက်ယမ်းဓား | mje' jan: da: |
| cortar com foice | မြက်ရိတ်သည် | mje' jei' te |

| pá (f) | ဂေါ်ပြား | ko pja: |
| cavar (vt) | ထွန်ယက်သည် | htun je' te |

| enxada (f) | ပေါက်ပြား | pja' bja: |
| capinar (vt) | ပေါင်းသင်သည် | paun: dhin de |
| erva (f) daninha | ပေါင်းပင် | paun: bin |

| regador (m) | အပင်ရေလောင်းပုံး | apin jei laun: boun: |
| regar (plantas) | ရေလောင်းသည် | jei laun: de |
| rega (f) | ရေလောင်းခြင်း | jei laun: gjin: |

| forquilha (f) | ကောက်ဆွ | kau' hswa |
| ancinho (m) | ထွန်မြစ် | htun gji' |

| fertilizante (m) | မြေသြဇာ | mjei o: za |
| fertilizar (vt) | မြေသြဇာကျွေးသည် | mjei o: za gjwei: de |
| estrume, esterco (m) | မြေသြဇာ | mjei o: za |

| campo (m) | လယ်ကွင်း | le gwin: |
| prado (m) | မြင်ခင်းပြင် | mjin gin: bjin |
| horta (f) | အသီးအရွက်စိုက်ခင်း | athi: ajwe' sai' khin: |
| pomar (m) | သစ်သီးခြံ | thi' thi: gjan |

| pastar (vt) | စားကျက်တွင်လွှတ်ထားသည် | sa: gja' twin hlu' hta' de |
| pastor (m) | သိုးနွားထိန်းကျောင်းသူ | thou: nwa: ou' kjaun: dhu |
| pastagem (f) | စားကျက် | sa: gja' |
| pecuária (f) | တိရိစ္ဆာန်မွေး<br>မြူရေးလုပ်ငန်း | tharei' hsan mwei:<br>mju jei: lou' ngan: |

| criação (f) de ovelhas | သိုးမွေးမြူရေးလုပ်ငန်း | thou: mwei: mju je: lou' ngan: |
| plantação (f) | ရြ | chan |
| canteiro (m) | တောင် | baun |
| estufa (f) | မှန်လုံအိမ် | hman loun ein |

| seca (f) | မိုးခေါင်ခြင်း | mou: gaun gjin |
| seco (verão ~) | ခြောက်သွေ့သော | chau' thwei. de. |

| grão (m) | နံစားပင်တို့၏အစေ့ | hnan za: bin dou. i. asei. |
| cereais (m pl) | မုယောစပါး | mu. jo za. ba: |
| colher (vt) | ရိတ်သိမ်းသည် | jei' thein: de |

| moleiro (m) | ဂျုံလောက်ပိုင်ရှင် | gjoun ze' pain shin |
| moinho (m) | သီးနှံကြိတ်ခွဲစက် | thi: hnan gji' khwei: ze' |
| moer (vt) | ကြိတ်သည် | kjei' te |
| farinha (f) | ဂျုံမှုန့် | gjoun hmoun. |
| palha (f) | ကောက်ရိုး | kau' jou: |

## 103. Construção. Processo de construção

| canteiro (m) de obras | ဆောက်လုပ်ရေးလုပ်ငန်းခွင် | hsau' lou' jei: lou' ngan: gwin |
| construir (vt) | ဆောက်လုပ်သည် | hsau' lou' te |
| construtor (m) | ဆောက်လုပ်ရေးအလုပ်သမား | hsau' lou' jei: alou' dha. ma: |

| projeto (m) | ပရောဂျက် စီမံကိန်း | pa jo: gje' si man gein: |
| arquiteto (m) | ဗိသုကာပညာရှင် | bi. thu. ka pjin nja shin |
| operário (m) | အလုပ်သမား | alou' dha ma: |

| fundação (f) | အုတ်မြစ် | ou' mja' |
| telhado (m) | အမိုး | amou: |
| estaca (f) | မြေစိုက်တိုင် | mjei zai' tain |
| parede (f) | နံရံ | nan jou: |

| colunas (f pl) de sustentação | ဂြိုဟ်းစင် | njan: zin |
| andaime (m) | ဂြိုဟ်း | njan: |

| concreto (m) | ကွန်ကရစ် | kun ka. ji' |
| granito (m) | နံးဖတ်ကျောက် | hnan: ba' kjau' |
| pedra (f) | ကျောက် | kjau' |
| tijolo (m) | အုတ် | ou' |

| areia (f) | သဲ | the: |
| cimento (m) | ဘိလပ်မြေ | bi la' mjei |
| emboço, reboco (m) | သရွတ် | thaju' |
| emboçar, rebocar (vt) | သရွတ်ကိုင်သည် | thaju' kain de |

| tinta (f) | သုတ်ဆေး | thou' hsei: |
| pintar (vt) | ဆေးသုတ်သည် | hsei: dhou' te |
| barril (m) | စည်ပိုင်း | si bain: |

| grua (f), guindaste (m) | ကရိန်းစက် | karein: ze' |
| erguer (vt) | မသည် | ma. de |
| baixar (vt) | ချသည် | cha. de |
| buldózer (m) | လမ်းကြိတ်စက် | lan: gji' se' |

95

| escavadora (f) | မြေတူးစက် | mjei du: ze' |
| caçamba (f) | ကော်ခွက် | ko khwe' |
| escavar (vt) | တူးသည် | tu: de |
| capacete (m) de proteção | အကာအကွယ်ထုပ် | dan gan u: dou' |

# Profissões e ocupações

## 104. Procura de emprego. Demissão

| | | |
|---|---|---|
| trabalho (m) | အလုပ် | alou' |
| equipe (f) | ဝန်ထမ်းအင်အား | wun dan: in a: |
| pessoal (m) | အမှုထမ်း | ahmu, htan: |
| | | |
| carreira (f) | သက်မွေးမှုလုပ်ငန်း | the' hmei: hmu. lou' ngan: |
| perspectivas (f pl) | တက်လမ်း | te' lan: |
| habilidades (f pl) | ကျွမ်းကျင်မှု | kjwan: gjin hmu. |
| | | |
| seleção (f) | လက်ရွေးစင် | le' jwei: zin |
| agência (f) de emprego | အလုပ်အကိုင်ရှာဖွေရေး-အကျိုးဆောင်လုပ်ငန်း | alou' akain sha hpei jei: akjou: zaun lou' ngan: |
| currículo (m) | ပညာရည်မှတ်တမ်းအကျဉ်း | pjin nja je hma' tan: akjin: |
| entrevista (f) de emprego | အလုပ်အင်တာဗျူး | alou' in da bju: |
| vaga (f) | အလုပ်လစ်လပ်နေရာ | alou' li' la' nei ja |
| | | |
| salário (m) | လစာ | la. za |
| salário (m) fixo | ပုံသေလစာ | poun dhei la. za |
| pagamento (m) | ပေးချေသည့်ငွေ | pei: gjei de. ngwei |
| | | |
| cargo (m) | ရာထူး | ja du: |
| dever (do empregado) | တာဝန် | ta wun |
| gama (f) de deveres | တာဝန်များ | ta wun mja: |
| ocupado (adj) | အလုပ်များသော | alou' mja: de. |
| | | |
| despedir, demitir (vt) | အလုပ်ထုတ်သည် | alou' htou' de |
| demissão (f) | ထုတ်ပယ်ခြင်း | htou' pe gjin: |
| | | |
| desemprego (m) | အလုပ်လက်မဲ့ဦးရေ | alou' le' me. u: jei |
| desempregado (m) | အလုပ်လက်မဲ့ | alou' le' me. |
| aposentadoria (f) | အငြိမ်းစားလစာ | anjein: za: la. za |
| aposentar-se (vr) | အငြိမ်းစားယူသည် | anjein: za: ju dhe |

## 105. Gente de negócios

| | | |
|---|---|---|
| diretor (m) | ညွှန်ကြားရေးမှူး | hnjun gja: jei: hmu: |
| gerente (m) | မန်နေဂျာ | man nei gji |
| patrão, chefe (m) | အကြီးအကဲ | akji: ake: |
| | | |
| superior (m) | အထက်လူကြီး | a hte' lu gji: |
| superiores (m pl) | အထက်လူကြီးများ | a hte' lu gji: mja: |
| presidente (m) | ဥက္ကဋ္ဌ | ou' kahta. |
| chairman (m) | ဥက္ကဋ္ဌ | ou' kahta. |
| substituto (m) | ဒုတိယ | du. di. ja. |
| assistente (m) | လက်ထောက် | le' htau' |

| | | |
|---|---|---|
| secretário (m) | အတွင်းရေးမှူး | atwin: jei: hmu: |
| secretário (m) pessoal | ကိုယ်ရေးအရာရှိ | kou jei: aja shi. |
| | | |
| homem (m) de negócios | စီးပွားရေးလုပ်ငန်းရှင် | si: bwa: jei: lou' ngan: shin |
| empreendedor (m) | စီးပွားရေးလုပ်ငန်းရှင် | si: bwa: jei: lou' ngan: shin |
| fundador (m) | တည်ထောင်သူ | ti daun dhu |
| fundar (vt) | တည်ထောင်သည် | ti daun de |
| | | |
| principiador (m) | ဖွဲ့စည်းသူ | hpwe. zi: dhu |
| parceiro, sócio (m) | အကျိုးတူလုပ်ဖော်ကိုင်ဘက် | akjou: du lou' hpo kain be' |
| acionista (m) | အစုရှင် | asu. shin |
| | | |
| milionário (m) | သန်းကြွယ်သူဌေး | than: gjwe dhu dei: |
| bilionário (m) | ဘီလျံနာသူဌေး | bi ljan na dhu dei: |
| proprietário (m) | ပိုင်ရှင် | pain shin |
| proprietário (m) de terras | မြေပိုင်ရှင် | mjei bain shin |
| | | |
| cliente (m) | ဖောက်သည် | hpau' te |
| cliente (m) habitual | အမြဲတမ်းဖောက်သည် | amje: dan: zau' te |
| comprador (m) | ဝယ်သူ | we dhu |
| visitante (m) | ဧည့်သည် | e. dhe |
| | | |
| profissional (m) | ကျွမ်းကျင်သူ | kjwan: gjin dhu |
| perito (m) | ကျွမ်းကျင်ပညာရှင် | kjwan: gjin bi nja shin |
| especialista (m) | အထူးကျွမ်းကျင်သူ | a htu: kjwan: gjin dhu |
| | | |
| banqueiro (m) | ဘဏ်လုပ်ငန်းရှင် | ban lou' ngan: shin |
| corretor (m) | စီးပွားရေးအကျိုးဆောင် | si: bwa: jei: akjou: zaun |
| | | |
| caixa (m, f) | ငွေကိုင် | ngwei gain |
| contador (m) | စာရင်းကိုင် | sajin: gain |
| guarda (m) | အစောင့် | asaun. |
| | | |
| investidor (m) | ရင်းနှီးမြှုပ်နှံသူ | jin: hni: hmjou' hnan dhu |
| devedor (m) | မြီစား | mji za: |
| credor (m) | ကြွေးရှင် | kjwei: shin |
| mutuário (m) | ချေးသူ | chei: dhu |
| | | |
| importador (m) | သွင်းကုန်လုပ်ငန်းရှင် | thwin: goun lou' ngan: shin |
| exportador (m) | ပို့ကုန်လုပ်ငန်းရှင် | pou. goun lou' ngan: shin |
| | | |
| produtor (m) | ထုတ်လုပ်သူ | tou' lou' thu |
| distribuidor (m) | ဖြန့် ဝေသူ | hpjan. wei dhu |
| intermediário (m) | တစ်ဆင့်ခံရောင်းသူ | ti' hsin. gan jaun: dhu |
| | | |
| consultor (m) | အတိုင်ပင်ခံပုဂ္ဂိုလ် | atain bin gan bou' gou |
| representante comercial | ကိုယ်စားလှယ် | kou za: hle |
| agente (m) | ကိုယ်စားလှယ် | kou za: hle |
| agente (m) de seguros | အာမခံကိုယ်စားလှယ် | a ma. khan gou za: hle |

## 106. Profissões de serviços

| | | |
|---|---|---|
| cozinheiro (m) | စားဖိုမှူး | sa: hpou hmu: |
| chefe (m) de cozinha | စားဖိုမှူးကြီး | sa: hpou hmu: gji: |

| padeiro (m) | ေပါင်မုန့်ဖုတ်သူ | paun moun. bou' dhu |
| barman (m) | အရက်သားဝန်ထမ်း | aje' ba: wun dan: |
| garçom (m) | စားပွဲထိုး | sa: bwe: dou: |
| garçonete (f) | စားပွဲထိုးမိန်းကလေး | sa: bwe: dou: mein: ga. lei: |

| advogado (m) | ရှေ့နေ | shei. nei |
| jurista (m) | ရှေ့နေ | shei. nei |
| notário (m) | ရှေ့နေ | shei. nei |

| eletricista (m) | လျပ်စစ်ပညာရှင် | hlja' si' pa. nja shin |
| encanador (m) | ပိုက်ပြင်သူ | pai' bjin dhu |
| carpinteiro (m) | လက်သမား | le' tha ma: |

| massagista (m) | အနှိပ်သမား | anei' thama: |
| massagista (f) | အနှိပ်သမ | anei' thama. |
| médico (m) | ဆရာဝန် | hsa ja wun |

| taxista (m) | တက္ကစီမောင်းသူ | te' kasi maun: dhu |
| condutor (automobilista) | ယာဉ်မောင်း | jin maun: |
| entregador (m) | ပစ္စည်းပို့သူ | pji' si: bou. dhu |

| camareira (f) | ဟိုတယ်သန့်ရှင်းရေးဝန်ထမ်း | hou te than. shin wun dam: |
| guarda (m) | အစောင့် | asaun. |
| aeromoça (f) | လေယာဉ်မယ် | lei jan me |

| professor (m) | ဆရာ | hsa ja |
| bibliotecário (m) | စာကြည့်တိုက်ဝန်ထမ်း | sa gji. dai' wun dan: |
| tradutor (m) | ဘာသာပြန် | ba dha bjan |
| intérprete (m) | စကားပြန် | zaga: bjan |
| guia (m) | လမ်းညွှန် | lan: hnjun |

| cabeleireiro (m) | ဆံသဆရာ | hsan dha. zaja |
| carteiro (m) | စာပို့သမား | sa bou. dhama: |
| vendedor (m) | ဆိုင်အရောင်းဝန်ထမ်း | hsain ajaun: wun dan: |

| jardineiro (m) | ဥယျာဉ်မှူး | u. jin hmu: |
| criado (m) | အိမ်စေအမျုံထမ်း | ein zei ahmu. dan: |
| criada (f) | အိမ်စေအမျိုးသမီး | ein zei amjou: dhami: |
| empregada (f) de limpeza | သန့်ရှင်းရေးသမ | than. shin: jei: dhama. |

## 107. Profissões militares e postos

| soldado (m) raso | တပ်သား | ta' tha: |
| sargento (m) | တပ်ကြပ်ကြီး | ta' kja' kji: |
| tenente (m) | ဗိုလ် | bou |
| capitão (m) | ဗိုလ်ကြီး | bou gji |

| major (m) | ဗိုလ်မှူး | bou hmu: |
| coronel (m) | ဗိုလ်မှူးကြီး | bou hmu: gji: |
| general (m) | ဗိုလ်ချုပ် | bou gjou' |
| marechal (m) | ထိပ်တန်းအရာရှိ | htei' tan: aja shi. |
| almirante (m) | ရေတပ်ဗိုလ်ချုပ်ကြီး | jei da' bou chou' kji: |
| militar (m) | တပ်မတော်နှင့်ဆိုင်သော | ta' mado hnin. zain de. |
| soldado (m) | စစ်သား | si' tha: |

99

| | | |
|---|---|---|
| oficial (m) | အရာရှိ | aja shi. |
| comandante (m) | ခေါင်းဆောင် | gaun: zaun |

| | | |
|---|---|---|
| guarda (m) de fronteira | နယ်ခြားစောင့် | ne gja: zaun. |
| operador (m) de rádio | ဆက်သွယ်ရေးတပ်သား | hse' thwe jei: da' tha: |
| explorador (m) | ကင်းထောက် | kin: dau' |
| sapador-mineiro (m) | မိုင်းရှင်းသူ | main: shin: dhu |
| atirador (m) | လက်ဖြောင့်တပ်သား | le' hpaun. da' tha: |
| navegador (m) | လေကြောင်းပြ | lei gjaun: bja. |

## 108. Oficiais. Padres

| | | |
|---|---|---|
| rei (m) | ဘုရင် | ba. jin |
| rainha (f) | ဘုရင်မ | ba jin ma. |

| | | |
|---|---|---|
| príncipe (m) | အိမ်ရှေ့မင်းသား | ein shei. min: dha: |
| princesa (f) | မင်းသမီး | min: dhami: |

| | | |
|---|---|---|
| czar (m) | ဇာဘုရင် | za bou jin |
| czarina (f) | ဇာဘုရင်မ | za bou jin ma |

| | | |
|---|---|---|
| presidente (m) | သမ္မတ | thamada. |
| ministro (m) | ဝန်ကြီး | wun: gji: |
| primeiro-ministro (m) | ဝန်ကြီးချုပ် | wun: gji: gjou' |
| senador (m) | ဆီနိတ်လွှတ်တော်အမတ် | hsi nei' hlwa' do: ama' |

| | | |
|---|---|---|
| diplomata (m) | သံတမန် | than taman. |
| cônsul (m) | ကောင်စစ်ဝန် | kaun si' wun |
| embaixador (m) | သံအမတ် | than ama' |
| conselheiro (m) | ကောင်စီဝင် | kaun si wun |

| | | |
|---|---|---|
| funcionário (m) | အမှုထောင်အရာရှိ | ahmu. zaun aja shi. |
| prefeito (m) | သီးသန့်နယ်မြေ အုပ်ချုပ်ရေးမှူး | thi: dhan. ne mjei ou' chou' ei: hmu: |
| Presidente (m) da Câmara | မြို့တော်ဝန် | mjou. do wun |

| | | |
|---|---|---|
| juiz (m) | တရားသူကြီး | taja: dhu gji: |
| procurador (m) | အစိုးရရှေ့နေ | asou: ja shei. nei |

| | | |
|---|---|---|
| missionário (m) | သာသနာပြုသူ | tha dha. na bju. dhu |
| monge (m) | ဘုန်းကြီး | hpoun: gji: |
| abade (m) | ကျောင်းထိုင်ဆရာတော် | kjaun: dain zaja do |
| rabino (m) | ဂျူးဘာသာရေးခေါင်းဆောင် | gju: ba dha jei: gaun: zaun: |

| | | |
|---|---|---|
| vizir (m) | မွတ်ဆလင်အမတ် | mu' hsa. lin ama' |
| xá (m) | ရှားဘုရင် | sha: bu. shin |
| xeique (m) | အာရပ်စော်ဘွား | a ra' so bwa: |

## 109. Profissões agrícolas

| | | |
|---|---|---|
| abelheiro (m) | ပျားမွေးသူ | pja: mwei: dhu |
| pastor (m) | သိုး၊နွားအုပ်ကျောင်းသူ | thou:/ nwa: ou' kjaun: dhu |

| agrônomo (m) | သီးနှံစိုက်ပျိုး | thi: hnan zai' pjou: |
| | ရေးပညာရှင် | jei: pin nja shin |
| criador (m) de gado | တိရစ္ဆာန်မျိုးဖောက်သူ | tharei' hsan mjou: hpau' thu |
| veterinário (m) | တိရစ္ဆာန်ဆေးဝန် | tharei' hsan zaja wun |

| agricultor, fazendeiro (m) | လယ်သမား | le dhama: |
| vinicultor (m) | ဝိုင်ဖောက်သူ | wain bau' thu |
| zoólogo (m) | သတ္တဗေဒပညာရှင် | tha' ta. bei da. pin nja shin |
| vaqueiro (m) | နွားကျောင်းသား | nwa: gjaun: dha: |

## 110. Profissões artísticas

| ator (m) | သရုပ်ဆောင်မင်းသား | thajou' hsaun min: dha: |
| atriz (f) | သရုပ်ဆောင်မင်းသမီး | thajou' hsaun min: dha: |

| cantor (m) | အဆိုတော် | ahsou do |
| cantora (f) | အဆိုတော် | ahsou do |

| bailarino (m) | အကဆရာ | aka. hsa. ja |
| bailarina (f) | အကဆရာမ | aka. hsa. ja ma |

| artista (m) | သရုပ်ဆောင်သူ | thajou' hsaun dhu |
| artista (f) | သရုပ်ဆောင်သူ | thajou' hsaun dhu |

| músico (m) | ဂီတပညာရှင် | gi ta. bjin nja shin |
| pianista (m) | စန္တရားဆရာ | san daja: zaja |
| guitarrista (m) | ဂစ်တာပညာရှင် | gi' ta bjin nja shin |

| maestro (m) | ဂီတမှူး | gi ta. hmu |
| compositor (m) | တေးရေးဆရာ | tei: jei: hsaja |
| empresário (m) | ဇာတ်ဆရာ | za' hsaja |

| diretor (m) de cinema | ရုပ်ရှင်ဒါရိုက်တာ | jou' shin da jai' ta |
| produtor (m) | ထုတ်လုပ်သူ | htou' lou' thu |
| roteirista (m) | ဇာတ်ညွှန်းဆရာ | za' hnjun: za ja |
| crítico (m) | ဝေဖန်သူ | wei ban dhu |

| escritor (m) | စာရေးဆရာ | sajei: zaja |
| poeta (m) | ကဗျာဆရာ | ka. bja zaja |
| escultor (m) | ပန်းပုဆရာ | babu hsaja |
| pintor (m) | ပန်းချီဆရာ | bagji zaja |

| malabarista (m) | လက်လှည့်ဆရာ | le' hli. za. ja. |
| palhaço (m) | လူရွှင်တော် | lu shwin do |
| acrobata (m) | ကျိုးဘားပြသူ | kjwan: ba: bja dhu |
| ilusionista (m) | မျက်လှည့်ဆရာ | mje' hle. zaja |

## 111. Várias profissões

| médico (m) | ဆရာဝန် | hsa ja wun |
| enfermeira (f) | သူနာပြု | thu na bju. |
| psiquiatra (m) | စိတ်ရောဂါအထူးကုဆရာဝန် | sei' jo: ga ahtu: gu. zaja wun |

| | | |
|---|---|---|
| dentista (m) | သွားဆရာဝန် | thwa: hsaja wun |
| cirurgião (m) | ခွဲစိတ်ကုဆရာဝန် | khwe: hsei' ku hsaja wun |

| | | |
|---|---|---|
| astronauta (m) | အာကာသယာဉ်မှူး | akatha. jin hmu: |
| astrônomo (m) | နက္ခတ္တဗေဒပညာရှင် | ne' kha' ta. bei da. pji nja shin |
| piloto (m) | လေယာဉ်မှူး | lei jan hmu: |

| | | |
|---|---|---|
| motorista (m) | ယာဉ်မောင်း | jin maun: |
| maquinista (m) | ရထားမောင်းသူ | jatha: maun: dhu |
| mecânico (m) | စက်ပြင်ဆရာ | se' pjin zaja |

| | | |
|---|---|---|
| mineiro (m) | သတ္တုတွင်း အလုပ်သမား | tha' tu. dwin: alou' thama: |
| operário (m) | အလုပ်သမား | alou' dha ma: |
| serralheiro (m) | သော့ပြင်ဆရာ | tho. bjin zaja |
| marceneiro (m) | ကျုံးပေါင်းခွေလက်သမား | kji: baun: gwei le' dha ma: |
| torneiro (m) | တွင်ခုံအလုပ်သမား | twin goun alou' dhama: |
| construtor (m) | ဆောက်လုပ်ရေးအလုပ်သမား | hsau' lou' jei: alou' dha. ma: |
| soldador (m) | ဂဟေဆော်သူ | gahei hso dhu |

| | | |
|---|---|---|
| professor (m) | ပါမောက္ခ | pamau' kha |
| arquiteto (m) | ဗိသုကာပညာရှင် | bi. thu. ka pjin nja shin |
| historiador (m) | သမိုင်းပညာရှင် | thamain: pin nja shin |
| cientista (m) | သိပ္ပံပညာရှင် | thei' pan pin nja shin |
| físico (m) | ရူပဗေဒပညာရှင် | ju bei da. bin nja shin |
| químico (m) | ဓာတုဗေဒပညာရှင် | da tu. bei da. bjin nja shin |

| | | |
|---|---|---|
| arqueólogo (m) | ရှေးဟောင်းသုတေသန<br>နပညာရှင် | shei: haun thu. dei dha.<br>na. bji nja shin |
| geólogo (m) | ဘူမိဗေဒပညာရှင် | buu mi. bei da. bjin nja shin |
| pesquisador (cientista) | သုတေသနပညာရှင် | thu. tei thana pin nja shin |

| | | |
|---|---|---|
| babysitter, babá (f) | ကလေးထိန်း | kalei: din: |
| professor (m) | ဆရာ | hsa ja |

| | | |
|---|---|---|
| redator (m) | အယ်ဒီတာ | e di ta |
| redator-chefe (m) | အယ်ဒီတာချုပ် | e di ta chu' |
| correspondente (m) | သတင်းထောက် | dhadin: dau' |
| datilógrafa (f) | လက်နှိပ်စက်ရိုက်သူ | le' ni' se' jou' thu |

| | | |
|---|---|---|
| designer (m) | ဒီဇိုင်နာ | di zain na |
| especialista (m)<br>em informática | ကွန်ပျူတာပညာရှင် | kun pju ta ba. nja shin |

| | | |
|---|---|---|
| programador (m) | ပရိုဂရမ်မာ | pa. jou ga. jan ma |
| engenheiro (m) | အင်ဂျင်နီယာ | in gjin ni ja |

| | | |
|---|---|---|
| marujo (m) | သဘောသား | thin: bo: dha: |
| marinheiro (m) | သဘောသား | thin: bo: dha: |
| socorrista (m) | ကယ်ဆယ်သူ | ke ze dhu |

| | | |
|---|---|---|
| bombeiro (m) | မီးသတ်သမား | mi: tha' dhama: |
| polícia (m) | ရဲ | je: |
| guarda-noturno (m) | အစောင့် | asaun. |
| detetive (m) | စုံထောက် | soun dau' |

| | | |
|---|---|---|
| funcionário (m) da alfândega | အကောက်ခွန်အရာရှိ | akau' khun aja shi. |
| guarda-costas (m) | သက်တော်စောင့် | the' to zaun. |

| guarda (m) prisional | ထောင်စောင့် | htaun zaun. |
| inspetor (m) | ရဲအုပ် | je: ou' |

| esportista (m) | အားကစားသမား | a: gaza: dhama: |
| treinador (m) | နည်းပြ | ne: bja. |
| açougueiro (m) | သားသတ်သမား | tha: dha' thama: |
| sapateiro (m) | ဖိနပ်ချုပ်သမား | hpana' chou' tha ma: |
| comerciante (m) | ကုန်သည် | koun de |
| carregador (m) | ကုန်ထမ်းသမား | koun din dhama: |

| estilista (m) | ဖက်ရှင်ဒီဇိုင်နာ | hpe' shin di zain na |
| modelo (f) | မော်ဒယ် | mo de |

## 112. Ocupações. Estatuto social

| estudante (~ de escola) | ကျောင်းသား | kjaun: dha: |
| estudante (~ universitária) | ကျောင်းသား | kjaun: dha: |

| filósofo (m) | ဒဿနပညာရှင် | da' thana. pjin nja shin |
| economista (m) | ဘောဂဗေဒပညာရှင် | bo ga bei da ba nja shin |
| inventor (m) | တီထွင်သူ | ti htwin dhu |

| desempregado (m) | အလုပ်လက်မဲ့ | alou' le' me. |
| aposentado (m) | အငြိမ်းစား | anjein: za: |
| espião (m) | သူလျှို | thu shou |

| preso, prisioneiro (m) | ထောင်သား | htaun dha: |
| grevista (m) | သပိတ်မှောက်သူ | thabei' hmau' thu |
| burocrata (m) | ဗျူရိုကရက်အရာရှိ | bju jou ka. je' aja shi. |
| viajante (m) | ခရီးသွား | khaji: thwa: |

| homossexual (m) | လိင်တူချင်းဆက်ဆံသူ | lein du cjin: ze' hsan dhu |
| hacker (m) | ဟက်ကာ | he' ka |
| hippie (m, f) | လူမှုလေလျများကို သွေဖယ်သူ | lu hmu. da. lei. mja: gou |

| bandido (m) | ဓားပြ | damja. |
| assassino (m) | လူသတ်သမား | lu dha' thama: |
| drogado (m) | ဆေးစွဲသူ | hsei: zwe: dhu |
| traficante (m) | မူးယစ်ဆေးရောင်းဝယ်သူ | mu: ji' hsei: jaun we dhu |
| prostituta (f) | ပြည့်တန်ဆာ | pjei. dan za |
| cafetão (m) | ဖာခေါင်း | hpa gaun: |

| bruxo (m) | မှော်ဆရာ | hmo za. ja |
| bruxa (f) | မှော်ဆရာမ | hmo za. ja ma. |
| pirata (m) | ပင်လယ်ဓားပြ | pin le da: bja. |
| escravo (m) | ကျွန် | kjun |
| samurai (m) | ဆာမူရိုင်း | hsa mu jain: |
| selvagem (m) | လူရိုင်း | lu jain: |

# Desportos

## 113. Tipos de desportos. Desportistas

| | | |
|---|---|---|
| esportista (m) | အားကစားသမား | a: gaza: dhama: |
| tipo (m) de esporte | အားကစားအမျိုးအစား | a: gaza: amjou: asa: |
| basquete (m) | ဘတ်စကက်ဘော | ba' sa. ka' bo: |
| jogador (m) de basquete | ဘတ်စကက်ဘောကစားသမား | ba' sa. ka' bo ka. za: dha ma: |
| beisebol (m) | သော့ဘောအားကစား | bei'. bo a: gaza |
| jogador (m) de beisebol | သော့ဘောကစားသမား | bei'. bo a: gaza dha ma: |
| futebol (m) | ဘောလုံးအားကစား | bo loun: a: gaza: |
| jogador (m) de futebol | ဘောလုံးကစားသမား | bo loun: gaza: dhama: |
| goleiro (m) | ဂိုးသမား | gou: dha ma: |
| hóquei (m) | ဟော်ကီ | hou ki |
| jogador (m) de hóquei | ဟော်ကီကစားသမား | hou ki gaza: dha ma: |
| vôlei (m) | ဘော်လီဘောအားကစား | bo li bo: a: gaza: |
| jogador (m) de vôlei | ဘောလီဘောကစားသမား | bo li bo: a: gaza: dhama: |
| boxe (m) | လက်ဝှေ့ | le' hwei. |
| boxeador (m) | လက်ဝှေ့သမား | le' hwei. dhama: |
| luta (f) | နပမ်းကစားရြင်း | naban: gaza: gjin: |
| lutador (m) | နပမ်းသမား | naban: dhama: |
| caratê (m) | ကရာတေးအားကစား | ka. ra tei: a: gaza: |
| carateca (m) | ကရာတေးကစားသမား | ka. ra tei: a: gaza: ma: |
| judô (m) | ဂျူဒိုအားကစား | gju dou a: gaza: |
| judoca (m) | ဂျူဒိုကစားသမား | gju dou a: gaza: dhama: |
| tênis (m) | တင်းနစ် | tin: ni' |
| tenista (m) | တင်းနစ်ကစားသူ | tin: ni' gaza: dhu |
| natação (f) | ရေကူးအားကစား | jei ku: a: gaza: |
| nadador (m) | ရေကူးသူ | jei ku: dhu |
| esgrima (f) | ဓားရေးယှဉ်ပြိုင်ကစားရြင်း | da: jei: shin bjain ga. za: gjin: |
| esgrimista (m) | ဓားရေးယှဉ်ပြိုင်ကစားသူ | da: jei: shin bjain ga. za: dhu |
| xadrez (m) | စစ်တုရင် | si' tu. jin |
| jogador (m) de xadrez | စစ်တုရင်ကစားသမား | si' tu. jin gaza: dhama: |
| alpinismo (m) | တောင်တက်ရြင်း | taun de' chin: |
| alpinista (m) | တောင်တက်သမား | taun de' thama: |
| corrida (f) | အပြေး | apjei: |

| | | |
|---|---|---|
| corredor (m) | အပြေးသမား | apjei: dha. ma: |
| atletismo (m) | ပြေးခုန်ပစ် | pjei: goun bi' |
| atleta (m) | ပြေးခုန်ပစ်ကစားသူ | pjei: goun bi' gaza: dhu |
| hipismo (m) | မြင်းစီးခြင်း | mjin: zi: gjin: |
| cavaleiro (m) | မြင်းစီးသူ | mjin: zi: dhu |
| patinação (f) artística | စကိတ်စီးကပြခြင်း | sakei' si: ga. bja. gjin: |
| patinador (m) | စကိတ်စီးကပြသူ | sakei' si: ga. bja. dhu |
| patinadora (f) | စကိတ်စီးကပြမယ် | sakei' si: ga. bja. me |
| halterofilismo (m) | အလေးမ | a lei: ma |
| halterofilista (m) | အလေးမသူ | a lei: ma dhu |
| corrida (f) de carros | ကားမောင်းပြိုင်ခြင်း | ka: maun: bjein gjin: |
| piloto (m) | ပြိုင်ကားမောင်းသူ | pjain ga: maun: dhu |
| ciclismo (m) | စက်ဘီးစီးခြင်း | se' bi: zi: gjin |
| ciclista (m) | စက်ဘီးစီးသူ | se' bi: zi: dhu |
| salto (m) em distância | အလျားခုန် | alja: khun |
| salto (m) com vara | တုတ်ထောက်ခုန် | tou' htau' khoun |
| atleta (m) de saltos | ခုန်သူ | khoun dhu |

## 114. Tipos de desportos. Diversos

| | | |
|---|---|---|
| futebol (m) americano | အမေရိကန်ဘောလုံး | amei ji kan dho: loun: |
| badminton (m) | ကြက်တောင် | kje' daun |
| biatlo (m) | သေနတ်ပစ် | thei na' pi' |
| bilhar (m) | ဘိလိယက် | bi li je' |
| bobsled (m) | ပြိုင်စွတ်ဖား | pjain zwa' hpa: |
| musculação (f) | ကာယဗလ | ka ja ba. la. |
| polo (m) aquático | ဝါတာပိုလို | wa ta pou lou |
| handebol (m) | လက်ပစ်ဘောလုံးကစားနည်း | le' pi' bo: loun: gaza: ne: |
| golfe (m) | ဂေါက်ရိုက်ခြင်း | gou' jai' chin: |
| remo (m) | လှေလှော်ခြင်း | hlei hlo gjin: |
| mergulho (m) | ရေငုပ်ခြင်း | jei ngou' chin: |
| corrida (f) de esqui | နှင်းလျှောစကိတ်စီး ပြိုင်ပွဲ | hnin: sho: zakei' si: bjain bwe: |
| tênis (m) de mesa | စားပွဲတင်တင်းနစ် | sa: bwe: din din: ni' |
| vela (f) | ရွက်လွှင့်ခြင်း | jwe' hlwn. jgin: |
| rali (m) | ကားပြိုင်ခြင်း | ka: bjain gjin: |
| rúgbi (m) | ရတ်ဘီဘောလုံးအားကစား | re' bi bo: loun: a: gaza: |
| snowboard (m) | နှင်းလျှောစကိတ်စီးခြင်း | hnin: sho: zakei' si: gjin: |
| arco-e-flecha (m) | မြားပစ် | hmja: bi' |

## 115. Ginásio

| | | |
|---|---|---|
| barra (f) | အလေးတန်း | a lei: din: |
| halteres (m pl) | ဒမ်ဘယ်အလေးတုန်း | dan be alei: doun: |

| | | |
|---|---|---|
| aparelho (m) de musculação | လေ့ကျင့်ခန်းပြုလုပ်ရန်စက် | lei. kjin. gan: pju. lou' jan ze' |
| bicicleta (f) ergométrica | လေ့ကျင့်ခန်းစက်ဘီး | lei. kjin. gan: ze' bi: |
| esteira (f) de corrida | ပြေးစက် | pjei: ze' |
| barra (f) fixa | ဘားတန်း | ba: din: |
| barras (f pl) paralelas | ပြိုင်တန်း | pjain dan: |
| cavalo (m) | မြင်းခုံ | mjin: goun |
| tapete (m) de ginástica | အားကစားဖျာ | a: gaza: bja |
| corda (f) de saltar | ကြိုး | kjou: |
| aeróbica (f) | အေရိုးဘစ် | e jou: bi' |
| ioga, yoga (f) | ယောဂ | jo: ga. |

## 116. Desportos. Diversos

| | | |
|---|---|---|
| Jogos (m pl) Olímpicos | အိုလံပစ်အားကစားပွဲ | ou lan bi' a: gaza: bwe |
| vencedor (m) | အနိုင်ရသူ | anain ja. dhu |
| vencer (vi) | အနိုင်ရသည် | anain ja de |
| vencer (vi, vt) | နိုင်သည် | nain de |
| líder (m) | ခေါင်းဆောင် | gaun: zaun |
| liderar (vt) | ဦးဆောင်သည် | u: zaun de |
| primeiro lugar (m) | ပထမဆု | pahtama. zu. |
| segundo lugar (m) | ဒုတိယဆို | du. di. ja. zou |
| terceiro lugar (m) | တတိယဆု | tati. ja. zu. |
| medalha (f) | ဆုတံဆိပ် | hsu. dazei' |
| troféu (m) | ဒိုင်းဆု | dain: zu. |
| taça (f) | ဆုဖလား | hsu. bala: |
| prêmio (m) | ဆု | hsu. |
| prêmio (m) principal | အဓိကဆု | adi. ka. zu. |
| recorde (m) | မှတ်တမ်း | hma' tan: |
| estabelecer um recorde | မှတ်တမ်းတင်သည် | hma' tan: din de |
| final (m) | ဗိုလ်လုပွဲ | bou lu. bwe: |
| final (adj) | နောက်ဆုံးဖြစ်သော | nau' hsoun: bji' te. |
| campeão (m) | ချန်ပီယံ | chan pi jan |
| campeonato (m) | တံခွန်စိုက်ပြိုင်ပွဲ | dagun zai' pjein bwe: |
| estádio (m) | အားကစားရုံ | a: gaza: joun |
| arquibancadas (f pl) | ပွဲကြည့်စင် | pwe: gje. zi' |
| fã, torcedor (m) | ပရိတ်သတ် | pa. rei' tha' |
| adversário (m) | ပြိုင်ဘက် | pjain be' |
| partida (f) | စမှတ် | sahma' |
| linha (f) de chegada | ဆုံးမှတ် | hsoun: hma' |
| derrota (f) | လက်လျှော့ခြင်း | le' sho. gjin: |
| perder (vt) | ရှုံးသည် | shoun: de |
| árbitro, juiz (m) | ဒိုင်လူကြီး | dain dhu gji: |
| júri (m) | အကဲဖြတ်ဒိုင်လူကြီးအဖွဲ့ | ake: hpja dain lu gji: ahpwe. |

| | | |
|---|---|---|
| resultado (m) | ရလဒ် | jala' |
| empate (m) | သရေ | thajei |
| empatar (vi) | သရေကျသည် | tha. jei gja. de |
| ponto (m) | ရမှတ် | ja. hma' |
| resultado (m) final | ရလဒ် | jala' |
| | | |
| tempo (m) | အပိုင်း | apain: |
| intervalo (m) | ပွဲလယ်နားရှိန် | pwe: le na: gjein |
| | | |
| doping (m) | ဆေးသုံးခြင်း | hsei: dhoun: gjin: |
| penalizar (vt) | ပြစ်ဒဏ်ပေးသည် | pji' dan bei: de |
| desqualificar (vt) | ဝိတ်ပင်သည် | pei' pin de |
| | | |
| aparelho, aparato (m) | တန်ဆာပလာ | tan za ba. la |
| dardo (m) | လှံ | hlan |
| peso (m) | သံလုံး | than loun: |
| bola (f) | ဘောလုံး | bo loun: |
| | | |
| alvo, objetivo (m) | ရှိန်သီး | chein dhi: |
| alvo (~ de papel) | ပစ်မှတ် | pi' hma' |
| disparar, atirar (vi) | ပစ်သည် | pi' te |
| preciso (tiro ~) | တိတိကျကျဖြစ်သော | ti. ti. kja. kja. hpji te. |
| | | |
| treinador (m) | နည်းပြ | ne: bja. |
| treinar (vt) | လေ့ကျင့်ပေးသည် | lei. kjin. bei: de |
| treinar-se (vr) | လေ့ကျင့်သည် | lei. kjin. de |
| treino (m) | လေ့ကျင့်ခြင်း | lei. kjin. gjin |
| | | |
| academia (f) de ginástica | အားကစားခန်းမ | a: gaza: gan: ma. |
| exercício (m) | လေ့ကျင့်ခန်း | lei. kjin. gan: |
| aquecimento (m) | သွေးပူလေ့ကျင့်ခန်း | thwei: bu lei. gjin. gan: |

# Educação

| | | |
|---|---|---|
| escola (f) | စာသင်ကျောင်း | sa dhin gjaun: |
| diretor (m) de escola | ကျောင်းအုပ်ကြီး | ko: ou' kji: |
| | | |
| aluno (m) | ကျောင်းသား | kjaun: dha: |
| aluna (f) | ကျောင်းသူ | kjaun: dhu |
| estudante (m) | ကျောင်းသား | kjaun: dha: |
| estudante (f) | ကျောင်းသူ | kjaun: dhu |
| | | |
| ensinar (vt) | သင်ကြားသည် | thin kja: de |
| aprender (vt) | သင်ယူသည် | thin ju de |
| decorar (vt) | အလွတ်ကျက်သည် | alu' kje' de |
| | | |
| estudar (vi) | သင်ယူသည် | thin ju de |
| estar na escola | ကျောင်းတက်သည် | kjaun: de' de |
| ir à escola | ကျောင်းသွားသည် | kjaun: dhwa: de |
| | | |
| alfabeto (m) | အက္ခရာ | e' kha ja |
| disciplina (f) | ဘာသာရပ် | ba da ja' |
| | | |
| sala (f) de aula | စာသင်ခန်း | sa dhin gan: |
| lição, aula (f) | သင်ခန်းစာ | thin gan: za |
| recreio (m) | အနားရှိန် | ana: gjain |
| toque (m) | ခေါင်းလောင်းသံ | gaun: laun: dhan |
| classe (f) | စာရေးခုံ | sajei: khoun |
| quadro (m) negro | ကျောက်သင်ပုန်း | kjau' thin boun: |
| | | |
| nota (f) | အမှတ် | ahma' |
| boa nota (f) | အမှတ်အဆင့်မြင့် | ahma' ahsin. mjin. |
| nota (f) baixa | အမှတ်အဆင့်နိမ့် | ahma' ahsin. nin. |
| dar uma nota | အမှတ်ပေးသည် | ahma' pei: de |
| | | |
| erro (m) | အမှား | ahma: |
| errar (vi) | အမှားလုပ်သည် | ahma: lou' te |
| corrigir (~ um erro) | အမှားပြင်သည် | ahma: pjin de |
| cola (f) | ခိုးကူးရန်စာ | khou: gu: jan za |
| | ရှက်အပိုင်းအစ | jwe' apain: asa. |
| | | |
| dever (m) de casa | အိမ်စာ | ein za |
| exercício (m) | လေ့ကျင့်ခန်း | lei. kjin. gan: |
| | | |
| estar presente | ရှိသည် | shi. de |
| estar ausente | ပျက်ကွက်သည် | pje' kwe' te |
| faltar às aulas | အတန်းပျက်ကွက်သည် | atan: bje' kwe' te |
| | | |
| punir (vt) | အပြစ်ပေးသည် | apja' pei: de |
| punição (f) | အပြစ်ပေးခြင်း | apja' pei: gjin: |

| | | |
|---|---|---|
| comportamento (m) | အပြုအမူ | apju amu |
| boletim (m) escolar | စာမေးပွဲတ်တမ်း | sa mei: hma' tan: |
| lápis (m) | ခဲတံ | khe: dan |
| borracha (f) | ခဲဖျက် | khe: bje' |
| giz (m) | မြေဖြူ | mjei bju |
| porta-lápis (m) | ခဲတံပူး | khe: dan bu: |

| | | |
|---|---|---|
| mala, pasta, mochila (f) | ကျောင်းသုံးလွယ်အိတ် | kjaun: dhoun: lwe ji' |
| caneta (f) | ဘောပင် | bo pin |
| caderno (m) | လေ့ကျင့်ခန်းစာအုပ် | lei. kjin. gan: za ou' |
| livro (m) didático | ဖတ်စာအုပ် | hpa' sa au' |
| compasso (m) | ကောက်ဆွဲ | htau' hsu: |

| | | |
|---|---|---|
| traçar (vt) | ပုံကြမ်းဆွဲသည် | poun: gjam: zwe: de |
| desenho (m) técnico | နည်းပညာဆိုင်ရာပုံကြမ်း | ne bi nja zain ja boun gjan: |

| | | |
|---|---|---|
| poesia (f) | ကဗျာ | ka. bja |
| de cor | အလွတ် | alu' |
| decorar (vt) | အလွတ်ကျက်သည် | alu' kje' de |

| | | |
|---|---|---|
| férias (f pl) | ကျောင်းပိတ်ရက် | kjaun: bi' je' |
| estar de férias | အားလပ်ရက်ရသည် | a: la' je' ja. de |
| passar as férias | အားလပ်ရက်ဖြတ်သန်းသည် | a: la' je' hpja' than: de |

| | | |
|---|---|---|
| teste (m), prova (f) | အခန်းဆုံးစစ်ဆေးမှု | akhan: zain zi' hsei: hmu |
| redação (f) | စာစီစာကုံး | sa zi za koun: |
| ditado (m) | သတ်ပုံခေါ်ပေးခြင်း | tha' poun go bei: gjin: |
| exame (m), prova (f) | စာမေးပွဲ | sa mei: bwe: |
| fazer prova | စာမေးပွဲဖြေသည် | sa mei: bwe: bjei de |
| experiência (~ química) | လက်တွေ့လုပ်ဆောင်မှု | le' twei. lou' zaun hma. |

## 118. Colégio. Universidade

| | | |
|---|---|---|
| academia (f) | အထူးပညာသင်ကျောင်း | a htu: bjin nja dhin kjaun: |
| universidade (f) | တက္ကသိုလ် | te' kathou |
| faculdade (f) | ဌာန | hta. na. |

| | | |
|---|---|---|
| estudante (m) | ကျောင်းသား | kjaun: dha: |
| estudante (f) | ကျောင်းသူ | kjaun: dhu |
| professor (m) | သင်ကြားပို့ရသူ | thin kja: bou. gja. dhu |

| | | |
|---|---|---|
| auditório (m) | စာသင်ခန်း | sa dhin gan: |
| graduado (m) | ဘွဲ့ရသူ | bwe. ja. dhu |

| | | |
|---|---|---|
| diploma (m) | ဒီပလိုမာ | di' lou ma |
| tese (f) | သုတေသနစာတမ်း | thu. tei thana za dan: |

| | | |
|---|---|---|
| estudo (obra) | သုတေသနစာတမ်း | thu. tei thana za dan |
| laboratório (m) | လက်တွေ့ခန်း | le' twei. gan: |

| | | |
|---|---|---|
| palestra (f) | သင်ကြားပို့ရမှု | thin kja: bou. gja. hmu. |
| colega (m) de curso | အတန်းဖော် | atan: hpo |
| bolsa (f) de estudos | ပညာသင်ဆု | pjin nja dhin zu. |
| grau (m) acadêmico | တက္ကသိုလ်ဘွဲ့ | te' kathou bwe. |

## 119. Ciências. Disciplinas

| | | |
|---|---|---|
| matemática (f) | သင်္ချာ | thin cha |
| álgebra (f) | အက္ခရာသင်္ချာ | e' kha ja din gja |
| geometria (f) | ရေဂျောမေတြီ | gji o: mei tri |
| | | |
| astronomia (f) | နက္ခတ္တဗေဒ | ne' kha' ta. bei da. |
| biologia (f) | ဇီဝဗေဒ | zi: wa bei da. |
| geografia (f) | ပထဝီဝင် | pahtawi win |
| geologia (f) | ဘူမိဗေဒ | buu mi. bei da. |
| história (f) | သမိုင်း | thamain: |
| | | |
| medicina (f) | ဆေးပညာ | hsei: pjin nja |
| pedagogia (f) | သင်ကြားနည်းပညာ | thin kja: nei: pin nja |
| direito (m) | ဥပဒေတာသာရဝ် | u. ba. bei ba dha ja' |
| | | |
| física (f) | ရူပဗေဒ | ju bei da. |
| química (f) | ဓာတုဗေဒ | da tu. bei da. |
| filosofia (f) | ဒဿနိကဗေဒ | da' tha ni. ga. bei da. |
| psicologia (f) | စိတ်ပညာ | sei' pjin nja |

## 120. Sistema de escrita. Ortografia

| | | |
|---|---|---|
| gramática (f) | သဒ္ဒါ | dhada |
| vocabulário (m) | ဝေါဟာရ | wo: ha ra. |
| fonética (f) | သဒ္ဒဗေဒ | dhada. bei da. |
| | | |
| substantivo (m) | နာမ် | nan |
| adjetivo (m) | နာမဝိသေသန | nan wi. dhei dha. na. |
| verbo (m) | ကြိယာ | kji ja |
| advérbio (m) | ကြိယာဝိသေသန | kja ja wi. dhei dha. na. |
| | | |
| pronome (m) | နာမ်စား | nan za: |
| interjeição (f) | အာမေဍိတ် | a mei dei' |
| preposição (f) | ဝိဘတ် | wi ba' |
| | | |
| raiz (f) | ဝေါဟာရရင်းမြစ် | wo: ha ra. jin: mji' |
| terminação (f) | အဆုံးသတ် | ahsoun: tha' |
| prefixo (m) | ရှေ့ဆက်ပုဒ် | shei. hse' pou' |
| sílaba (f) | ဝဏ္ဏ | wun na. |
| sufixo (m) | နောက်ဆက်ပုဒ် | nau' ze' pou' |
| | | |
| acento (m) | ဖိသံသင်္ကေတ | hpi. dhan dha. gei da. |
| apóstrofo (f) | ပိုင်ဆိုင်ခြင်းပြသင်္ကေတ | pain zain bjin: bja tin kei ta. |
| | | |
| ponto (m) | ဖူးလ်စတော့ပ် | hpu: l za. po. p |
| vírgula (f) | ပုဒ်ထီး သင်္ကေတ | pou' hti: tin kei ta. |
| ponto e vírgula (m) | အဖြတ်အရပ်သင်္ကေတ | a hpja' aja' tha ngei da |
| dois pontos (m pl) | ကိုလန် | kou lan |
| reticências (f pl) | စာချန်ပြအမှတ်အသား | sa gjan bja ahma' atha: |
| | | |
| ponto (m) de interrogação | မေးခွန်းပြအမှတ်အသား | mei: gun: bja. ahma' adha: |
| ponto (m) de exclamação | အာမေဍိတ်အမှတ်အသား | a mei dei' ahma' atha: |

| | | |
|---|---|---|
| aspas (f pl) | မျက်တောင်အဖွင့်အပိတ် | mje' taun ahpwin. apei' |
| entre aspas | မျက်တောင်အဖွင့်အပိတ်-အတွင်း | mje' taun ahpwin. apei' atwin: |
| parênteses (m pl) | ကွင်း | kwin: |
| entre parênteses | ကွင်းအတွင်း | kwin: atwin: |
| hífen (m) | တုံးတို | toun: dou |
| travessão (m) | တုံးရှည် | toun: she |
| espaço (m) | ကွက်လပ် | kwe' la' |
| letra (f) | စာလုံး | sa loun: |
| letra (f) maiúscula | စာလုံးကြီး | sa loun: gji: |
| vogal (f) | သရ | thara. |
| consoante (f) | ဗျည်း | bjin: |
| frase (f) | ဝါကျ | we' kja. |
| sujeito (m) | ကံ | kan |
| predicado (m) | ဝါစက | wa saka. |
| linha (f) | မျဉ်းကြောင်း | mjin: gjaun: |
| em uma nova linha | မျဉ်းကြောင်းအသစ်ပေါ်မှာ | mjin: gjaun: athi' bo hma. |
| parágrafo (m) | စာပိုဒ် | sa pai' |
| palavra (f) | စကားလုံး | zaga: loun: |
| grupo (m) de palavras | စကားစု | zaga: zu. |
| expressão (f) | ဖော်ပြချက် | hpjo bja. gje' |
| sinônimo (m) | အနက်တူ | ane' tu |
| antônimo (m) | ဆန့်ကျင်ဘက်အနက် | hsan. gjin ba' ana' |
| regra (f) | စည်းမျဉ်းစည်းကမ်း | si: mjin: si: kan: |
| exceção (f) | ခြင်းချက် | chwin: gje' |
| correto (adj) | မှန်ကန်သော | hman gan de. |
| conjugação (f) | ကြိယာပုံစံပြောင်းခြင်း | kji ja boun zan pjaun: chin: |
| declinação (f) | သဒ္ဒါပြောင်းလဲပုံ | dhada bjaun: le: boun |
| caso (m) | နာမ်ပြောင်းပုံစံ | nan bjaun: boun zan |
| pergunta (f) | မေးခွန်း | mei: gun: |
| sublinhar (vt) | အလေးထားဖော်ပြသည် | a lei: da: hpo pja. de |
| linha (f) pontilhada | အစက်မျဉ်း | ase' mjin: |

## 121. Línguas estrangeiras

| | | |
|---|---|---|
| língua (f) | ဘာသာစကား | ba dha zaga: |
| estrangeiro (adj) | နိုင်ငံခြားနှင့်ဆိုင်သော | nain ngan gja: hnin. zain de. |
| língua (f) estrangeira | နိုင်ငံခြားဘာသာစကား | nain ngan gja: ba dha za ga: |
| estudar (vt) | သင်ယူလေ့လာသည် | thin ju lei. la de |
| aprender (vt) | သင်ယူသည် | thin ju de |
| ler (vt) | ဖတ်သည် | hpa' te |
| falar (vi) | ပြောသည် | pjo: de |
| entender (vt) | နားလည်သည် | na: le de |
| escrever (vt) | ရေးသည် | jei: de |
| rapidamente | မြန်မြန် | mjan mjan |
| devagar, lentamente | ဖြည်းဖြည်း | hpjei: bjei: |

| fluentemente | ကျွမ်းကျင်ကျင်ကျင် | kjwan: gjwan: gjin gjin |
| regras (f pl) | စည်းမျဉ်းစည်းကမ်း | si: mjin: si: kan: |
| gramática (f) | သဒ္ဒါ | dhada |
| vocabulário (m) | ဝေါဟာရ | wo: ha ra. |
| fonética (f) | သဒ္ဒဗေဒ | dhada. bei da. |

| livro (m) didático | ဖတ်စာအုပ် | hpa' sa au' |
| dicionário (m) | အဘိဓာန် | abi. dan |
| manual (m) autodidático | မိမိဘာသာလေ့လာနိုင်သောစာအုပ် | mi. mi. ba dha lei. la nain dho: za ou' |
| guia (m) de conversação | နှစ်ဘာသာစကားပြောစာအုပ် | hni' ba dha zaga: bjo: za ou' |

| fita (f) cassete | တိပ်ခွေ | tei' khwei |
| videoteipe (m) | ရုပ်ရှင်တိပ်ခွေ | jou' shin dei' hpwei |
| CD (m) | စီဒီခွေ | si di gwei |
| DVD (m) | ဒီဗီဒီခွေ | di bi di gwei |

| alfabeto (m) | အက္ခရာ | e' kha ja |
| soletrar (vt) | စာလုံးပေါင်းသည် | sa loun: baun: de |
| pronúncia (f) | အသံထွက် | athan dwe' |

| sotaque (m) | ဝဲသံ | we: dhan |
| com sotaque | ဝဲသံနှင့် | we: dhan hnin. |
| sem sotaque | ဝဲသံမပါဘဲ | we: dhan ma. ba be: |

| palavra (f) | စကားလုံး | zaga: loun: |
| sentido (m) | အဓိပ္ပါယ် | adei' be |

| curso (m) | သင်တန်း | thin dan: |
| inscrever-se (vr) | စာရင်းသွင်းသည် | sajin: dhwin: de |
| professor (m) | ဆရာ | hsa ja |

| tradução (processo) | ဘာသာပြန်ခြင်း | ba dha bjan gjin: |
| tradução (texto) | ဘာသာပြန်ထားချက် | ba dha bjan da: gje' |
| tradutor (m) | ဘာသာပြန် | ba dha bjan |
| intérprete (m) | စကားပြန် | zaga: bjan |

| poliglota (m) | ဘာသာစကားအများ ပြောနိုင်သူ | ba dha zaga: amja: bjo: nain dhu |
| memória (f) | မှတ်ဉာဏ် | hma' njan |

---

## 122. Personagens de contos de fadas

| Papai Noel (m) | ရွှေစွပ်မတ်ဘိုးဘိုး | khari' sa. ma' bou: bou: |
| Cinderela (f) | စင်ဒရဲလား | sin da. je: la: |
| sereia (f) | ရေသူမ | jei dhu ma. |
| Netuno (m) | နက်ပကျွန်း | ne' pa. gjun: |

| bruxo, feiticeiro (m) | မှော်ဆရာ | hmo za. ja |
| fada (f) | မှော်ဆရာမ | hmo za. ja ma. |
| mágico (adj) | မှော်ပညာ | hmo ba. nja |
| varinha (f) mágica | မှော်တုတ်ဝတ် | hmjo dou' dan |
| conto (m) de fadas | ကလေးပုံပြင် | ka. lei: boun bjin |
| milagre (m) | အံ့ဖွယ် | an. hpwe |

anão (m)
transformar-se em ...

fantasma (m)
fantasma (m)
monstro (m)

dragão (m)
gigante (m)

လူပုကကလေး
ပြောင်းလဲပေးသည်

တစ္ဆေ
သရဲ
ကြောက်မက်ဖွယ်ရာ
ရုပ်သဏ္ဍာ
နဂါး
ဘီလူး

u bu. ga. lei:
pjaun: le: bei: de

tahsei
thaje:
kjau' ma' hpwe ei
ja ma. dha' ta wa
na. ga:
bi lu:

## 123. Signos do Zodíaco

Áries (f)
Touro (m)
Gêmeos (m pl)
Câncer (m)
Leão (m)
Virgem (f)

မိဿရာသီ
ပြိဿရာသီ
မေထုန်ရာသီ
ကရကဋ်ရာသီ
သိဟ်ရာသီ
ကန်ရာသီ

mi. dha ja dhi
pjei tha. jadhi
mei doun ja dhi
ka. ja. ka' ja dhi
thei' ja dhi
kan ja dhi

Libra (f)
Escorpião (m)
Sagitário (m)
Capricórnio (m)
Aquário (m)
Peixes (pl)

တုရာသီ
ဗြိစ္ဆာရာသီ
ဓနုရာသီ
မကာရရာသီဖွား
ကုံရာသီဖွား
မိန်ရာသီဖွား

tu ja dhi
bjei' hsa. jadhi
dan ja dhi
ma. ga. j ja dhi bwa:
koun ja dhi hpwa:
mein ja dhi bwa:

caráter (m)
traços (m pl) do caráter
comportamento (m)
prever a sorte
adivinha (f)
horóscopo (m)

စရိုက် လက္ခဏာ
ဉာဉ်
အပြုအမူ
အနာဂါတ်ဟောကိန်းထုတ်သည်
အနာဂါတ်ဟောဘောကိန်းထုတ်သူ
ဗေဒာ

zajai' le' khana
njin
apju amu
ana ga' ha gin: htou' te
ana ga' ha gin: htou' thu
za da

# Artes

| | | |
|---|---|---|
| teatro (m) | ကဇာတ်ရဲ့ | ka. za' joun |
| ópera (f) | အော်ပရာဇာတ်ရဲ့ | o pa ra za' joun |
| opereta (f) | ပျော်ရွှင်ဖွယ် ကဇာတ်တို | pjo shin bwe: gaza' tou |
| balé (m) | ဘဲလေးကဇာတ် | be: lei: ga za' |

| | | |
|---|---|---|
| cartaz (m) | ပြဇာတ်ရဲ့ပိုစတာ | pja. za' joun bou zada |
| companhia (f) de teatro | ဇိုင်းဇော်သား | wain: do dha: |
| turnê (f) | လှည့်လည်ကပြဖျော်ဖြေခြင်း | hle. le ga. bja bjo bjei gjin: |
| estar em turnê | လှည့်လည်ကပြဖျော်ဖြေသည် | hle. le ga. bja bjo bjei de |
| ensaiar (vt) | ဇာတ်တိုက်သည် | za' tou' te |
| ensaio (m) | အစမ်းလေ့ကျင့်မှု | asan: lei. kjin. hmu. |
| repertório (m) | တင်ဆက်မှု | tin ze' hmu. |

| | | |
|---|---|---|
| apresentação (f) | ဖျော်ဖြေတင်ဆက်မှု | hpjo bjei din ze' hmu. |
| espetáculo (m) | ဖျော်ဖြေမှု | hpjo bjei hmu. |
| peça (f) | ဇာတ်လမ်း | za' lan |

| | | |
|---|---|---|
| entrada (m) | လက်မှတ် | le' hma' |
| bilheteira (f) | လက်မှတ်အရောင်းဌာန | le' hma' ajaun: hta. na. |
| hall (m) | ဧည့်သည်ဆောင် | e. dhe zaun |
| vestiário (m) | ကုတ်နှင့်အိတ်အပ်ခန်း | kou' hnin. i' a' hnan khan: |
| senha (f) numerada | နံပါတ်ပြား | nan ba' pja: |
| binóculo (m) | နှစ်လုံးပွုးမှန်ပြောင်း | hni' loun: bju: hman bjaun: |
| lanterninha (m) | ဧည့်ကြို | e. gjou |

| | | |
|---|---|---|
| plateia (f) | ဇာတ်စင်ထိုင်ခုံ | za' sin dain guan |
| balcão (m) | လသာဆောင် | la. dha zaun |
| primeiro balcão (m) | ပထမထပ်ပွဲကြည့်ဆောင် | pahtama. da' bwe: gje. zaun |
| camarote (m) | လက်မှတ်ရောင်းသည့်နေရာ | le' hma' jaun: dhi. nei ja |
| fila (f) | အတန်း | atan: |
| assento (m) | နေရာ | nei ja |

| | | |
|---|---|---|
| público (m) | ပရိတ်သတ်အစုအဝေး | pa. rei' tha' asu. awei: |
| espectador (m) | ပရိတ်သတ် | pa. rei' tha' |
| aplaudir (vt) | လက်ခုပ်တီးသည် | le' khou' ti: de |
| aplauso (m) | လက်ခုပ်သြဘာသံ | le' khou' thja ba dhan |
| ovação (f) | သြဘာပေးရင်း | thja dha bei: gjin: |

| | | |
|---|---|---|
| palco (m) | စင် | sin |
| cortina (f) | လိုက်ကာ | lai' ka |
| cenário (m) | နောက်ခံကားရုပ် | nau' khan gan ga: gja' |
| bastidores (m pl) | ဇာတ်စင်နောက် | za' sin nau' |

| | | |
|---|---|---|
| cena (f) | တကယ့်ဖြစ်ရပ် | dage. bji ja' |
| ato (m) | သရုပ်ဆောင် | thajou' hsaun |
| intervalo (m) | ကြားကာလ | ka: ga la. |

## 125. Cinema

| | | |
|---|---|---|
| ator (m) | မင်းသား | min: dha: |
| atriz (f) | မင်းသမီး | min: dhami: |

| | | |
|---|---|---|
| cinema (m) | ရုပ်ရှင်လုပ်ငန်း | jou' shin lou' ngan: |
| filme (m) | ရုပ်ရှင်ကား | jou' shin ga: |
| episódio (m) | ဇာတ်ခန်းတစ်ခန်း | za' khan: ti' khan: |

| | | |
|---|---|---|
| filme (m) policial | စုံထောက်ဇာတ်လမ်း | soun dau' za' lan: |
| filme (m) de ação | အက်ရှင်ဇာတ်လမ်း | e' shin za' lan: |
| filme (m) de aventuras | စွန့်စားခန်းဇာတ်လမ်း | sun. za: gan: za' lan: |
| filme (m) de ficção científica | သိပ္ပံစိတ်ကူးယဉ်ဇာတ်လမ်း | thei' pan zei' ku: jin za' lan: |
| filme (m) de horror | ထိတ်လန့်ဖွယ်ရုပ်ရှင် | htei' lan. bwe jou' jou' |

| | | |
|---|---|---|
| comédia (f) | ဟာသရုပ်ရှင် | ha dha. jou' jou' |
| melodrama (m) | အပြင်းစားအရာမာ | apjin: za: da. ja ma |
| drama (m) | အလွမ်းဇာတ်လမ်း | alwan: za' lan: |

| | | |
|---|---|---|
| filme (m) de ficção | စိတ်ကူးယဉ်ဇာတ်လမ်း | sei' ku: jin za' lan: |
| documentário (m) | မှတ်တမ်းရုပ်ရှင် | hma' tan: jou' shin |
| desenho (m) animado | ကာတွန်းဇာတ်လမ်း | ka tun: za' lan: |
| cinema (m) mudo | အသံတိတ်ရုပ်ရှင် | athan dei' jou' shin |

| | | |
|---|---|---|
| papel (m) | အခန်းကဏ္ဍ | akhan: gan da. |
| papel (m) principal | အဓိကအခန်းကဏ္ဍ | adi. ka. akhan: kan da |
| representar (vt) | သရုပ်ဆောင်သည် | thajou' hsaun de |

| | | |
|---|---|---|
| estrela (f) de cinema | ရုပ်ရှင်ဝတ္ထား | jou' shin za. da: |
| conhecido (adj) | နာမည်ကြီးသော | na me gji: de. |
| famoso (adj) | ကျော်ကြားသော | kjo kja: de. |
| popular (adj) | လူကြိုက်များသော | lu gjou' mja: de. |

| | | |
|---|---|---|
| roteiro (m) | ဇာတ်ညွှန်း | za' hnjun: |
| roteirista (m) | ဇာတ်ညွှန်းဆရာ | za' hnjun: za ja |
| diretor (m) de cinema | ရုပ်ရှင်ဒါရိုက်တာ | jou' shin da jai' ta |
| produtor (m) | ထုတ်လုပ်သူ | htou' lou' thu |
| assistente (m) | လက်ထောက် | le' htau' |
| diretor (m) de fotografia | ကင်မရာမန်း | kin ma. ja man: |
| dublê (m) | စတန့်သမား | satan. dhama: |
| dublê (m) de corpo | ပုံစံတူ | poun zan du |

| | | |
|---|---|---|
| filmar (vt) | ရုပ်ရှင်ရိုက်သည် | jou' shin jai' te |
| audição (f) | စမ်းသပ်ကြည့်ရှုခြင်း | san: dha' chi. shu. gjin: |
| filmagem (f) | ရိုက်ကွင်း | jai' kwin: |
| equipe (f) de filmagem | ရုပ်ရှင်အဖွဲ့ | jou' shin ahpwe. |
| set (m) de filmagem | ဇာတ်အိမ် | za' ein |
| câmera (f) | ကင်မရာ | kin ma. ja |

| | | |
|---|---|---|
| cinema (m) | ရုပ်ရှင်ရုံ | jou' shin joun |
| tela (f) | ဝိတ်ကား | pei' ka: |
| exibir um filme | ရုပ်ရှင်ပြသည် | jou' shin bja. de |

| | | |
|---|---|---|
| trilha (f) sonora | အသံသွင်းတီပ်ခွေ | athan dhwin: di' khwei |
| efeitos (m pl) especiais | အထူးပြုလုပ်ချက်များ | a htu: bju. lou' che' mja: |

| legendas (f pl) | စာတန်းထိုး | sa dan: dou: |
| crédito (m) | ပါဝင်သူများအမည်စာရင်း | pa win dhu mja: ame zajin: |
| tradução (f) | ဘာသာပြန် | ba dha bjan |

## 126. Pintura

| arte (f) | အနုပညာ | anu. pjin nja |
| belas-artes (f pl) | သုခုမအနုပညာ | thu. khu. ma. anu. pin nja |
| galeria (f) de arte | အနုပညာပြခန်း | anu. pjin pja. gan: |
| exibição (f) de arte | ပြပွဲ | pja. bwe: |

| pintura (f) | ပန်းချီကား | bagji ga: |
| arte (f) gráfica | ပုံလွဲခြင်းအနုပညာ | poun zwe: gjin: anu pjin nja |
| arte (f) abstrata | စိတ္တဇပန်းချီလွဲခြင်း | sei' daza. ban: gji zwe: gjin: |
| impressionismo (m) | အရောင်အလင်းဖြင့်ပန်းချီလွဲခြင်း | ajaun alin: bjin. ban: gji zwe: gjin: |

| pintura (f), quadro (m) | ပန်းချီကား | bagji ga: |
| desenho (m) | ရုပ်ပုံကားချပ် | jou' poun ga: gja' |
| cartaz, pôster (m) | ပိုစတာ | pou sata |

| ilustração (f) | ရုပ်ပုံထည့်သွင်းဖော်ပြခြင်း | jou' poun di. dwin: bo bja. gjin: |

| miniatura (f) | ပုံစံအသေးစား | poun zan athei: za: |
| cópia (f) | မိတ္တူ | mi' tu |
| reprodução (f) | ပုံတူပန်းချီ | poun du ban: gji |

| mosaico (m) | မှန်စီရွှေချပန်းချီ | hman zi shwei gja ban: gji |
| vitral (m) | မှန်ရောင်ပုံပြတင်းပေါက် | hman jaun zoun bja. din: bau' |
| afresco (m) | နံရံဆေးရေးပန်းချီ | nan jan zei: jei: ban: gji |
| gravura (f) | ပုံထွင်းပညာ | poun dwin: pjin nja |

| busto (m) | ကိုယ်တစ်ပိုင်းပုံရုပ်လုံး | kou ti' pain: boun jou' loun: |
| escultura (f) | ကျောက်ဆစ်ရုပ် | kjau' hsi' jou' |
| estátua (f) | ရုပ်တု | jou' tu. |
| gesso (m) | အင်္ဂတေ | angga. dei |
| em gesso (adj) | အင်္ဂတေဖြင့် | angga. dei hpjin. |

| retrato (m) | ပုံတု | poun du |
| autorretrato (m) | ကိုယ်တိုင်ရေးပုံတု | kou tain jou: boun dhu |
| paisagem (f) | ရှုခင်းပုံ | shu. gin: boun |
| natureza (f) morta | သက်မဲ့ဝတ္တုပုံ | the' me. wu' htu boun |
| caricatura (f) | ရုပ်ပြောင် | jou' pjaun |
| esboço (m) | ပုံကြမ်း | poun gjan: |

| tinta (f) | သုတ်ဆေး | thou' hsei: |
| aquarela (f) | ရေဆေးပန်းချီ | jei zei: ban: gji |
| tinta (f) a óleo | ဆီ | hsi |
| lápis (m) | ခဲတံ | khe: dan |
| tinta (f) nanquim | အိန္ဒိယမင် | indi. ja hmin |
| carvão (m) | မီးသွေး | mi: dhwei: |

| desenhar (vt) | ပုံလွဲသည် | poun zwe: de |
| pintar (vt) | အရောင်ချယ်သည် | ajaun gje de |

| posar (vi) | ကိုယ်ဟန်ပြသည် | kou han pja de |
| modelo (m) | ပန်းချီဗော်ဒယ် | bagji mo de |
| modelo (f) | ပန်းချီဗော်ဒယ်မိန်းကလေး | bagji mo de mein: ga. lei: |

| pintor (m) | ပန်းချီဆရာ | bagji zaja |
| obra (f) | အနုပညာလက်ရာ | anu. pjin nja le' ja |
| obra-prima (f) | အကြောင်းမြောက်ဆုံးလက်ရာ | apjaun mjau' hsoun: le' ja |
| estúdio (m) | အလုပ်ခန်း | alou' khan: |

| tela (f) | ပန်းချီဆွဲရန်ပတ္တူစ | bagji zwe: jan: ba' tu za. |
| cavalete (m) | ဒေါက်တိုင် | dau' tain |
| paleta (f) | ပန်းချီဆေးစပ်သည့်ပြား | bagji hsei: za' thi. bja: |

| moldura (f) | ဘောင် | baun |
| restauração (f) | နဂိုအတိုင်းပြန်လည် | na. gou atain: bjan le |
| | မွမ်းမံခြင်း | mun: man gjin: |
| restaurar (vt) | ပြန်လည်မွမ်းမံသည် | pjan le mwan: man de |

## 127. Literatura & Poesia

| literatura (f) | စာပေ | sa pei |
| autor (m) | စာရေးသူ | sajei: dhu |
| pseudônimo (m) | ကလောင်အမည် | kalaun amji |

| livro (m) | စာအုပ် | sa ou' |
| volume (m) | ထုထည် | du. de |
| índice (m) | မာတိကာ | ma di. ga |
| página (f) | စာမျက်နှာ | sa mje' hna |
| protagonista (m) | အဓိကဇာတ်ဆောင် | adi. ka. za' hsaun |
| autógrafo (m) | အမှတ်တရလက်မှတ် | ahma' ta ra le' hma' |

| conto (m) | ပုံပြင် | pjoun bjin |
| novela (f) | ဝတ္ထုဇာတ်လမ်း | wu' htu. za' lan: |
| romance (m) | ဝတ္ထု | wu' htu. |
| obra (f) | လက်ရာ | le' ja |
| fábula (m) | ဒဏ္ဍာရီ | dan da ji |
| romance (m) policial | စုံထောက်ဇာတ်လမ်း | soun dau' za' lan: |
| verso (m) | ကဗျာ | ka. bja |
| poesia (f) | လင်္ကာ | lin ga |
| poema (m) | ကဗျာ | ka. bja |
| poeta (m) | ကဗျာဆရာ | ka. bja zaja |

| ficção (f) | စိတ်ကူးယဉ်ဇာတ်လမ်း | sei' ku: jin za' lan: |
| ficção (f) científica | သိပ္ပံဇာတ်လမ်း | thei' pan za' lan: |
| aventuras (f pl) | စွန့်စားခန်းဇာတ်လမ်း | sun. za: gan: za' lan: |
| literatura (f) didática | ပညာပေးဇာတ်လမ်း | pjin nja bei: za' lan: |
| literatura (f) infantil | ကလေးဆိုင်ရာစာပေ | kalei: hsin ja za bei |

## 128. Circo

| circo (m) | ဆပ်ကပ် | hsa' ka' |
| circo (m) ambulante | နယ်လှည့်ဆပ်ကပ်အဖွဲ့ | ne hle. za' ka' ahpwe: |

| programa (m) | အစီအစဉ် | asi asin |
| apresentação (f) | ဖျော်ဖြေတင်ဆက်မှု | hpjo bjei din ze' hmu. |

| número (m) | ဖျော်ဖြေတင်ဆက်မှု | hpjo bjei din ze' hmu. |
| picadeiro (f) | အစီအစဉ်တင်ဆက်ရာနေရာ | asi asin din ze' ja nei ja |

| pantomima (f) | ဇာတ်လမ်းသရုပ်ဖော် | za' lan: dha jou' hpo |
| palhaço (m) | လူရွှင်တော် | lu shwin do |

| acrobata (m) | ကျွမ်းဘားပြသူ | kjwan: ba: bja dhu |
| acrobacia (f) | ကျွမ်းဘားပြခြင်း | kjwan: ba: bja gjin: |
| ginasta (m) | ကျွမ်းဘားသမား | kjwan: ba: dhama: |
| ginástica (f) | ကျွမ်းဘားအားကစား | kjwan: ba: a: gaza: |
| salto (m) mortal | ကျွမ်းပစ်ခြင်း | kjwan: bi' chin: |

| homem (m) forte | လူသန်ကြီး | lu dhan gji: |
| domador (m) | ယဉ်လာအောင်လေ့ကျင့်ပေးသူ | jin la aun lei. gjin. bei: dhu |
| cavaleiro (m) equilibrista | မြင်းစီးသူ | mjin: zi: dhu |
| assistente (m) | လက်ထောက် | le' htau' |

| truque (m) | စတန် | satan. |
| truque (m) de mágica | မှော်ဆန်သောလှည့်ကွက် | hmo zan dho hle. gwe' |
| ilusionista (m) | မျက်လှည့်ဆရာ | mje' hle. zaja |

| malabarista (m) | လက်လှည့်ဆရာ | le' hli. za. ja. |
| fazer malabarismos | လက်လှည့်ပြသည် | le' hli. bja. de |
| adestrador (m) | တိရစ္ဆာန်သင်ကြားပေးသူ | tharei' hsan dhin gja: bei: dhu |
| adestramento (m) | တိရစ္ဆာန်များကို လေ့ကျင့်ပေးခြင်း | tharei' hsan mja: gou: lei. gjin. bei: gjin: |
| adestrar (vt) | လေ့ကျင့်ပေးသည် | lei. kjin. bei: de |

## 129. Música. Música popular

| música (f) | ဂီတ | gi ta. |
| músico (m) | ဂီတပညာရှင် | gi ta. bjin nja shin |
| instrumento (m) musical | တူရိယာ | tu ji. ja |
| tocar ... | တီးသည် | ti: de |

| guitarra (f) | ဂီတာ | gi ta |
| violino (m) | တဖေလာ | ta jo: |
| violoncelo (m) | စီလိုတယောကြီး | si lou tajo: gji: |
| contrabaixo (m) | ဘော့စ်တယောကြီး | bei'. ta. jo gji: |
| harpa (f) | စောင်း | saun: |

| piano (m) | စန္ဒရား | san daja: |
| piano (m) de cauda | စန္ဒရားကြီး | san daja: gji: |
| órgão (m) | အော်ဂင် | o gin |

| instrumentos (m pl) de sopro | လေမှုတ်တူရိယာ | lei hmou' tu ji. ja |
| oboé (m) | အိုဘိုး | ou bou hne: |
| saxofone (m) | ဆက်ဆိုဖုန်း | hse' hso phoun: |
| clarinete (m) | ကလယ်ရိနက်-ပလွေ | kale ji ne' - pa lwei |
| flauta (f) | ပလွေ | palwei |
| trompete (m) | တရမ်းပက်ခရောငယ် | htajan: be' khaja nge |

| | | |
|---|---|---|
| acordeão (m) | အကော်ဒီယံ | ako di jan |
| tambor (m) | စည် | si |
| | | |
| dueto (m) | နှစ်ယောက်တွဲ | hni' jau' twe: |
| trio (m) | သုံးယောက်တွဲ | thoun: jau' twe: |
| quarteto (m) | လေးယောက်တစ်စိတွဲ | lei: jau' ti' twe: |
| coro (m) | သံပြိုင်အဖွဲ့ | than bjain ahpwe. |
| orquestra (f) | သံစုံတီးဝိုင်း | than zoun di: wain: |
| | | |
| música (f) pop | ပေါ့ပ်ဂီတ | po. p gi da. |
| música (f) rock | ရော့ခ်ဂီတ | ro. kh gi da. |
| grupo (m) de rock | ရော့ခ်ဂီတအဖွဲ့ | ro. kh gi da. ahpwe. |
| jazz (m) | ဂျက်ဇ်ဂီတ | gja' z gi ta. |
| | | |
| ídolo (m) | အသည်းစွဲ | athe: zwe: |
| fã, admirador (m) | နှစ်သက်သူ | hni' the' dhu |
| | | |
| concerto (m) | တေးဂီတဖြေဖျော်ပွဲ | tei: gi da. bjei bjo bwe: |
| sinfonia (f) | သံစုံစပ်တီးတေးသွား | than zoun za' ti: dei: dwa: |
| composição (f) | ရေးဖွဲ့သီကုံးခြင်း | jei: bwe dhi goun: gjin: |
| compor (vt) | ရေးဖွဲ့သီကုံးသည် | jei: bwe dhi goun: de |
| | | |
| canto (m) | သီချင်းဆိုခြင်း | thachin: zou gjin: |
| canção (f) | သီချင်း | thachin: |
| melodia (f) | တီးလုံး | ti: loun: |
| ritmo (m) | စည်းချက် | si gje' |
| blues (m) | ဘလူးစ်ဂီတ | ba. lu: s gi' |
| | | |
| notas (f pl) | ဂီတသင်္ကေတများ | gi ta. dhin gei da. mja: |
| batuta (f) | ဂီတအချက်ပြတုတ် | gi ta. ache' pja dou' |
| arco (m) | ဘိုတံ | bou: dan |
| corda (f) | ကြိုး | kjou: |
| estojo (m) | အိတ် | ei' |

# Descanso. Entretenimento. Viagens

## 130. Viagens

| | | |
|---|---|---|
| turismo (m) | ခရီးသွားလှုပ်ငန်း | khaji: thwa: lou' ngan: |
| turista (m) | ကမ္ဘာလှည့်ခရီးသည် | ga ba hli. kha. ji: de |
| viagem (f) | ခရီးထွက်ခြင်း | khaji: htwe' chin: |
| aventura (f) | စွန့်စားမှု | sun. za: hmu. |
| percurso (curta viagem) | ခရီး | khaji: |

| | | |
|---|---|---|
| férias (f pl) | ခွင့်ရက် | khwin. je' |
| estar de férias | အခွင့်ယူသည် | akhwin. ju de |
| descanso (m) | အနားယူခြင်း | ana: ju gjin: |

| | | |
|---|---|---|
| trem (m) | ရထား | jatha: |
| de trem (chegar ~) | ရထားနဲ့ | jatha: ne. |
| avião (m) | လေယာဉ် | lei jan |
| de avião | လေယာဉ်နဲ့ | lei jan ne. |
| de carro | ကားနဲ့ | ka: ne. |
| de navio | သင်္ဘောနဲ့ | thin: bo: ne. |

| | | |
|---|---|---|
| bagagem (f) | ဝန်စည်စလယ် | wun zi za. li |
| mala (f) | သားရေသေတ္တာ | tha: jei dhi' ta |
| carrinho (m) | ပစ္စည်းတင်ရန်တွန်းလှည်း | pji' si: din jan dun: hle: |

| | | |
|---|---|---|
| passaporte (m) | နိုင်ငံကူးလက်မှတ် | nain ngan gu: le' hma' |
| visto (m) | ဗီဇာ | bi za |
| passagem (f) | လက်မှတ် | le' hma' |
| passagem (f) aérea | လေယာဉ်လက်မှတ် | lei jan le' hma' |

| | | |
|---|---|---|
| guia (m) de viagem | လမ်းညွှန်စာအုပ် | lan: hnjun za ou' |
| mapa (m) | မြေပုံ | mjei boun |
| área (f) | ဧသာ | dei dha. |
| lugar (m) | နေရာ | nei ja |

| | | |
|---|---|---|
| exotismo (m) | အထူးအဆန်းပစ္စည်း | a htu: a hsan: bji' si: |
| exótico (adj) | အထူးအဆန်းဖြစ်သော | a htu: a hsan: hpja' te. |
| surpreendente (adj) | အံ့ဩစရာကောင်းသော | an. o: sa ja kaun de. |

| | | |
|---|---|---|
| grupo (m) | အုပ်စု | ou' zu. |
| excursão (f) | လေ့လာရေးခရီး | lei. la jei: gaji: |
| guia (m) | လမ်းညွှန် | lan: hnjun |

## 131. Hotel

| | | |
|---|---|---|
| hotel (m) | ဟိုတယ် | hou te |
| motel (m) | မိုတယ် | mou te |
| três estrelas | ကြယ် ၃ ပွင့်အဆင့် | kje thoun: pwin. ahsin. |

120

| | | |
|---|---|---|
| cinco estrelas | ကြယ် ၅ ပွင့်အဆင့် | kje nga: pwin. ahsin. |
| ficar (vi, vt) | တည်းခိုသည် | te: khou de |

| | | |
|---|---|---|
| quarto (m) | အခန်း | akhan: |
| quarto (m) individual | တစ်ယောက်ခန်း | ti' jau' khan: |
| quarto (m) duplo | နှစ်ယောက်ခန်း | hni' jau' khan: |
| reservar um quarto | ကြိုတင်မှာယူသည် | kjou tin hma ju de |

| | | |
|---|---|---|
| meia pensão (f) | ကြိုတင်တစ်ဝက်ငွေရှေ့ရှင်း | kjou tin di' we' ngwe gjei gjin: |
| pensão (f) completa | ငွေအားပြည့်ကြို့ | ngwei apjei. kjou |
| | တင်ပေးရှင်း | din bei: chei chin: |

| | | |
|---|---|---|
| com banheira | ရေချိုးခန်းနှင့် | jei gjou gan: hnin. |
| com chuveiro | ရေပန်းနှင့် | jei ban: hnin. |
| televisão (m) por satélite | ဂြိုဟ်တုရုပ်မြင်သံကြား | gjou' htu. jou' mjin dhan gja: |
| ar (m) condicionado | လေအေးပေးစက် | lei ei: bei: ze' |
| toalha (f) | တဘက် | tabe' |
| chave (f) | သော့ | tho. |

| | | |
|---|---|---|
| administrador (m) | အုပ်ချုပ်ရေးမှူး | ou' chu' jei: hmu: |
| camareira (f) | သန့်ရှင်းရေးဝန်ထမ်း | than. shin: jei: wun dan: |
| bagageiro (m) | အထမ်းသမား | a htan: dha. ma: |
| porteiro (m) | တံခါးဝမှ ေ့ကြို | daga: wa. hma. e. kjou |

| | | |
|---|---|---|
| restaurante (m) | စားသောက်ဆိုင် | sa: thau' hsain |
| bar (m) | ဘား | ba: |
| café (m) da manhã | နံနက်စာ | nan ne' za |
| jantar (m) | ညစာ | nja. za |
| bufê (m) | ဘူဖေး | bu hpei: |

| | | |
|---|---|---|
| saguão (m) | နားနေခင်း | hna jaun gan: |
| elevador (m) | ဓာတ်လှေကား | da' hlei ga: |

| | | |
|---|---|---|
| NÃO PERTURBE | မနှောင့်ယှက်ရ | ma. hnaun hje' ja. |
| PROIBIDO FUMAR! | ဆေးလိပ်မသောက်ရ | hsei: lei' ma. dhau' ja. |

## 132. Livros. Leitura

| | | |
|---|---|---|
| livro (m) | စာအုပ် | sa ou' |
| autor (m) | စာရေးသူ | sajei: dhu |
| escritor (m) | စာရေးဆရာ | sajei: zaja |
| escrever (~ um livro) | စာရေးသည် | sajei: de |

| | | |
|---|---|---|
| leitor (m) | စာဖတ်သူ | sa hpa' thu |
| ler (vt) | ဖတ်သည် | hpa' te |
| leitura (f) | စာဖတ်ခြင်း | sa hpa' chin: |

| | | |
|---|---|---|
| para si | တိတ်တဆိတ် | tei' ta. hsei' |
| em voz alta | ကျယ်လောင်စွာ | kje laun zwa |
| publicar (vt) | ပုံနှိပ်ထုတ်ဝေသည် | poun nei' htou' wei de |
| publicação (f) | ပုံနှိပ်ထုတ်ဝေခြင်း | poun nei' htou' wei gjin: |
| editor (m) | ထုတ်ဝေသူ | htou' wei dhu |
| editora (f) | ပုံနှိပ်ထုတ်ဝေ | poun nei' htou' wei |
| | သည့်ကုမ္ပဏီ | dhi. koun pani |

| | | |
|---|---|---|
| sair (vi) | ထွက်သည် | htwe' te |
| lançamento (m) | ဖြန့်ချိခြင်း | hpjan. gji. gjin: |
| tiragem (f) | စာရေးသူ | sajei: dhu |

| | | |
|---|---|---|
| livraria (f) | စာအုပ်ဆိုင် | sa ou' hsain |
| biblioteca (f) | စာကြည့်တိုက် | sa gji. dai' |

| | | |
|---|---|---|
| novela (f) | ဝတ္ထုဇာတ်လမ်း | wu' htu. za' lan: |
| conto (m) | ဝတ္ထုတို | wu' htu. dou |
| romance (m) | ဝတ္ထု | wu' htu. |
| romance (m) policial | စုံထောက်ဇာတ်လမ်း | soun dau' za' lan: |

| | | |
|---|---|---|
| memórias (f pl) | ကိုယ်တွေ့မှတ်တမ်း | kou twei. hma' tan: |
| lenda (f) | ဒဏ္ဍာရီ | dan da ji |
| mito (m) | စိတ်ကူးယဉ် | sei' ku: jin |

| | | |
|---|---|---|
| poesia (f) | ကဗျာများ | ka. bja mja: |
| autobiografia (f) | ကိုယ်တိုင်ရေးအတ္ထုပ္ပတ္တိ | kou tain jei' a' tu. bi' ta. |
| obras (f pl) escolhidas | လက်ရွေးစင် | le' jwei: zin |
| ficção (f) científica | သိပ္ပံဇာတ်လမ်း | thei' pan za' lan: |

| | | |
|---|---|---|
| título (m) | ခေါင်းစဉ် | gaun: zin |
| introdução (f) | နိဒါန်း | ni. dan: |
| folha (f) de rosto | ခေါင်းစီးစာမျက်နှာ | gaun: zi: za: mje' hna |

| | | |
|---|---|---|
| capítulo (m) | ခေါင်းကြီးပိုင်း | gaun: gji: bain: |
| excerto (m) | ကောက်နုတ်ချက် | kau' hnou' khje' |
| episódio (m) | အပိုင်း | apain: |

| | | |
|---|---|---|
| enredo (m) | ဇာတ်ကြောင်း | za' kjaun: |
| conteúdo (m) | မာတိကာ | ma di. ga |
| índice (m) | မာတိကာ | ma di. ga |
| protagonista (m) | အဓိကဇာတ်ဆောင် | adi. ka. za' hsaun |

| | | |
|---|---|---|
| volume (m) | ထုထည် | du. de |
| capa (f) | စာအုပ်အဖုံး | sa ou' ahpoun: |
| encadernação (f) | အဖုံး | ahpoun: |
| marcador (m) de página | စာညှပ် | sa hnja' |

| | | |
|---|---|---|
| página (f) | စာမျက်နှာ | sa mje' hna |
| folhear (vt) | စာရွက်လှန်သည် | sajwe' hlan de |
| margem (f) | နယ်နိမိတ် | ne ni. mei' |
| anotação (f) | မှတ်စာ | hma' sa |
| nota (f) de rodapé | အောက်ခြေမှတ်ချက် | au' chei hma' che' |

| | | |
|---|---|---|
| texto (m) | စာသား | sa dha: |
| fonte (f) | ပုံစံ | poun zan |
| falha (f) de impressão | ပုံနှိပ်အမှား | poun nei' ahma: |

| | | |
|---|---|---|
| tradução (f) | ဘာသာပြန် | ba dha bjan |
| traduzir (vt) | ဘာသာပြန်သည် | ba dha bjan de |
| original (m) | မူရင်း | mu jin: |

| | | |
|---|---|---|
| famoso (adj) | ကျော်ကြားသော | kjo kja: de. |
| desconhecido (adj) | လူမသိသော | lu ma. thi. de. |
| interessante (adj) | စိတ်ဝင်စားစရာကောင်းသော | sei' win za: zaja gaun: de. |

| best-seller (m) | ရောင်းအားအကောင်းဆုံး | jo: a: akaun: zoun: |
| dicionário (m) | အဘိဓာန် | abi. dan |
| livro (m) didático | ဖတ်စာအုပ် | hpa' sa au' |
| enciclopédia (f) | စွယ်စုံကျမ်း | swe zoun gjan: |

## 133. Caça. Pesca

| caça (f) | အမဲလိုက်ခြင်း | ame: lai' chin |
| caçar (vi) | အမဲလိုက်သည် | ame: lai' de |
| caçador (m) | မုဆိုး | mou' hsou: |

| disparar, atirar (vi) | ပစ်သည် | pi' te |
| rifle (m) | ရိုင်ဖယ် | jain be |
| cartucho (m) | ကျည်ဆံ | kji. zan |
| chumbo (m) de caça | ကျည်စေ့ | kji zei. |

| armadilha (f) | သံမကိထောင်ချောက် | than mani. daun gjau' |
| armadilha (com corda) | ကျော့ကွင်း | kjo. kwin: |
| cair na armadilha | ထောင်ချောက်မိသည် | htaun gjau' mi de |
| pôr a armadilha | ထောင်ချောက်ဆင်သည် | htaun gjau' hsin de |

| caçador (m) furtivo | တရားမဝင်ရှိးပစ်သူ | taja: ma. win gou: bi' thu |
| caça (animais) | အမဲလိုက်ခြင်း | ame: lai' chin |
| cão (m) de caça | အမဲလိုက်ခွေး | ame: lai' khwei: |
| safári (m) | သားဖားရိုတောရိုင်းဒေသ | hsa hpa ji do joun: dei dha. |
| animal (m) empalhado | ရုပ်လုံးဖော်တီရှူထၢန့်ရုပ် | jou' loun: bo di ja' zan jou' |

| pescador (m) | တံငါသည် | da nga dhi |
| pesca (f) | ငါးဖမ်းခြင်း | nga: ban: gjin |
| pescar (vt) | ငါးဖမ်းသည် | nga: ban: de |

| vara (f) de pesca | ငါးမျှားတံ | nga: mja: dan |
| linha (f) de pesca | ငါးမျှားကြိုး | nga: mja: gjou: |
| anzol (m) | ငါးမျှားချိတ် | nga: mja: gji' |
| boia (f), flutuador (m) | ငါးမျှားတံဖော့ | nga: mja: dan bo. |
| isca (f) | ငါးစာ | nga: za |

| lançar a linha | ငါးမျှားကြိုးပစ်သည် | nga: mja: gjou: bji' te |
| morder (peixe) | ကိုက်သည် | kou' de |

| pesca (f) | ငါးတည့်စရာ | nga: de. za. ja |
| buraco (m) no gelo | ရေခဲပြင်ပေါ်မှအပေါက် | jei ge: bjin bo hma. a. bau' |

| rede (f) | ပိုက် | pai' |
| barco (m) | လှေ | hlei |

| pescar com rede | ပိုက်ရှသည် | pai' cha. de |
| lançar a rede | ပိုက်ပစ်သည် | pai' pi' te |
| puxar a rede | ပိုက်ဆယ်သည် | pai' hse de |
| cair na rede | ပိုက်တိုးမိသည် | pai' tou: mi. de |

| baleeiro (m) | ဝေလငါး | wei la. nga: |
| baleeira (f) | ဝေလငါးဖမ်းလှေ | wei la. nga: ban: hlei |
| arpão (m) | နိန်း | hmein: |

## 134. Jogos. Bilhar

| | | |
|---|---|---|
| bilhar (m) | ဘီလိယက် | bi li je' |
| sala (f) de bilhar | ဘီလိယက်ထိုးခန်း | bi li ja' htou: khana: |
| bola (f) de bilhar | ဘီလိယက်ဘောလုံး | bi li ja' bo loun: |
| embolsar uma bola | ကျင်းထည့်သည် | kjin: de. de |
| taco (m) | ကျွတံ | kju dan |
| caçapa (f) | ကျင်း | kjin: |

## 135. Jogos. Jogar cartas

| | | |
|---|---|---|
| ouros (m pl) | ထောင့် | htaun. |
| espadas (f pl) | စပိတ် | sapei' |
| copas (f pl) | ဟတ် | ha' |
| paus (m pl) | ညှင်း | hnjin: |
| ás (m) | တစ်ဖဲ | ti' hpe: |
| rei (m) | ကင်း | kin: |
| dama (f), rainha (f) | ကွင်း | kwin: |
| valete (m) | ဂျက် | gje' |
| carta (f) de jogar | ဖဲကစားသည် | hpe: ga. za de |
| cartas (f pl) | ဖဲချပ်များ | hpe: gje' mja: |
| trunfo (m) | ဂုက်ဖဲ | hwe' hpe: |
| baralho (m) | ဖဲထုပ် | hpe: dou' |
| ponto (m) | အမှတ် | ahma' |
| dar, distribuir (vt) | ဖဲဝေသည် | hpe: wei de |
| embaralhar (vt) | ကုလားဖန်ထိုးသည် | kala: ban dou de |
| vez, jogada (f) | ဦးဆုံးအလှည့် | u: zoun: ahle. |
| trapaceiro (m) | ဖဲလိမ်သမား | hpe: lin dha ma: |

## 136. Descanso. Jogos. Diversos

| | | |
|---|---|---|
| passear (vi) | အပန်းဖြေလမ်းလျှောက်သည် | apin: hpjei lan: jau' the |
| passeio (m) | လမ်းလျှောက်ခြင်း | lan: shau' chin: |
| viagem (f) de carro | အပန်းဖြေခရီး | apin: hpjei khaji: |
| aventura (f) | စွန့်စားမှု | sun. za: hmu. |
| piquenique (m) | ပျော်ပွဲစား | pjo bwe: za: |
| jogo (m) | ဂိမ်း | gein: |
| jogador (m) | ကစားသမား | gaza: dhama: |
| partida (f) | ကစားပွဲ | gaza: pwe: |
| colecionador (m) | စုဆောင်းသူ | su. zaun: dhu |
| colecionar (vt) | စုဆောင်းသည် | su. zaun: de |
| coleção (f) | စုဆောင်းခြင်း | su. zaun: gjin: |
| palavras (f pl) cruzadas | စကားလုံးဆက် ပဟေဠိ | zaga: loun: ze' bahei li. |
| hipódromo (m) | ပြေးလမ်း | pjei: lan: |

| discoteca (f) | အစ္ကိုက္ပွဲ | di' sa kou ga. bwe: |
| sauna (f) | ပေါင်းခံရွေးထုတ်ခန်း | paun: gan gjwa: dou' khan: |
| loteria (f) | ထီ | hti |

| campismo (m) | အပျော်စခန်းချရေိး | apjo za. khan: khja kha ni: |
| acampamento (m) | စခန်း | sakhan: |
| barraca (f) | တဲ | te: |
| bússola (f) | သံလိုက်အိမ်မြှောင် | than lai' ein hmjaun |
| campista (m) | စခန်းချသူ | sakhan: gja. dhu |

| ver (vt), assistir à ... | ကြည့်သည် | kji. de |
| telespectador (m) | ကြည့်သူ | kji. thu |
| programa (m) de TV | ရုပ်မြင်သံကြားအစီအစဉ် | jou' mjin dhan gja: asi asan |

## 137. Fotografia

| máquina (f) fotográfica | ကင်မရာ | kin ma. ja |
| foto, fotografia (f) | ဓာတ်ပုံ | da' poun |

| fotógrafo (m) | ဓာတ်ပုံဆရာ | da' poun za ja |
| estúdio (m) fotográfico | ဓာတ်ပုံရိုက်ရန်အခန်း | da' poun jai' jan akhan: |
| álbum (m) de fotografias | ဓာတ်ပုံအယ်လဘမ် | da' poun e la. ban |

| lente (f) fotográfica | ကင်မရာမှန်ဘီလူး | kin ma. ja hman bi lu: |
| lente (f) teleobjetiva | အဝေးရှိက်ဓေသာမှန်ဘီလူး | awei: shi' tho: hman bi lu: |
| filtro (m) | အဆောင်စစ်မှန်ပြား | ajaun za' hman bja: |
| lente (f) | မှန်ဘီလူး | hman bi lu: |

| ótica (f) | အလင်းပညာ | alin: bjin |
| abertura (f) | ကင်မရာတွင် အလင်းဝင်ပေါက် | kin ma. ja twin alin: win bau' |
| exposição (f) | အလင်းရောင်ဖွင့်ပေးရှိန် | alin: jaun hpwin bei: gjein |
| visor (m) | ရိုက်ကွင်းပြည့်သည့်ကိရိယာ | jou' kwin: bja dhe. gi. ji. ja |
| câmera (f) digital | ဒိဂျစ်တယ်ကင်မရာ | digji' te gin ma. ja |
| tripé (m) | သုံးဆောင်းထောက် | thoun: gjaun: dau' |
| flash (m) | ကင်မရာသုံးလျပ်တပြက်မီး | kin ma. ja dhoun: lja' ta. pje' mi: |

| fotografar (vt) | ဓာတ်ပုံရိုက်သည် | da' poun jai' te |
| tirar fotos | ရိုက်သည် | jai' te |
| fotografar-se (vr) | ဓာတ်ပုံရိုက်သည် | da' poun jai' te |

| foco (m) | ဆုံချက် | hsoun gje' |
| focar (vt) | ဆုံချက်ချိန်သည် | hsoun gje' chin de |
| nítido (adj) | ထင်ရှားပြတ်သားသော | htin sha: bja' tha: de |
| nitidez (f) | ထင်ရှားပြတ်သားမှု | htin sha: bja' tha: hmu. |

| contraste (m) | ခြားနားချက် | hpja: na: gje' |
| contrastante (adj) | မတူညီသော | ma. du nji de. |

| retrato (m) | ပုံ | poun |
| negativo (m) | နက်ဂတစ် | ne' ga ti' |
| filme (m) | ဖလင် | hpa. lin |
| fotograma (m) | ဘောင် | baun |
| imprimir (vt) | ပရင့်ထုတ်သည် | pa. jin. dou' te |

## 138. Praia. Natação

| | | |
|---|---|---|
| praia (f) | ကမ်းခြေ | kan: gjei |
| areia (f) | သဲ | the: |
| deserto (adj) | လူသူကင်းမဲ့သော | lu dhu gin: me. de. |
| bronzeado (m) | နေကြောင့်- အသားရောင်ညှိုခြင်း | nei gjaun.- atha: jaun njou gjin: |
| bronzear-se (vr) | နေတာလှုံသည် | nei za hloun de |
| bronzeado (adj) | အသားညှိုသော | atha: njou de. |
| protetor (m) solar | နေပူစင်လိမ်းဆေး | nei bu gan lein: zei: |
| biquíni (m) | ဘီကီနီ | bi ki ni |
| maiô (m) | ရေကူးဝတ်စုံ | jei ku: wa' zoun |
| calção (m) de banho | ယောက်ျားရေဝတ်ဘောင်းဘီတို | jau' kja: wu' baun: bi dou |
| piscina (f) | ရေကူးကန် | jei ku: gan |
| nadar (vi) | ရေကူးသည် | jei ku: de |
| chuveiro (m), ducha (f) | ရေပန်း | jei ban: |
| mudar, trocar (vt) | အဝတ်လဲသည် | awu' le: de |
| toalha (f) | တဘက် | tabe' |
| barco (m) | လှေ | hlei |
| lancha (f) | မော်တော်ဘုတ် | mo to bou' |
| esqui (m) aquático | ရေလွှာလျှောစီးအပြား | jei hlwa sho: apja: |
| barco (m) de pedais | ယက်ဘီးတပ်လှေ | je' bi: da' hlei |
| surf, surfe (m) | ရေလွှာလိုင်း | jei hlwa hlain: |
| surfista (m) | ရေလွှာလိုင်းစီးသူ | jei hlwa hlain: zi: dhu |
| equipamento (m) de mergulho | စကူဘာဆက် | sakuba ze' |
| pé (m pl) de pato | ခြေဘာရေယက်ပြား | jo ba jei je' pja: |
| máscara (f) | မျက်နှာဖုံး | mje' hna boun: |
| mergulhador (m) | ရေငုပ်သမား | jei ngou' tha ma: |
| mergulhar (vi) | ရေငုပ်သည် | jei ngou' te |
| debaixo d'água | ရေအောက် | jei au' |
| guarda-sol (m) | ကမ်းခြေထီး | kan: gjei hti: |
| espreguiçadeira (f) | ပက်လက်ကုလားထိုင် | pje' le' ku. la: din |
| óculos (m pl) de sol | နေကာမျက်မှန် | nei ga mje' hman |
| colchão (m) de ar | လေထိုးအိပ်ယာ | lei dou: i' ja |
| brincar (vi) | ကစားသည် | gaza: de |
| ir nadar | ရေကူးသည် | jei ku: de |
| bola (f) de praia | ဘောလုံး | bo loun: |
| encher (vt) | လေထိုးသည် | lei dou: de |
| inflável (adj) | လေထိုးနိုင်သော | lei dou: nain de. |
| onda (f) | လှိုင်း | hlain: |
| boia (f) | ရေကြောင်းပြဇော်ယာ | jei gjaun: bja. bo: ja |
| afogar-se (vr) | ရေနစ်သည် | jei ni' te |
| salvar (vt) | ကယ်ဆယ်သည် | ke ze de |
| colete (m) salva-vidas | အသက်ကယ်အင်္ကျီ | athe' kai in: gji |

| | | |
|---|---|---|
| observar (vt) | စောင့်ကြည့်သည် | saun. gji. de |
| salva-vidas (pessoa) | ကယ်ဆယ်သူ | ke ze dhu |

# EQUIPAMENTO TÉCNICO. TRANSPORTES

## Equipamento técnico. Transportes

### 139. Computador

| | | |
|---|---|---|
| computador (m) | ကွန်ပျူတာ | kun pju ta |
| computador (m) portátil | လပ်တော့ | la' to. |
| | | |
| ligar (vt) | ဖွင့်သည် | hpwin. de |
| desligar (vt) | ပိတ်သည် | pei' te |
| | | |
| teclado (m) | ကီးဘုတ် | kji: bou' |
| tecla (f) | ကီး | kji: |
| mouse (m) | မောက်စ် | mau's |
| tapete (m) para mouse | မောက်စ်အောက်ခံပြား | mau's au' gan bja: |
| | | |
| botão (m) | ခလုတ် | khalou' |
| cursor (m) | ညွှန်းမြား | hnjun: ma: |
| | | |
| monitor (m) | မော်နီတာ | mo ni ta |
| tela (f) | မွန်သားပြင် | hman dha: bjin |
| | | |
| disco (m) rígido | ဟွတ်ဒစ်-အချက်အလက် | ha' di' akja' ale' |
| | သိမ်းပစ္စည်း | thein: bji' si: |
| capacidade (f) do disco rígido | ဟတ်ဒစ်သိုလှောင်နိုင်မှု | ha' di' thou laun nain hmu. |
| memória (f) | မှတ်ဉာက် | hma' njan |
| memória RAM (f) | ရမ် | ran |
| | | |
| arquivo (m) | ဖိုင် | hpain |
| pasta (f) | စာတွဲဖိုင် | sa dwe: bain |
| abrir (vt) | ဖွင့်သည် | hpwin. de |
| fechar (vt) | ပိတ်သည် | pei' te |
| | | |
| salvar (vt) | သိမ်းဆည်းသည် | thain: zain: de |
| deletar (vt) | ဖျက်သည် | hpje' te |
| copiar (vt) | မိတ္တူကူးသည် | mi' tu gu: de |
| ordenar (vt) | ခွဲသည် | khwe: de |
| copiar (vt) | ပြန်ကူးသည် | pjan gu: de |
| | | |
| programa (m) | ပရိုဂရမ် | pa. jou ga. jan |
| software (m) | ဆော့ဖ်ဝဲ | hso. hp we: |
| programador (m) | ပရိုဂရမ်မာ | pa. jou ga. jan ma |
| programar (vt) | ပရိုဂရမ်ရေးသည် | pa. jou ga. jan jei: de |
| | | |
| hacker (m) | ဟက်ကာ | he' ka |
| senha (f) | စကားဝှက် | zaga: hwe' |
| vírus (m) | ဗိုင်းရပ်စ် | bain ja's |
| detectar (vt) | ရှာဖွေသည် | sha hpwei de |

| | | |
|---|---|---|
| byte (m) | ဘိုက် | bai' |
| megabyte (m) | မီဂါဘိုက် | mi ga bai' |

| | | |
|---|---|---|
| dados (m pl) | အချက်အလက် | ache' ale' |
| base (f) de dados | ဒေတာဘေ့စ် | dei da bei. s |

| | | |
|---|---|---|
| cabo (m) | ကေဘယ်ကြိုး | kei be kjou: |
| desconectar (vt) | ဖြုတ်သည် | hpjei: de |
| conectar (vt) | တပ်သည် | ta' te |

## 140. Internet. E-mail

| | | |
|---|---|---|
| internet (f) | အင်တာနက် | in ta na' |
| browser (m) | ဘရောက်ဆာ | ba. jau' hsa |
| motor (m) de busca | ဆာ့ချ်အင်ဂျင် | hsa. ch in gjin |
| provedor (m) | ပံ့ပိုးသူ | pan. bou: dhu |

| | | |
|---|---|---|
| webmaster (m) | ဝဘ်မာစတာ | we' sai' ma sa. ta |
| website (m) | ဝဘ်ဆိုက် | we' sai' |
| web page (f) | ဝဘ်ဆိုဒ်စာမျက်နှာ | we' sai' sa mje' hna |

| | | |
|---|---|---|
| endereço (m) | လိပ်စာ | lei' sa |
| livro (m) de endereços | လိပ်စာမှတ်စု | lei' sa hmat' su. |

| | | |
|---|---|---|
| caixa (f) de correio | စာတိုက်ပုံး | sa dai' poun: |
| correio (m) | စာ | sa |
| cheia (caixa de correio) | ပြည့်သော | pjei. de. |

| | | |
|---|---|---|
| mensagem (f) | သတင်း | dhadin: |
| mensagens (f pl) recebidas | အဝင်သတင်း | awin dha din: |
| mensagens (f pl) enviadas | အထွက်သတင်း | a htwe' tha. din: |

| | | |
|---|---|---|
| remetente (m) | ပို့သူ | pou. dhu |
| enviar (vt) | ပို့သည် | pou. de |
| envio (m) | ပို့ခြင်း | pou. gjin: |

| | | |
|---|---|---|
| destinatário (m) | လက်ခံသူ | le' khan dhu |
| receber (vt) | လက်ခံရရှိသည် | le' khan ja. shi. de |

| | | |
|---|---|---|
| correspondência (f) | စာအဆက်အသွယ် | sa ahse' athwe |
| corresponder-se (vr) | စာပေးစာယူလုပ်သည် | sa pei: za ju lou' te |

| | | |
|---|---|---|
| arquivo (m) | ဖိုင် | hpain |
| fazer download, baixar (vt) | ဒေါင်းလော့ဒ်လုပ်သည် | daun: lo. d lou' de |
| criar (vt) | ဖန်တီးသည် | hpan di: de |
| deletar (vt) | ဖျက်သည် | hpje' te |
| deletado (adj) | ဖျက်ပြီးသော | hpje' pji: de. |

| | | |
|---|---|---|
| conexão (f) | ဆက်သွယ်မှု | hse' thwe hmu. |
| velocidade (f) | နှုန်း | hnun: |
| modem (m) | မိုဒမ်း | mou dan: |
| acesso (m) | ဝင်လမ်း | win lan |
| porta (f) | ဝဲဘက် | we: be' |
| conexão (f) | အချိတ်အဆက် | achei' ahse' |

| | | |
|---|---|---|
| conectar (vi) | ရှိတ်ဆက်သည် | chei' hse' te |
| escolher (vt) | ရွေးချယ်သည် | jwei: che de |
| buscar (vt) | ရှာသည် | sha de |

# Transportes

## 141. Avião

| | | |
|---|---|---|
| avião (m) | လေယာဉ် | lei jan |
| passagem (f) aérea | လေယာဉ်လက်မှတ် | lei jan le' hma' |
| companhia (f) aérea | လေကြောင်း | lei gjaun: |
| aeroporto (m) | လေဆိပ် | lei zi' |
| supersônico (adj) | အသံထက်မြန်သော | athan de' mjan de. |
| comandante (m) do avião | လေယာဉ်မှူး | lei jan hmu: |
| tripulação (f) | လေယာဉ်အမှုထမ်းအဖွဲ့ | lei jan ahmu. dan: ahpwe. |
| piloto (m) | လေယာဉ်မောင်းသူ | lei jan maun dhu |
| aeromoça (f) | လေယာဉ်မယ် | lei jan me |
| copiloto (m) | လေကြောင်းပြ | lei gjaun: bja. |
| asas (f pl) | လေယာဉ်တောင်ပံ | lei jan daun ban |
| cauda (f) | လေယာဉ်အမြီး | lei jan amji: |
| cabine (f) | လေယာဉ်မောင်းအခန်း | lei jan maun akhan: |
| motor (m) | အင်ဂျင် | in gjin |
| trem (m) de pouso | အောက်ခံဘောင် | au' khan baun |
| turbina (f) | တာဘိုင် | ta bain |
| hélice (f) | ပန်ကာ | pan ga |
| caixa-preta (f) | ဘလက်ဘောက် | ba. le' bo' |
| coluna (f) de controle | ပဲ့ကိုင်ဘီး | pe. gain bi: |
| combustível (m) | လောင်စာ | laun za |
| instruções (f pl) de segurança | အရေးပေါ် လုံခြုံရေး<br>ညွှန်ကြားစာ | ajei: po' choun loun jei:<br>hnjun gja: za |
| máscara (f) de oxigênio | အောက်ဆီဂျင်မျက်နှာဖုံး | au' hsi gjin mje' hna hpoun: |
| uniforme (m) | ယူနီဖောင်း | ju ni hpaun: |
| colete (m) salva-vidas | အသက်ကယ်အင်္ကျီ | athe' kai in: gji |
| paraquedas (m) | လေထီး | lei di: |
| decolagem (f) | ထွက်ခွာခြင်း | htwe' khwa gjin: |
| descolar (vi) | ပျံတက်သည် | pjan de' te |
| pista (f) de decolagem | လေယာဉ်ပြေးလမ်း | lei jan bei: lan: |
| visibilidade (f) | မြင်ကွင်း | mjin gwin: |
| voo (m) | ပျံသန်းခြင်း | pjan dan: gjin: |
| altura (f) | အမြင့် | amjin. |
| poço (m) de ar | လေမငြိမ်အရပ် | lei ma ngjin aja' |
| assento (m) | ထိုင်ခုံ | htain goun |
| fone (m) de ouvido | နားကြပ် | na: kja' |
| mesa (f) retrátil | ခေါက်စားပွဲ | khau' sa: bwe: |
| janela (f) | လေယာဉ်ပြတင်းပေါက် | lei jan bja. din: bau' |
| corredor (m) | မင်းလမ်း | min: lan: |

## 142. Comboio

| Português | Birmanês | Pronúncia |
|---|---|---|
| trem (m) | ရထား | jatha: |
| trem (m) elétrico | လျပ်စစ်ဓာတ်အားသုံးရထား | hlja' si' da' a: dhou: ja da: |
| trem (m) | အမြန်ရထား | aman ja. hta: |
| locomotiva (f) diesel | ဒီဇယ်ရထား | di ze ja da: |
| locomotiva (f) a vapor | ရေနွေးငွေ့စက်ခေါင်း | jei nwei: ngwei. ze' khaun: |
| | | |
| vagão (f) de passageiros | အတွဲ | atwe: |
| vagão-restaurante (m) | စားသောက်တွဲ | sa: thau' thwe: |
| | | |
| carris (m pl) | ရထားသံလမ်း | jatha dhan lan: |
| estrada (f) de ferro | ရထားလမ်း | jatha: lan: |
| travessa (f) | ဇလီဖားဝုံး | zali ba: doun |
| | | |
| plataforma (f) | စကြံ | sin gjan |
| linha (f) | ရထားစကြံ | jatha zin gjan |
| semáforo (m) | မီးပွိုင့် | mi: bwain. |
| estação (f) | ဘူတာရုံ | bu da joun |
| | | |
| maquinista (m) | ရထားမောင်းသူ | jatha: maun: dhu |
| bagageiro (m) | အထမ်းသမား | a htan: dha. ma: |
| hospedeiro, -a (m, f) | အဆောင့် | asaun. |
| passageiro (m) | ခရီးသည် | khaji: de |
| revisor (m) | လက်မှတ်စစ်ဆေးသူ | le' hma' ti' hsei: dhu: |
| | | |
| corredor (m) | ကော်ရစ်ဒါ | ko ji' ta |
| freio (m) de emergência | အရေးပေါ်ဘရိတ် | ajei: po' ba ji' |
| | | |
| compartimento (m) | အခန်း | akhan: |
| cama (f) | အိပ်ခင် | ei' zin |
| cama (f) de cima | အပေါ်ထပ်အိပ်ခင် | apo htap ei' sin |
| cama (f) de baixo | အောက်ထပ်အိပ်ခင် | au' hta' ei' sin |
| roupa (f) de cama | အိပ်ရာခင်း | ei' ja khin: |
| | | |
| passagem (f) | လက်မှတ် | le' hma' |
| horário (m) | အချိန်ဇယား | achein zaja: |
| painel (m) de informação | အချက်အလက်ပြနေရာ | ache' ale' pja. nei ja |
| | | |
| partir (vt) | ထွက်ခွါသည် | htwe' khwa de |
| partida (f) | အထွက် | a htwe' |
| chegar (vi) | ဆိုက်ရောက်သည် | hseu' jau' de |
| chegada (f) | ဆိုက်ရောက်ရာ | hseu' jau' ja |
| | | |
| chegar de trem | မီးရထားဖြင့်ရောက်ရှိသည် | mi: ja. da: bjin. jau' shi. de |
| pegar o trem | မီးရထားစီးသည် | mi: ja. da: zi: de |
| descer de trem | မီးရထားမှဆင်းသည် | mi: ja. da: hma. zin: de |
| | | |
| acidente (m) ferroviário | ရထားတိုက်ခြင်း | jatha: dai' chin: |
| descarrilar (vi) | ရထားလမ်းချော်သည် | jatha: lan: gjo de |
| | | |
| locomotiva (f) a vapor | ရေနွေးငွေ့စက်ခေါင်း | jei nwei: ngwei. ze' khaun: |
| foguista (m) | မီးထိုးသမား | mi: dou: dhama: |
| fornalha (f) | မီးဖို | mi: bou |
| carvão (m) | ကျောက်မီးသွေး | kjau' mi dhwei: |

## 143. Barco

| | | |
|---|---|---|
| navio (m) | သင်္ဘော | thin: bo: |
| embarcação (f) | ရေယာဉ် | jei jan |
| barco (m) a vapor | မီးသင်္ဘော | mi: dha. bo: |
| barco (m) fluvial | အပျော်စီးမော်တော်ဘုတ်ငယ် | apjo zi: mo do bou' nge |
| transatlântico (m) | ပင်လယ်အပျော်စီးသင်္ဘော | pin le apjo zi: dhin: bo: |
| cruzeiro (m) | လေယာဉ်တင်သင်္ဘော | lei jan din |
| iate (m) | အပျော်စီးရွက်လှေ | apjo zi: jwe' hlei |
| rebocador (m) | ဆွဲသင်္ဘော | hswe: thin: bo: |
| barcaça (f) | ဖောင် | hpaun |
| ferry (m) | ကူးတို့သင်္ဘော | gadou. thin: bo: |
| veleiro (m) | ရွက်သင်္ဘော | jwe' thin: bo: |
| bergantim (m) | ရွက်လှေ | jwe' hlei |
| quebra-gelo (m) | ရေခဲပြင်ခွဲသင်္ဘော | jei ge: bjin gwe: dhin: bo: |
| submarino (m) | ရေငုပ်သင်္ဘော | jei ngou' thin: bo: |
| bote, barco (m) | လှေ | hlei |
| baleeira (bote salva-vidas) | ရော်ဘာလှေ | jo ba hlei |
| bote (m) salva-vidas | အသက်ကယ်လှေ | athe' kai hlei |
| lancha (f) | မော်တော်ဘုတ် | mo to bou' |
| capitão (m) | ရေယာဉ်မှူး | jei jan hmu: |
| marinheiro (m) | သင်္ဘောသား | thin: bo: dha: |
| marujo (m) | သင်္ဘောသား | thin: bo: dha: |
| tripulação (f) | သင်္ဘောအမှုထမ်းအဖွဲ့ | thin: bo: ahmu. htan: ahpwe. |
| contramestre (m) | ရေတပ်အရာရှိငယ် | jei da' aja shi. nge |
| grumete (m) | သင်္ဘောသားကလေး | thin: bo: dha: galei: |
| cozinheiro (m) de bordo | ထမင်းချက် | htamin: gje' |
| médico (m) de bordo | သင်္ဘောဆရာဝန် | thin: bo: zaja wun |
| convés (m) | သင်္ဘောကုန်းပတ် | thin: bo: koun: ba' |
| mastro (m) | ရွက်တိုင် | jwe' tai' |
| vela (f) | ရွက် | jwe' |
| porão (m) | ဝမ်းတွင်း | wan: twin: |
| proa (f) | ဦးစွန်း | u: zun: |
| popa (f) | ပဲ့ပိုင်း | pe. bain: |
| remo (m) | လှော်တက် | hlo de' |
| hélice (f) | သင်္ဘောပန်ကာ | thin: bo: ban ga |
| cabine (m) | သင်္ဘောပေါ်မှအခန်း | thin: bo: bo hma. aksan: |
| sala (f) dos oficiais | အရာရှိများရိပ်သာ | aja shi. mja: jin dha |
| sala (f) das máquinas | စက်ခန်း | se' khan: |
| ponte (m) de comando | ကွပ်ကဲခန်း | ku' ke: khan: |
| sala (f) de comunicações | ရေဒီယိုခန်း | rei di jou gan: |
| onda (f) | လှိုင်း | hlain: |
| diário (m) de bordo | မှတ်တမ်းစာအုပ် | hma' tan: za ou' |
| luneta (f) | အဝေးကြည့်မှန်ပြောင်း | awei: gji. hman bjaun: |
| sino (m) | ခေါင်းလောင်း | gaun: laun: |

| bandeira (f) | အလံ | alan |
| cabo (m) | သင်္ဘောသားလွန်ကြီး | thin: bo: dhaun: lun gjou: |
| nó (m) | ကြိုးထုံး | kjou: htoun: |

| corrimão (m) | လက်ရန်း | le' jan |
| prancha (f) de embarque | သင်္ဘောကုန်းပေါင် | thin: bo: koun: baun |

| âncora (f) | ကျောက်ဆူး | kjau' hsu: |
| recolher a âncora | ကျောက်ဆူးနုတ်သည် | kjau' hsu: nou' te |
| jogar a âncora | ကျောက်ချသည် | kjau' cha. de |
| amarra (corrente de âncora) | ကျောက်ဆူးကြိုး | kjau' hsu: kjou: |

| porto (m) | ဆိပ်ကမ်း | hsi' kan: |
| cais, amarradouro (m) | သင်္ဘောဆိပ် | thin: bo: zei' |
| atracar (vi) | ဆိုက်ကပ်သည် | hseu' ka' de |
| desatracar (vi) | ၐွန့်ပစ်သည် | sun. bi' de |

| viagem (f) | ခရီးထွက်ခြင်း | khaji: htwe' chin: |
| cruzeiro (m) | အပျော်ခရီး | apjo gaji: |
| rumo (m) | ဦးတည်ရာ | u: ti ja |
| itinerário (m) | လမ်းကြောင်း | lan: gjaun: |

| canal (m) de navegação | သင်္ဘောရေကြောင်း | thin: bo: jei gjaun: |
| banco (m) de areia | ရေတိမ်ပိုင်း | jei dein bain: |
| encalhar (vt) | ကမ်းကပ်သည် | kan ka' te |

| tempestade (f) | မုန်တိုင်း | moun dain: |
| sinal (m) | အချက်ပြ | ache' pja. |
| afundar-se (vr) | နစ်မြုပ်သည် | ni' mjou' te |
| Homem ao mar! | လူရေထဲကျ | lu jei de: gja |
| SOS | အက်စ်အိုအက်စ် | e's o e's |
| boia (f) salva-vidas | အသက်ကယ်ဘော | athe' kai bo |

## 144. Aeroporto

| aeroporto (m) | လေဆိပ် | lei zi' |
| avião (m) | လေယာဉ် | lei jan |
| companhia (f) aérea | လေကြောင်း | lei gjaun: |
| controlador (m) de tráfego aéreo | လေကြောင်းထိန်း | lei kjaun: din: |

| partida (f) | ထွက်ခွာရာ | htwe' khwa ja |
| chegada (f) | ဆိုက်ရောက်ရာ | hseu' jau' ja |
| chegar (vi) | ဆိုက်ရောက်သည် | hsai' jau' te |

| hora (f) de partida | ထွက်ခွာချိန် | htwe' khwa gjein |
| hora (f) de chegada | ဆိုက်ရောက်ချိန် | hseu' jau' chein |

| estar atrasado | နောက်ကျသည် | nau' kja. de |
| atraso (m) de voo | လေယာဉ်နောက်ကျခြင်း | lei jan nau' kja. chin: |

| painel (m) de informação | လေယာဉ်ခရီးစဉ်ပြဘုတ် | lei jan ga. ji: zi bja. bou' |
| informação (f) | သတင်းအချက်အလက် | dhadin: akje' ale' |
| anunciar (vt) | ကြေငြာသည် | kjei nja de |

| | | |
|---|---|---|
| voo (m) | ပျံသန်းမှု | pjan dan: hmu. |
| alfândega (f) | အကောက်ဆိပ် | akau' hsein |
| funcionário (m) da alfândega | အကောက်ခွန်အရာရှိ | akau' khun aja shi. |

| | | |
|---|---|---|
| declaração (f) alfandegária | အကောက်ခွန်ကြေငြာချက် | akau' khun gjei nja gje' |
| preencher (vt) | လျှောက်လွှာဖြည့်သည် | shau' hlwa bji. de |
| preencher a declaração | သယ်ယူပစ္စည်းစာရင်းကြေညာသည် | the ju pji' si: zajin: kjei nja de |
| controle (m) de passaporte | ပတ်စပို့ထိန်းချုပ်မှု | pa's pou. htein: gju' hmu. |

| | | |
|---|---|---|
| bagagem (f) | ဝန်စည်စလယ် | wun zi za. li |
| bagagem (f) de mão | လက်ဆွဲပစ္စည်း | le' swe: pji' si: |
| carrinho (m) | ပစ္စည်းတင်သည့်လှည်း | pji' si: din dhe. hle: |

| | | |
|---|---|---|
| pouso (m) | ဆင်းသက်ခြင်း | hsin: dha' chin: |
| pista (f) de pouso | အဆင်းလမ်း | ahsin: lan: |
| aterrissar (vi) | ဆင်းသက်သည် | hsin: dha' te |
| escada (f) de avião | လေယာဉ်လှေကား | lei jan hlei ka: |

| | | |
|---|---|---|
| check-in (m) | စာရင်းသွင်းခြင်း | sajin: dhwin: gjin: |
| balcão (m) do check-in | စာရင်းသွင်းကောင်တာ | sajin: gaun da |
| fazer o check-in | စာရင်းသွင်းသည် | sajin: dhwin: de |
| cartão (m) de embarque | လေယာဉ်ပေါ်တက်ခွင့်လက်မှတ် | lei jan bo de' khwin. le' hma' |
| portão (m) de embarque | လေယာဉ်ထွက်ခွာရာဂိတ် | lei jan dwe' khwa ja gei' |

| | | |
|---|---|---|
| trânsito (m) | အကူးအပြောင်း | aku: apjaun: |
| esperar (vi, vt) | စောင့်သည် | saun. de |
| sala (f) de espera | ထွက်ခွာရာခန်းမ | htwe' kha ja gan: ma. |
| despedir-se (acompanhar) | လိုက်ပို့သည် | lai' bou. de |
| despedir-se (dizer adeus) | နှုတ်ဆက်သည် | hnou' hsei' te |

## 145. Bicicleta. Motocicleta

| | | |
|---|---|---|
| bicicleta (f) | စက်ဘီး | se' bi: |
| lambreta (f) | ဆိုင်ကယ်အပေါ့စား | hsain ge apau. za: |
| moto (f) | ဆိုင်ကယ် | hsain ge |

| | | |
|---|---|---|
| ir de bicicleta | စက်ဘီးစီးသည် | se' bi: zi: de |
| guidão (m) | လက်ကိုင် | le' kain |
| pedal (m) | ခြေနင်း | chei nin: |
| freios (m pl) | ဘရိတ် | ba. rei' |
| banco, selim (m) | စက်ဘီးထိုင်ခုံ | se' bi: dai' goun |

| | | |
|---|---|---|
| bomba (f) | လေထိုးတံ | lei dou: tan |
| bagageiro (m) de teto | နောက်တွဲထိုင်ခုံ | nau twe: dain goun |
| lanterna (f) | ရှေ့မီး | shei. mi: |
| capacete (m) | ဟယ်မက်ဦးထုပ် | he: l me u: htou' |

| | | |
|---|---|---|
| roda (f) | ဘီး | bi: |
| para-choque (m) | ဘီးကာ | bi: ga |
| aro (m) | ခွေ | khwei |
| raio (m) | စပုတ်တံ | sapou' tan |

# Carros

| | | |
|---|---|---|
| carro, automóvel (m) | ကား | ka: |
| carro (m) esportivo | ပြိုင်ကား | pjain ga: |

| | | |
|---|---|---|
| limusine (f) | အလွင်းဖြစ်ခံကား | ahla. zi: zin khan ka: |
| todo o terreno (m) | လမ်းကြမ်းမောင်းကား | lan: kjan: maun: ka: |
| conversível (m) | အမိုးခေါက်ကား | amou: gau' ka: |
| minibus (m) | မီနီဘတ်စ် | mi ni ba's |

| | | |
|---|---|---|
| ambulância (f) | လူနာတင်ကား | lu na din ga: |
| limpa-neve (m) | နှင်းကောက်ကား | hnin: go: ga: |

| | | |
|---|---|---|
| caminhão (m) | ကုန်တင်ကား | koun din ka: |
| caminhão-tanque (m) | ရေတင်ကား | jei din ga: |
| perua, van (f) | ပစ္စည်းတင်ဗင်ကား | pji' si: din bin ga: |
| caminhão-trator (m) | နောက်တွဲပါကုန်တင်ယာဉ် | nau' twe: ba goun din jan |
| reboque (m) | နောက်တွဲယာဉ် | nau' twe: jan |

| | | |
|---|---|---|
| confortável (adj) | သက်တောင့်သက်သာဖြစ်သော | the' taun. the' tha hpji' te. |
| usado (adj) | တစ်ပတ်ရစ် | ti' pa' ji' |

| | | |
|---|---|---|
| capô (m) | စက်ခေါင်းအဖုံး | se' khaun: ahpoun: |
| para-choque (m) | ရှ့ကာ | shwan. ga |
| teto (m) | ကားခေါင်မိုး | ka: gaun mou: |

| | | |
|---|---|---|
| para-brisa (m) | လေကာမှန် | lei ga hman |
| retrovisor (m) | နောက်ကြည့်မှန် | nau' kje. hman |
| esguicho (m) | လေကာမှန်ဝါရှာ | lei ga hman wa sha |
| limpadores (m) de para-brisas | လေကာမှန်ရေသုတ်တံ | lei ga hman jei thou' tan |

| | | |
|---|---|---|
| vidro (m) lateral | ဘေးတံခါးမှန် | bei: dan ga: hman |
| elevador (m) do vidro | တံခါးဆလှတ် | daga: kha lou' |
| antena (f) | အင်တန်နာတိုင် | in tan na tain |
| teto (m) solar | နေကာမှန် | nei ga hman |

| | | |
|---|---|---|
| para-choque (m) | ကားဘန်ပါ | ka: ban ba |
| porta-malas (f) | ပစ္စည်းခန်း | pji' si: khan: |
| bagageira (f) | ခေါင်မိုးပစ္စည်းတင်စင် | gaun mou: pji' si: din zin |
| porta (f) | တံခါး | daga: |
| maçaneta (f) | တံခါးလက်ကိုင် | daga: le' kain |
| fechadura (f) | တံခါးသော့ | daga: dho. |
| placa (f) | လိုင်စင်ပြား | lain zin bja: |
| silenciador (m) | အသံထိန်းကိရိယာ | athan dein: gi. ji. ja |

| | | |
|---|---|---|
| tanque (m) de gasolina | ဆီတိုင်ကီ | hsi dain gi |
| tubo (m) de exaustão | အိတ်ဇော | ei' zo: |

| | | |
|---|---|---|
| acelerador (m) | လီဗာ | li ba |
| pedal (m) | ခြေနင်း | chei nin: |
| pedal (m) do acelerador | လီဗာနင်းပြား | li ba nin: bja |

| | | |
|---|---|---|
| freio (m) | ဘရိတ် | ba. rei' |
| pedal (m) do freio | ဘရိတ်နင်ပြား | ba. rei' nin bja: |
| frear (vt) | ဘရိတ်အုပ်သည် | ba. rei' au' te |
| freio (m) de mão | ပါကင်ဘရိတ် | pa gin ba. jei' |

| | | |
|---|---|---|
| embreagem (f) | ကလပ် | kala' |
| pedal (m) da embreagem | ခြေနင်းကလပ် | chei nin: gala' |
| disco (m) de embreagem | ကလပ်ပြား | kala' pja: |
| amortecedor (m) | ရှော့ခ်အစ်ဆော်ဗာ | sho.kh a' hso ba |

| | | |
|---|---|---|
| roda (f) | ဘီး | bi: |
| pneu (m) estepe | အပိုတာယာ | apou daja |
| pneu (m) | တာယာ | ta ja |
| calota (f) | ဘီးဖုံး | bi: boun: |

| | | |
|---|---|---|
| rodas (f pl) motrizes | တွန်းအားပေးသောဘီးများ | tun: a: bei: do: bi: mja: |
| de tração dianteira | ရှေ့ဘီးအံ | shei. bi: oun |
| de tração traseira | ဝင်ရိုးအံ | win jou: oun |
| de tração às 4 rodas | အော်ဝီးလ်ဒရိုက်ဘီးအံ | o: wi: l da. shik bi: oun |

| | | |
|---|---|---|
| caixa (f) de mudanças | ဂီယာဘောက် | gi ja bau' |
| automático (adj) | အလိုအလျောက်ဖြစ်သော | alou aljau' hpji' te. |
| mecânico (adj) | စက်နှင့်ဆိုင်သော | se' hnin. zain de. |
| alavanca (f) de câmbio | ဂီယာတံ | gi ja dan |

| | | |
|---|---|---|
| farol (m) | ရှေ့မီး | shei. mi: |
| faróis (m pl) | ရှေ့မီးများ | shei. mi: mja: |

| | | |
|---|---|---|
| farol (m) baixo | အောက်မီး | au' mi: |
| farol (m) alto | အဝေးမီး | awei: mi: |
| luzes (f pl) de parada | ဘရိတ်မီး | ba. rei' mi: |

| | | |
|---|---|---|
| luzes (f pl) de posição | ပါကင်မီး | pa gin mi: |
| luzes (f pl) de emergência | အရေးပေါ်အချက်ပြမီး | ajei: po' che' pja. mi: |
| faróis (m pl) de neblina | မြူနှင်းအလင်းဖေါက်မီး | hmju hnin: alin: bau' mi: |
| pisca-pisca (m) | အကွေ့အချက်ပြမီး | akwei. ache' pja. mi: |
| luz (f) de marcha ré | နောက်ဘက်အချက်ပြမီး | nau' be' ache' pja. mi: |

## 148. Carros. Habitáculo

| | | |
|---|---|---|
| interior (do carro) | အတွင်းပိုင်း | atwin: bain: |
| de couro | သားရေနှင့်လုပ်ထားသော | tha: jei hnin. lou' hta: de. |
| de veludo | ကတ္တီပါအထူစား | gadi ba ahtu za: |
| estofamento (m) | ကုရှင် | ku shin |

| | | |
|---|---|---|
| indicador (m) | စံပမာဏတိုင်းကိရိယာ | san bamana dain: gi ji ja |
| painel (m) | ဒက်ရှ်ဘုတ် | de' sh bou' |

| | | |
|---|---|---|
| velocímetro (m) | ကားအရှိန်တိုင်းကိရိယာ | ka: ashein dain: ki. ja. ja |
| ponteiro (m) | လက်တံ | le' tan |
| | | |
| hodômetro, odômetro (m) | ခရီးမိုင်တိုင်းကိရိယာ | khaji: main dain: ki. ji. ja |
| indicador (m) | ဒိုင်ခွက် | dain gwa' |
| nível (m) | ရေချိန် | jei gjain |
| luz (f) de aviso | သတိပေးမီး | dhadi. pei: mi: |
| | | |
| volante (m) | လက်ကိုင်ဘီး | le' kain bi: |
| buzina (f) | ဟွန်း | hwun: |
| botão (m) | ခလုတ် | khalou' |
| interruptor (m) | ခလုတ် | khalou' |
| | | |
| assento (m) | ထိုင်ခုံ | htain goun |
| costas (f pl) do assento | နောက်မှီ | nau' mi |
| cabeceira (f) | ခေါင်းမှီ | gaun: hmi |
| cinto (m) de segurança | ထိုင်ခုံခါးပတ် | htain goun ga: pa' |
| apertar o cinto | ထိုင်ခုံခါးပတ်ပတ်သည် | htain goun ga: pa' pa' te |
| ajuste (m) | ချိန်ညှိခြင်း | chein hnji. chin: |
| | | |
| airbag (m) | လေအိတ် | lei i' |
| ar (m) condicionado | လေအေးပေးစက် | lei ei: bei: ze' |
| | | |
| rádio (m) | ရေဒီယို | rei di jou |
| leitor (m) de CD | စီဒီပလေယာ | si di ba. lei ja |
| ligar (vt) | ဖွင့်သည် | hpwin. de |
| antena (f) | အင်တန်နာတိုင် | in tan na tain |
| porta-luvas (m) | ပစ္စည်းထည့်ရန်အံဆွဲ | pji' si: de. jan an ze: |
| cinzeiro (m) | ဆေးလိပ်ပြာခွက် | hsei: lei' pja gwe' |

## 149. Carros. Motor

| | | |
|---|---|---|
| motor (m) | အင်ဂျင် | in gjin |
| a diesel | ဒီဇယ် | di ze |
| a gasolina | ဓါတ်ဆီ | da' hsi |
| | | |
| cilindrada (f) | အင်ဂျင်ထုထည် | in gjin htu. hte |
| potência (f) | စွမ်းအား | swan: a: |
| cavalo (m) de potência | မြင်းကောင်ရေအား | mjin: gaun jei a: |
| pistão (m) | ပစ္စတင် | pji' sa. tin |
| cilindro (m) | ဆလင်ဒါ | hsa. lin da |
| válvula (f) | အဆို့ရှင် | ahsou. shin |
| | | |
| injetor (m) | ထိုးတံ | htou: dan |
| gerador (m) | ဂျင်နရေတာ | gjin na. jei ta |
| carburador (m) | ကာဗရက်တာ | ka ba. je' ta |
| óleo (m) de motor | စက်ဆီ | se' hsi |
| | | |
| radiador (m) | ရေတိုင်ကီ | jei dain gi |
| líquido (m) de arrefecimento | အင်ဂျင်အေးစေသည့်အရည်-ကူးလန့် | in gjin ei: zei dhi. aji - ku: lan. |
| ventilador (m) | အအေးပေးပန်ကာ | aei: bei: ban ga |
| bateria (f) | ဘတ်ထရီ | ba' hta ji |
| dispositivo (m) de arranque | စက်နှိုးကိရိယာ | se' hnou: ki. ji. ja |

| ignição (f) | ီးပေးအိုင်း | mi: bei: apain: |
| vela (f) de ignição | ီးပွားပလတ် | mi: bwa: ba. la' |

| terminal (m) | ဘက်ထရီတိုင်စွန်း | be' hta. ji htei' swan: |
| terminal (m) positivo | ဘက်ထရီအပိုစွန်း | be' hta. ji ahpou zwan: |
| terminal (m) negativo | ဘက်ထရီအမွစွန်း | be' hta. ji ama. zwan: |
| fusível (m) | ဖျူစ် | hpju: s |

| filtro (m) de ar | လေစစ်ကိရိယာ | lei zi' ki. ji. ja |
| filtro (m) de óleo | ဆီစစ်ကိရိယာ | hsi za' ki. ji. ja |
| filtro (m) de combustível | လောင်စာဆီစစ်ကိရိယာ | laun za hsi zi' ki. ji. ja |

## 150. Carros. Batidas. Reparação

| acidente (m) de carro | ကားတိုက်ခြင်း | ka: dou' chin: |
| acidente (m) rodoviário | မတော်တဆလယာဉ်တိုက်မှု | ma. do da. za. jan dai' hmu. |
| bater (~ num muro) | ဝင်တိုက်သည် | win dai' te |
| sofrer um acidente | အရှိန်ပြင်းစွာတိုက်မိသည် | ashein bjin: zwa daik mi. de |
| dano (m) | အပျက်အစီး | apje' asi: |
| intato | မချွတ်ယွင်းသော | ma gjwe' jwin: de. |

| pane (f) | စက်ချွတ်ယွင်းခြင်း | se' chu' jwin: gjin: |
| avariar (vi) | စက်ချွတ်ယွင်းသည် | se' chu' jwin: de |
| cabo (m) de reboque | လွန်ကြိုးကြိုး | lun gjou: gji: |

| furo (m) | ဘီးပေါက်ခြင်း | bi: bau' chin: |
| estar furado | ပြားကပ်သွားသည် | pja: ga' thwa: de |
| encher (vt) | လေထိုးသည် | lei dou: de |
| pressão (f) | ဖိအား | hpi. a: |
| verificar (vt) | စစ်ဆေးသည် | si' hsei: de |

| reparo (m) | ပြင်ခြင်း | pjin gjin: |
| oficina (f) automotiva | ကားပြင်ဆိုင် | ka: bjin zain |
| peça (f) de reposição | စက်အပိုပစ္စည်း | se' apou pji' si: |
| peça (f) | အစိတ်အပိုင်း | asei' apain: |

| parafuso (com porca) | မူလီ | mu li |
| parafuso (m) | ဝက်အူ | we' u |
| porca (f) | မူလီခေါင်း | mu li gaun: |
| arruela (f) | ဝါရှာ | wa sha |
| rolamento (m) | ဘယ်ယာရင် | be ja jin |

| tubo (m) | ပိုက် | pai' |
| junta, gaxeta (f) | ဆက်ရာတိုဖုံးသည့်ကွင်း | hse' ja gou boun: dhe. gwin: |
| fio, cabo (m) | ဝိုင်ယာကြိုး | wain ja gjou: |

| macaco (m) | ဂျက် | gjou' |
| chave (f) de boca | ခွ | khwa. |
| martelo (m) | တူ | tu |
| bomba (f) | လေထိုးစက် | lei dou: ze' |
| chave (f) de fenda | ဝက်အူလှည့် | we' u hli. |

| extintor (m) | ီးသတ်ဘူး | mi: tha' bu: |
| triângulo (m) de emergência | ရုပ်သတ်ပေးသော အမှတ်အသား | ja' thati bei: de. ahma' atha: |

| | | |
|---|---|---|
| morrer (motor) | စက် ရုပ်တရက်သေသသည် | se' jou' taja' dhei de |
| paragem, "morte" (f) | အင်ဂျင်စက် သေသွားခြင်း | in gjin sek thei thwa: gjin: |
| estar quebrado | ကျိုးသွားသည် | kjou: dhwa: de |

| | | |
|---|---|---|
| superaquecer-se (vr) | စက်အရမ်းပူသွားသည် | se' ajan: bu dhwa: de |
| entupir-se (vr) | တစ်ဆို့သည် | ti' hsou. de |
| congelar-se (vr) | အေးအောင်လုပ်သည် | ei: aun lou' te |
| rebentar (vi) | ကျိုးပေါက်သည် | kjou: bau' te |

| | | |
|---|---|---|
| pressão (f) | ဖိအား | hpi. a: |
| nível (m) | ရေရှိန် | jei gjain |
| frouxo (adj) | လျော့တိလျော့ရဲဖြစ်သော | ljau. di. ljau. je: hpji' de |

| | | |
|---|---|---|
| batida (f) | အရှိုင် | achoun. |
| ruído (m) | ခေါက်သံ | khau' dhan |
| fissura (f) | အက်ကြောင်း | e' kjaun: |
| arranhão (m) | ခြစ်ရာ | chi' ja |

## 151. Carros. Estrada

| | | |
|---|---|---|
| estrada (f) | လမ်း | lan: |
| autoestrada (f) | အဝေးပြေးလမ်းမကြီး | awei: bjei: lan: ma. gji: |
| rodovia (f) | အမြန်လမ်းမကြီး | aman lan: ma. mji: |
| direção (f) | ဦးတည်ရာ | u: te ja |
| distância (f) | အကွာအဝေး | akwa awei: |

| | | |
|---|---|---|
| ponte (f) | တံတား | dada: |
| parque (m) de estacionamento | ကားပါကင် | ka: pa kin |
| praça (f) | ရင်ပြင် | jin bjin |
| nó (m) rodoviário | အ္ဝေးပြေးလမ်းမကြီးများဆုံရာ | awei: bjei: lan: ma. gji: mja: zoun ja |
| túnel (m) | ဥမင်လိုဏ်ခေါင်း | u. min lain gaun: |

| | | |
|---|---|---|
| posto (m) de gasolina | ဆီဆိုင် | hsi: zain |
| parque (m) de estacionamento | ကားပါကင် | ka: pa kin |
| bomba (f) de gasolina | ဆီပိုက် | hsi pou' |
| oficina (f) automotiva | ကားပြင်ဆိုင် | ka: bjin zain |
| abastecer (vt) | ဓါတ်ဆီထည့်သည် | da' hsi de. de |
| combustível (m) | လောင်စာ | laun za |
| galão (m) de gasolina | ဓာတ်ဆီပုံး | da' hsi boun: |

| | | |
|---|---|---|
| asfalto (m) | နိုင်လွန်ကတ္တရာ | nain lun ga' taja |
| marcação (f) de estradas | လမ်းအမှတ်အသား | lan: ahma' atha: |
| meio-fio (m) | ပလက်ဖောင်းဘောင် | pa. je' hpaun: baun: |
| guard-rail (m) | လမ်းဘေးအရံအတား | lan: bei: ajan ata: |
| valeta (f) | လမ်းဘေးမြောင်း | lan: bei: mjaun: |
| acostamento (m) | လမ်းဘေးမြေသား | lan: bei: mjei dha: |
| poste (m) de luz | တိုင် | tain |

| | | |
|---|---|---|
| dirigir (vt) | မောင်းနှင်သည် | maun: hnin de |
| virar (~ para a direita) | ကွေ့သည် | kwei. de |
| dar retorno | ကွေ့သည် | kwei. de |
| ré (f) | နောက်ပြန် | nau' pjan |
| buzinar (vi) | ဟွန်းတီးသည် | hwun: di: de |

| buzina (f) | ဟွန်း | hwun: |
| atolar-se (vr) | နစ်သည် | ni' te |
| patinar (na lama) | ဘီးလည်စေသည် | bi: le zei de |
| desligar (vt) | ရပ်သည် | ja' te |

| velocidade (f) | နှုန်း | hnun: |
| exceder a velocidade | သတ်မှတ်နှုန်းထက် ပိုမောင်းသည် | tha' hma' hnoun: de' pou maun: de |
| multar (vt) | ဒဏ်ရှိက်သည် | dan jai' de |
| semáforo (m) | မီးပွိုင့် | mi: bwain. |
| carteira (f) de motorista | ကားလိုင်စင် | ka: lain zin |

| passagem (f) de nível | ရထားလမ်းကူး | jatha: lan: gu: |
| cruzamento (m) | လမ်းဆုံ | lan: zoun |
| faixa (f) | လူကူးမျဉ်းကြား | lu gu: mji: gja: |
| curva (f) | လမ်းချိုး | lan: gjou: |
| zona (f) de pedestres | လမ်းသွားလမ်းလာနေရာ | lan: dhwa: lan: la nei ja |

# PESSOAS. EVENTOS

## Eventos

### 152. Férias. Evento

| | | |
|---|---|---|
| festa (f) | ပျော်ပွဲရွှင်ပွဲ | pjo bwe: shin bwe: |
| feriado (m) nacional | အမျိုးသားနေ့ | amjou: dha: nei. |
| feriado (m) | ပွဲတော်ရက် | pwe: do je' |
| festejar (vt) | အထိမ်းအမှတ်အဖြစ်ကျင်း ပသည် | a htin: ahma' ahpja' kjin: ba. de |

| | | |
|---|---|---|
| evento (festa, etc.) | အဖြစ်အပျက် | a hpji' apje' |
| evento (banquete, etc.) | အစီအစဉ် | asi asin |
| banquete (m) | ဂုဏ်ပြုပွားပွဲ | goun bju za: bwe: |
| recepção (f) | ညှိကြိုနေရာ | e. gjou nei ja |
| festim (m) | စားသောက်ညှံခံပွဲ | sa: thau' e. gan bwe: |

| | | |
|---|---|---|
| aniversário (m) | နှစ်ပတ်လည် | hni' ba' le |
| jubileu (m) | ရတု | jadu. |
| celebrar (vt) | ကျင်းပသည် | kjin: ba. de |

| | | |
|---|---|---|
| Ano (m) Novo | နှစ်သစ်ကူး | hni' thi' ku: |
| Feliz Ano Novo! | ပျော်ရွှင်ဖွယ်နှစ်သစ်ကူး ဖြစ်ပါစေ | pjo shin bwe: hni' ku: hpji' ba zei |
| Papai Noel (m) | ခရစ္စမတ်ဘိုးဘိုး | khari' sa. ma' bou: bou: |

| | | |
|---|---|---|
| Natal (m) | ခရစ္စမတ်ပွဲတော် | khari' sa. ma' pwe: do |
| Feliz Natal! | မယ်ရီခရစ္စမတ် | me ji kha. ji' sa. ma' |
| árvore (f) de Natal | ခရစ္စမတ်သစ်ပင် | khari' sa. ma' thi' pin |
| fogos (m pl) de artifício | မီးရှူးမီးပန်း | mi: shu: mi: ban: |

| | | |
|---|---|---|
| casamento (m) | မင်္ဂလာဆောင်ပွဲ | min ga. la zaun bwe: |
| noivo (m) | သတို့သား | dhadou. tha: |
| noiva (f) | သတို့သမီး | dhadou. thami: |

| | | |
|---|---|---|
| convidar (vt) | ဖိတ်သည် | hpi' de |
| convite (m) | ဖိတ်စာကဒ် | hpi' sa ka' |

| | | |
|---|---|---|
| convidado (m) | ညှည့်သည် | e. dhe |
| visitar (vt) | အိမ်လည်သွားသည် | ein le dhwa: de |
| receber os convidados | ညှည့်သည်ကြိုဆိုသည် | e. dhe gjou zou de |

| | | |
|---|---|---|
| presente (m) | လက်ဆောင် | le' hsaun |
| oferecer, dar (vt) | ပေးသည် | pei: de |
| receber presentes | လက်ဆောင်ရသည် | le' hsaun ja. de |
| buquê (m) de flores | ပန်းစည်း | pan: ze: |
| felicitações (f pl) | ဂုဏ်ပြုခြင်း | goun bju chin: |
| felicitar (vt) | ဂုဏ်ပြုသည် | goun bju de |

| | | |
|---|---|---|
| cartão (m) de parabéns | ဂုဏ်ပြုကဒ် | goun bju ka' |
| enviar um cartão postal | စိုစ်ကဒ်ပေးသည် | pou. s ka' pei: de |
| receber um cartão postal | ပို့စ်ကဒ်လက်ခံရရှိသည် | pou. s ka' le' khan ja. shi. de |
| brinde (m) | ဆုတောင်းဂုဏ်ပြုခြင်း | hsu. daun: goun pju. gjin: |
| oferecer (vt) | ကျွေးသည် | kjwei: de |
| champanhe (m) | ရှန်ပိန် | shan pein |
| divertir-se (vr) | ပျော်ရွှင်သည် | pjo shwin de |
| diversão (f) | ပျော်ရွှင်မှု | pjo shwin hmu |
| alegria (f) | ပျော်ရွှင်ခြင်း | pjo shwin gjin: |
| dança (f) | အက | aka. |
| dançar (vi) | ကသည် | ka de |
| valsa (f) | ဝေါ့လ်အက | wo. z aka. |
| tango (m) | တန်ဂိုအက | tan gou aka. |

## 153. Funerais. Enterro

| | | |
|---|---|---|
| cemitério (m) | သင်္ချိုင်း | thin gjain: |
| sepultura (f), túmulo (m) | အုတ်ဂူ | ou' gu |
| cruz (f) | လက်ဝါးကပ်တိုင်အမှတ်အသား | le' wa: ka' tain ahma' atha: |
| lápide (f) | အုတ်ဂူကျောက်တုံး | ou' gu kjau' toun. |
| cerca (f) | ခြံစည်းရိုး | chan zi: jou: |
| capela (f) | ဝတ်ပြုဆုတောင်းရာနေရာ | wa' pju. u. daun: ja nei ja |
| morte (f) | သေခြင်းတရား | thei gjin: daja: |
| morrer (vi) | ကွယ်လွန်သည် | kwe lun de |
| defunto (m) | ကွယ်လွန်သူ | kwe lun dhu |
| luto (m) | ဝမ်းနည်းဝကြေကွဲခြင်း | wan: ne: gjei gwe gjin: |
| enterrar, sepultar (vt) | မြေမြှုပ်သဂြိုလ်သည် | mjei hmjou' dha. gjoun de |
| funerária (f) | အသုဘရှုန်နေရာ | athu. ba. shu. jan nei ja |
| funeral (m) | ဈာပန | za ba. na. |
| coroa (f) de flores | ပန်းခွေ | pan gwei |
| caixão (m) | ခေါင်း | gaun: |
| carro (m) funerário | နိဗ္ဗာန်ယာဉ် | nei' ban jan |
| mortalha (f) | လူသေပတ်သည့်အဝတ်စ | lu dhei ba' the. awa' za. |
| procissão (f) funerária | အသုဘလှည့်တန်း | athu. ba. in dan: |
| urna (f) funerária | အရိုးပြာအိုး | ajain: bja ou: |
| crematório (m) | မီးသဂြိုလ်ရုံ | mi: dha. gjoun joun |
| obituário (m), necrologia (f) | နာရေးသတင်း | na jei: dha. din: |
| chorar (vi) | ငိုသည် | ngou de |
| soluçar (vi) | ရှိုက်ငိုသည် | shai' ngou de |

## 154. Guerra. Soldados

| | | |
|---|---|---|
| pelotão (m) | တပ်စု | ta' su. |
| companhia (f) | တပ်ခွဲ | ta' khwe: |

| | | |
|---|---|---|
| regimento (m) | တပ်ရင်း | ta' jin: |
| exército (m) | တပ်မတော် | ta' mado |
| divisão (f) | တိုင်းအဆင့် | tain: ahsin. |

| | | |
|---|---|---|
| esquadrão (m) | အထူးစစ်သားအဖွဲ့ငယ် | a htu: za' tha: ahpwe. nge |
| hoste (f) | စစ်တပ်ဖွဲ့ | si' ta' hpwe. |

| | | |
|---|---|---|
| soldado (m) | စစ်သား | si' tha: |
| oficial (m) | အရာရှိ | aja shi. |

| | | |
|---|---|---|
| soldado (m) raso | တပ်သား | ta' tha: |
| sargento (m) | တပ်ကြပ်ကြီး | ta' kja' kji: |
| tenente (m) | ဗိုလ် | bou |
| capitão (m) | ဗိုလ်ကြီး | bou gji |
| major (m) | ဗိုလ်မှူး | bou hmu: |
| coronel (m) | ဗိုလ်မှူးကြီး | bou hmu: gji: |
| general (m) | ဗိုလ်ချုပ် | bou gjou' |

| | | |
|---|---|---|
| marujo (m) | ရေတပ်သား | jei da' tha: |
| capitão (m) | ဗိုလ်ကြီး | bou gji |
| contramestre (m) | သဘောအရာရှိငယ် | thin: bo: aja shi. nge |

| | | |
|---|---|---|
| artilheiro (m) | အမြောက်တပ်သား | amjau' thin de. |
| soldado (m) paraquedista | လေထီးခုန်စစ်သား | lei di: goun zi' tha: |
| piloto (m) | လေယာဉ်မှူး | lei jan hmu: |
| navegador (m) | လေကြောင်းပြ | lei gjaun: bja. |
| mecânico (m) | စက်ပြင်ဆရာ | se' pjin zaja |
| sapador-mineiro (m) | မိုင်းရှင်းသူ | main: shin: dhu |
| paraquedista (m) | လေထီးခုန်သူ | lei di: goun dhu |
| explorador (m) | ကင်းထောက် | kin: dau' |
| atirador (m) de tocaia | လက်ဖြောင့်စစ်သား | le' hpaun. zi' tha: |

| | | |
|---|---|---|
| patrulha (f) | လှည့်ကင်း | hle. kin: |
| patrulhar (vt) | ကင်းလှည့်သည် | kin: hle. de |
| sentinela (f) | ကင်းသမား | kin: dhama: |

| | | |
|---|---|---|
| guerreiro (m) | စစ်သည် | si' te |
| patriota (m) | မျိုးချစ်သူ | mjou: gji dhu |
| herói (m) | သူရဲကောင်း | thu je: kaun: |
| heroína (f) | အမျိုးသမီးလှ | amjou: dhami: lu |
| | စွမ်းကောင်း | swan: gaun: |

| | | |
|---|---|---|
| traidor (m) | သစ္စာဖောက် | thi' sabau' |
| trair (vt) | သစ္စာဖောက်သည် | thi' sabau' te |

| | | |
|---|---|---|
| desertor (m) | စစ်ပြေး | si' pjei: |
| desertar (vt) | စစ်တပ်မှထွက်ပြေးသည် | si' ta' hma. dwe' pjei: de |

| | | |
|---|---|---|
| mercenário (m) | ကြေးစားစစ်သား | kjei: za za' tha: |
| recruta (m) | တပ်သားသစ် | ta' tha: dhi' |
| voluntário (m) | မိမိဆန္ဒအလျှောက် | mi. mi. i zan da. |
| | အရစ်ထံဝင်သူ | aja. zi' hte: win dhu |

| | | |
|---|---|---|
| morto (m) | တိုက်ပွဲကျသူ | tai' pwe: gja dhu |
| ferido (m) | ဒဏ်ရာရသူ | dan ja ja. dhu |
| prisioneiro (m) de guerra | စစ်သုံ့ပန်း | si' thoun. ban: |

## 155. Guerra. Ações militares. Parte 1

| | | |
|---|---|---|
| guerra (f) | စစ်ပွဲ | si' pwe: |
| guerrear (vt) | စစ်ပွဲဝင်တိုက်ခိုက်သည် | si' pwe: ba win zin hnwe: de |
| guerra (f) civil | ပြည်တွင်းစစ် | pji dwin; zi' |
| | | |
| perfidamente | သစ္စာဖောက်သွေးဖိလျက် | thi' sabau' thwei bi le' |
| declaração (f) de guerra | စစ်ကြေငြာခြင်း | si' kjei nja gjin: |
| declarar guerra | ကြေငြာသည် | kjei nja de |
| agressão (f) | ကျူးကျော်ရန်မှု | kju: gjo jan za. hmu. |
| atacar (vt) | တိုက်ခိုက်သည် | tai' khai' te |
| | | |
| invadir (vt) | ကျူးကျော်ဝင်ရောက်သည် | kju: gjo win jau' te |
| invasor (m) | ကျူးကျော်ဝင်ရောက်သူ | kju: gjo win jau' thu |
| conquistador (m) | အောင်နိုင်သူ | aun nain dhu |
| | | |
| defesa (f) | ကာကွယ်ရေး | ka gwe ei: |
| defender (vt) | ကာကွယ်သည် | ka gwe de |
| defender-se (vr) | ခုခံကာကွယ်သည် | khu. gan ga gwe de |
| | | |
| inimigo (m) | ရန်သူ | jan dhu |
| adversário (m) | ပြိုင်ဘက် | pjain be' |
| inimigo (adj) | ရန်သူ | jan dhu |
| | | |
| estratégia (f) | မဟာဗျူဟာ | maha bju ha |
| tática (f) | ဗျူဟာ | bju ha |
| | | |
| ordem (f) | အမိန့် | amin. |
| comando (m) | အမိန့် | amin. |
| ordenar (vt) | အမိန့်ပေးသည် | amin. bei: de |
| missão (f) | ရည်မှန်းချက် | ji hman: gje' |
| secreto (adj) | လျှို့ဝှက်သော | shou. hwe' te. |
| | | |
| batalha (f) | တိုက်ပွဲငယ် | tai' pwe: nge |
| combate (m) | တိုက်ပွဲ | tai' pwe: |
| | | |
| ataque (m) | တိုက်စစ် | tai' si' |
| assalto (m) | တဟုန်ထိုးတိုက်ခိုက်ခြင်း | tahoun |
| assaltar (vt) | တရှိန်ကြီးတိုက်ခိုက်သည် | tara gjan: dai' khai' te |
| assédio, sítio (m) | ဝန်းရံလုပ်ကြံခြင်း | wun: jan lou' chan gjin: |
| | | |
| ofensiva (f) | ထိုးစစ် | htou: zi' |
| tomar à ofensiva | ထိုးစစ်ဆင်နွှဲသည် | htou: zi' hsin hnwe: de |
| | | |
| retirada (f) | ဆုတ်ခွာခြင်း | hsou' khwa gjin |
| retirar-se (vr) | ဆုတ်ခွာသည် | hsou' khwa de |
| | | |
| cerco (m) | ဝန်းရံဝိုတ်ဆို့ထားခြင်း | wun: jan bei' zou. da: chin: |
| cercar (vt) | ဝန်းရံဝိုတ်ဆို့ထားသည် | wun: jan bei' zou. da: de |
| | | |
| bombardeio (m) | ဗုံးကြဲခြင်း | boun: gje: gja. gjin: |
| lançar uma bomba | ဗုံးကြဲသည် | boun: gje: gja. de |
| bombardear (vt) | ဗုံးတိုက်ခိုက်သည် | boun: gje: dai' khai' te |
| explosão (f) | ပေါက်ကွဲမှု | pau' kwe: hmu. |
| tiro (m) | ပစ်ချက် | pi' che' |

145

| | | |
|---|---|---|
| dar um tiro | ပစ်သည် | pi' te |
| tiroteio (m) | ပစ်ခတ်ခြင်း | pi' che' chin: |
| apontar para ... | ပစ်မှတ်ချိန်သည် | pi' hma' chein de |
| apontar (vt) | ချိန်ရွယ်သည် | chein jwe de |
| acertar (vt) | ပစ်မှတ်ထိသည် | pi' hma' hti. de |
| afundar (~ um navio, etc.) | နစ်မြုပ်သည် | ni' mjou' te |
| brecha (f) | အပေါက် | apau' |
| afundar-se (vr) | နှစ်မြှုပ်သည် | hni' hmjou' te |
| frente (m) | ရှေ့တန်း | shei. dan: |
| evacuação (f) | စစ်ဘေးရှောင်ခြင်း | si' bei: shaun gjin: |
| evacuar (vt) | စစ်ဘေးရှောင်သည် | si' bei: shaun de |
| trincheira (f) | ကတုတ်ကျင်း | gadou kjin: |
| arame (m) enfarpado | သံဆူးကြိုး | than zu: gjou: |
| barreira (f) anti-tanque | အတားအဆီး | ata: ahsi: |
| torre (f) de vigia | မျှော်စင် | hmjo zin |
| hospital (m) militar | ရှေ့တန်းစစ်ဆေးရုံ | shei. dan: zi' zei: joun |
| ferir (vt) | ဒဏ်ရာရသည် | dan ja ja. de |
| ferida (f) | ဒဏ်ရာ | dan ja |
| ferido (m) | ဒဏ်ရာရသူ | dan ja ja. dhu |
| ficar ferido | ဒဏ်ရာရစေသည် | dan ja ja. zei de |
| grave (ferida ~) | ပြင်းထန်သော | pjin: dan dho: |

## 156. Armas

| | | |
|---|---|---|
| arma (f) | လက်နက် | le' ne' |
| arma (f) de fogo | မီးပွင့်သေနတ် | mi: bwin. dhei na' |
| arma (f) branca | ဓါးအမျိုးမျိုး | da: mjou: mjou: |
| arma (f) química | ဓာတုလက်နက် | da tu. le' ne' |
| nuclear (adj) | နျူကလီးယား | nju ka. li: ja: |
| arma (f) nuclear | နျူကလီးယားလက်နက် | nju ka. li: ja: le' ne' |
| bomba (f) | ဗုံး | boun: |
| bomba (f) atômica | အက်တမ်ဗုံး | e' tan boun: |
| pistola (f) | ပစ္စတို | pji' sa. tou |
| rifle (m) | ရိုင်ဖယ် | jain be |
| semi-automática (f) | မောင်းပြန်သေနတ် | maun: bjan dhei na' |
| metralhadora (f) | စက်သေနတ် | se' thei na' |
| boca (f) | ပြောင်းဝ | pjaun: wa. |
| cano (m) | ပြောင်း | pjaun: |
| calibre (m) | သေနတ်ပြောင်းအချင်း | thei na' pjan: achin: |
| gatilho (m) | ခလုတ် | khalou' |
| mira (f) | ချိန်ခွက် | chein kwe' |
| carregador (m) | ကျည်ကပ် | kji ke' |
| coronha (f) | သေနတ်ဒင် | thei na' din |
| granada (f) de mão | လက်ပစ်ဗုံး | le' pi' boun: |

| | | |
|---|---|---|
| explosivo (m) | ပေါက်ကွဲစေသောပစ္စည်း | pau' kwe: zei de. bji' si: |
| bala (f) | ကျည်ဆံ | kji. zan |
| cartucho (m) | ကျည်ဆံ | kji. zan |
| carga (f) | ကျည်ထိုးခြင်း | kji dou: gjin: |
| munições (f pl) | ခဲယမ်းမီးကျောက် | khe: jan: mi: kjau' |
| | | |
| bombardeiro (m) | ဗုံးကြဲလေယာဉ် | boun: gje: lei jin |
| avião (m) de caça | တိုက်လေယာဉ် | tai' lei jan |
| helicóptero (m) | ရဟတ်ယာဉ် | jaha' jan |
| | | |
| canhão (m) antiaéreo | လေယာဉ်ပစ်စက်သေနတ် | lei jan pi' ze' dhei na' |
| tanque (m) | တင့်ကား | tin. ga: |
| canhão (de um tanque) | တင့်အမြောက် | tin. amjau' |
| | | |
| artilharia (f) | အမြောက် | amjau' |
| canhão (m) | ရေးဆေတ်အမြောက် | shei: gi' amjau' |
| fazer a pontaria | ချိန်ရွယ်သည် | chein jwe de |
| | | |
| projétil (m) | အမြောက်ဆံ | amjau' hsan |
| granada (f) de morteiro | မိုင်းပြောင်းကျည် | sein bjaun: gji |
| morteiro (m) | မိုင်းပြောင်း | sein bjaun: |
| estilhaço (m) | ဗုံးစ | boun: za |
| | | |
| submarino (m) | ရေအောက်နှင့်ဆိုင်သော | jei au' hnin. zain de. |
| torpedo (m) | တော်ပီဒို | to pi dou |
| míssil (m) | ဒုံး | doun: |
| | | |
| carregar (uma arma) | ကျည်ထိုးသည် | kji dou: de |
| disparar, atirar (vi) | သေနတ်ပစ်သည် | thei na' pi' te |
| apontar para ... | ချိန်သည် | chein de |
| baioneta (f) | လှံစွပ် | hlan zu' |
| | | |
| espada (f) | ရာပီယာဘားရှည် | ra pi ja da: shei |
| sabre (m) | စစ်သုံးဘားရှည် | si' thoun: da shi |
| lança (f) | လှံ | hlan |
| arco (m) | လေး | lei: |
| flecha (f) | မြား | mja: |
| mosquete (m) | ပြောင်းရှောသေနတ် | pjaun: gjo: dhei na' |
| besta (f) | ဒူးလေး | du: lei: |

## 157. Povos da antiguidade

| | | |
|---|---|---|
| primitivo (adj) | ရှေးဦးကာလ | shei: u: ga la. |
| pré-histórico (adj) | သမိုင်းမတိုင်မီကာလ | thamain: ma. dain mi ga la. |
| antigo (adj) | ရှေးကျသော | shei: gja. de |
| | | |
| Idade (f) da Pedra | ကျောက်ခေတ် | kjau' khi' |
| Idade (f) do Bronze | ကြေးခေတ် | kjei: gei' |
| Era (f) do Gelo | ရေခဲခေတ် | jei ge: gei' |
| | | |
| tribo (f) | မျိုးနွယ်စု | mjou: nwe zu. |
| canibal (m) | လူသားစားလူရိုင်း | lu dha: za: lu jain: |
| caçador (m) | မုဆိုး | mou' hsou: |
| caçar (vi) | အမဲလိုက်သည် | ame' lai' de |

147

| | | |
|---|---|---|
| mamute (m) | အဆွေးရှည်ဆင်ကြီးတစ်မျိုး | ahmwei shei zin kji: ti' mjou: |
| caverna (f) | ဂူ | gu |
| fogo (m) | မီး | mi: |
| fogueira (f) | မီးပုံ | mi: boun |
| pintura (f) rupestre | နံရံဆေးရေးပန်းချီ | nan jan zei: jei: ban: gji |

| | | |
|---|---|---|
| ferramenta (f) | ကိရိယာ | ki. ji. ja |
| lança (f) | လှံ | hlan |
| machado (m) de pedra | ကျောက်ပုဆိန် | kjau' pu. hsain |
| guerrear (vt) | စစ်ပွဲတွင်ဝါဝင်ဆင် နွှဲသည် | si' pwe: dwin ba win zin hnwe: de |
| domesticar (vt) | ယဉ်ပါးစေသည် | jin ba: zei de |

| | | |
|---|---|---|
| ídolo (m) | ရုပ်တု | jou' tu |
| adorar, venerar (vt) | ကိုးကွယ်သည် | kou: kwe de |
| superstição (f) | အယူသီးခြင်း | aju dhi: gjin: |
| ritual (m) | ရိုးရာထုံးတမ်းဓလေ့ | jou: ja doun: dan: da lei. |

| | | |
|---|---|---|
| evolução (f) | ဆင့်ကဲဖြစ်စဉ် | hsin. ke: hpja' sin |
| desenvolvimento (m) | ဖွံ့ဖြိုးတိုးတက်မှု | hpjun. bjou: dou: de' hmu. |
| extinção (f) | ပျောက်ကွယ်ခြင်း | pjau' kwe gjin |
| adaptar-se (vr) | နေသားကျရန်ပြင်ဆင်သည် | nei dha: gja. jan bjin zin de |

| | | |
|---|---|---|
| arqueologia (f) | ရှေးဟောင်းသုတေသန | shei: haun |
| arqueólogo (m) | ရှေးဟောင်းသုတေသန ပညာရှင် | shei: haun thu. dei dha. na. bji nja shin |
| arqueológico (adj) | ရှေးဟောင်းသုတေသန နှိုင်ရာ | shei: haun thu. dei dha. na. zain ja |

| | | |
|---|---|---|
| escavação (sítio) | တူးဖော်ရာနေရာ | tu: hpo ja nei ja |
| escavações (f pl) | တူးဖော်မှုလုပ်ငန်း | tu: hpo hmu. lou' ngan: |
| achado (m) | တွေ့ရှိချက် | twei. shi. gje' |
| fragmento (m) | အပိုင်းအစ | apain: asa. |

## 158. Idade média

| | | |
|---|---|---|
| povo (m) | လူမျိုး | lu mjou: |
| povos (m pl) | လူမျိုး | lu mjou: |
| tribo (f) | မျိုးနွယ်စု | mjou: nwe zu. |
| tribos (f pl) | မျိုးနွယ်စုများ | mjou: nwe zu. mja: |

| | | |
|---|---|---|
| bárbaros (pl) | အရိုင်းအစိုင်းများ | ajou: asain: mja: |
| galeses (pl) | ဂေါလ်လူမျိုးများ | go l lu mjou: mja: |
| godos (pl) | ဂေါ့တ်လူမျိုးများ | go. t lu mjou: mja: |
| eslavos (pl) | စလာဗ်လူမျိုးများ | sala' lu mjou: mja: |
| viquingues (pl) | ဗိုက်ကင်းလူမျိုး | bai' kin: lu mjou: |

| | | |
|---|---|---|
| romanos (pl) | ရောမလူမျိုး | ro: ma. lu mjou: |
| romano (adj) | ရောမနှင့်ဆိုင်သော | ro: ma. hnin. zain de |

| | | |
|---|---|---|
| bizantinos (pl) | ဘိုင်ဇင်တိုင်လူမျိုးများ | bain zin dain lu mjou: mja: |
| Bizâncio | ဘိုင်ဇင်တိုင်အင်ပါယာ | bain zin dain in ba ja |
| bizantino (adj) | ဘိုင်ဇင်တိုင်နှင့်ဆိုင်သော | bain zin dain hnin. zain de. |
| imperador (m) | ဧကရာဇ် | ei gaja' |

líder (m)     ခေါင်းဆောင်     gaun: zaun
poderoso (adj)     အင်အားကြီးသော     in a: kji: de.
rei (m)     ဘုရင်     ba. jin
governante (m)     အုပ်ချုပ်သူ     ou' chou' thu

cavaleiro (m)     ဆာဘွဲ့ရသူရဲကောင်း     hsa bwe. ja. dhu je gaun:
senhor feudal (m)     မြေရှင်ပဒေသရာဇ်     mjei shin badei dhaja'
feudal (adj)     မြေရှင်ပဒေသရာဇ် စနစ်နှင့်ဆိုင်သော     mjei shin badei dhaja' sani' hnin. zain de.
vassalo (m)     မြေကျွန်     mjei gjun

duque (m)     မြို့စားကြီး     mjou. za: gji:
conde (m)     ဗြီတိသျှမှူး မတ်သူရဲကောင်း     bri ti sha hmu: ma' thu je: gaun:
barão (m)     ဘယွန် အမတ်     be jwan ama'
bispo (m)     ဘုန်းတော်ကြီး     hpoun do: gji:

armadura (f)     ချပ်ဝတ်တန်ဆာ     cha' wu' tan za
escudo (m)     ဒိုင်း     dain:
espada (f)     ဓား     da:
viseira (f)     စစ်မျက်နှာကာ     si' mje' na ga
cota (f) de malha     သံဇကာချပ်ဝတ်တန်ဆာ     than za. ga gja' wu' tan za

cruzada (f)     ခရူးဆိုက်ဘာသာရေးစစ်ပွဲ     kha ju: zei' ba dha jei: zi' pwe:
cruzado (m)     ခရူးဆိုက်တိုက်ပွဲဝင်သူ     kha ju: zei' dai' bwe: win dhu

território (m)     နယ်မြေ     ne mjei
atacar (vt)     တိုက်ခိုက်သည်     tai' khai' te
conquistar (vt)     သိမ်းပိုက်စိုးမိုးသည်     thain: bou' sou: mou: de
ocupar, invadir (vt)     သိမ်းပိုက်သည်     thain:

assédio, sítio (m)     ဝန်းရံလုပ်ကြံခြင်း     wun: jan lou' chan gjin:
sitiado (adj)     ဝန်းရံလုပ်ကြံခံရသော     wun: jan lou' chan gan ja. de.
assediar, sitiar (vt)     ဝန်းရံလုပ်ကြံသည်     wun: jan lou' chan de

inquisição (f)     ကာသိုလိပ်ဘုရားကျောင်းတရားစီရင်အဖွဲ့     ka tho li' bou ja: gjan: ta. ja: zi jin ahpwe.
inquisidor (m)     စစ်ကြောမေးမြန်းသူ     si' kjo: mei: mjan: dhu
tortura (f)     ညှင်းပန်းနှိပ်စက်ခြင်း     hnjin: ban: hnei' se' chin:
cruel (adj)     ရက်စက်ကြမ်းကြုတ်သော     je' se' kjan: gjou' te.
herege (m)     ဒိဋ္ဌိ     di hti
heresia (f)     မိစ္ဆာဒိဋ္ဌိ     mei' hsa dei' hti.

navegação (f) marítima     ပင်လယ်ပျော်     pin le bjo
pirata (m)     ပင်လယ်ဓားပြ     pin le da: bja.
pirataria (f)     ပင်လယ်ဓားပြတိုက်ခိုက်ခြင်း     pin le da: bja. tai' chin:
abordagem (f)     လှေကုန်းပေါ်တက်ခိုက်ခြင်း     hlei goun: ba' po dou' hpou' chin:
presa (f), butim (m)     တိုက်ခိုက်ရရှိသောပစ္စည်း     tai' khai' ja. shi. dho: pji' si:
tesouros (m pl)     ရတနာ     jadana

descobrimento (m)     ရှာဖွေရှာဖွေခြင်း     su: zan: sha bwei gjin
descobrir (novas terras)     စူးစမ်းရှာဖွေသည်     su: zan: sha bwei de
expedição (f)     စူးစမ်းလေ့လာရေးခရီး     su: zan: lei. la nei: khaji:
mosqueteiro (m)     မြောင်းဆေရာသောနတ်ကိုင်စစ်သား     pjaun: gjo: dhei na' kain si' tha:

| | | |
|---|---|---|
| cardeal (m) | ရှေ့ဆုံးခရစ်ယာန် ဘုန်းတော်ကြီး | jei bjan: khaji' jan boun: do gji: |
| heráldica (f) | မျိုးရိုးတွဲဝံ့ထိပ် များဆလုလာရှင်းပညာ | mjou: jou: bwe. dan zai' mja: lei. la gjin: pi nja |
| heráldico (adj) | မျိုးရိုးပညာဆလုလာရှင်း နှင့်ဆိုင်သော | mjou: pi nja lei. la gjin: hnin. zain de. |

## 159. Líder. Chefe. Autoridades

| | | |
|---|---|---|
| rei (m) | ဘုရင် | ba jin |
| rainha (f) | ဘုရင်မ | ba jin ma. |
| real (adj) | ဘုရင်နှင့်ဆိုင်သော | ba. jin hnin. zain de |
| reino (m) | ဘုရင်အုပ်ချုပ်သောနိုင်ငံ | ba jin au' chou' dho nin gan |
| | | |
| príncipe (m) | အိမ်ရွေ့ မင်းသား | ein shei. min: dha: |
| princesa (f) | မင်းသမီး | min: dhami: |
| | | |
| presidente (m) | သမ္မတ | thamada. |
| vice-presidente (m) | ဒုသမ္မတ | du. dhamada. |
| senador (m) | ဆီနိတ်လွှတ်တော်အမတ် | hsi nei' hlwa' do: ama' |
| monarca (m) | သက်ဦးဆံပိုင် | the' |
| governante (m) | အုပ်ချုပ်သူ | ou' chou' thu |
| ditador (m) | အာဏာရှင် | a na shin |
| tirano (m) | ဖိနှိပ်ချုပ်ချယ်သူ | hpana' chou' che dhu |
| magnata (m) | လုပ်ငန်းရှင်သူဌေးကြီး | lou' ngan: shin dhu dei: gji: |
| | | |
| diretor (m) | ညွှန်ကြားရေးမှူး | hnjun gja: jei: hmu: |
| chefe (m) | အကြီးအကဲ | akji: ake: |
| gerente (m) | မန်နေဂျာ | man nei gji |
| patrão (m) | အကြီးအကဲ | akji: ake: |
| dono (m) | ပိုင်ရှင် | pain shin |
| líder (m) | ခေါင်းဆောင် | gaun: zaun |
| chefe (m) | အဖွဲ့ခေါင်းဆောင် | ahpwe. gaun: zaun: |
| autoridades (f pl) | အာဏာပိုင်အဖွဲ့ | a na bain ahpwe. |
| superiores (m pl) | အထက်လူကြီးများ | a hte' lu gji: mja: |
| | | |
| governador (m) | ပြည်နယ်အုပ်ချုပ်ရေးမှူး | pji ne ou' chou' jei: hmu: |
| cônsul (m) | ကောင်စစ်ဝန် | kaun si' wun |
| diplomata (m) | သံတမန် | than taman. |
| Presidente (m) da Câmara | မြို့တော်ဝန် | mjou. do wun |
| xerife (m) | နယ်မြေတာဝန်ခံ ရဲအရာရှိ | ne mjei da wun gan je: aja shi. |
| | | |
| imperador (m) | ဧကရာဇ် | ei gaja' |
| czar (m) | ဇာဘုရင် | za bou jin |
| faraó (m) | ရှေးအီဂျစ်နိုင်ငံဘုရင် | shei: i gji' nain ngan bu. jin |
| cã, khan (m) | ခန် | khan |

## 160. Violação da lei. Criminosos. Parte 1

| | | |
|---|---|---|
| bandido (m) | ဓားပြ | damja. |
| crime (m) | ရာဇဝတ်မှု | raza. wu' hma. |

| criminoso (m) | ရာဇဝတ်သား | raza. wu' tha: |
| ladrão (m) | သူခိုး | thu khou: |
| roubar (vt) | ခိုးသည် | khou: de |
| furto, roubo (m) | ခိုးမှု | khou: hmu |
| roubo (atividade) | ခိုးခြင်း | khou: chin: |
| furto (m) | သူခိုး | thu khou: |

| raptar, sequestrar (vt) | ပြန်ပေးဆွဲသည် | pjan bei: zwe: de |
| sequestro (m) | ပြန်ပေးဆွဲခြင်း | pjan bei: zwe: gjin: |
| sequestrador (m) | ပြန်ပေးသမား | pjan bei: dhama: |

| resgate (m) | ပြန်ရွေးငွေ | pjan jwei: ngwei |
| pedir resgate | ပြန်ပေးဆွဲသည် | pjan bei: zwe: de |

| roubar (vt) | တားပြုတိုက်သည် | damja. tai' te |
| assalto, roubo (m) | လုယက်မှု | lu. je' hmu. |
| assaltante (m) | လုယက်သူ | lu. je' dhu |

| extorquir (vt) | ခြိမ်းခြောက်ပြီးငွေညှစ်သည် | chein: gjau' pji: ngwe hnji' te |
| extorsionário (m) | ခြိမ်းခြောက်ငွေညှစ်သူ | chein: gjau' ngwe hnji' thu |
| extorsão (f) | ခြိမ်းခြောက်ပြီး ငွေညှစ်ခြင်း | chein: gjau' pji: ngwe hnji' chin: |

| matar, assassinar (vt) | သတ်သည် | tha' te |
| homicídio (m) | လူသတ်မှု | lu dha' hmu. |
| homicida, assassino (m) | လူသတ်သမား | lu dha' thama: |

| tiro (m) | ပစ်ချက် | pi' che' |
| dar um tiro | ပစ်သည် | pi' te |
| matar a tiro | ပစ်သတ်သည် | pi' tha' te |
| disparar, atirar (vi) | ပစ်သည် | pi' te |
| tiroteio (m) | ပစ်ချက် | pi' che' |

| incidente (m) | ဆူပူမှု | hsu. bu hmu. |
| briga (~ de rua) | ရန်ပွဲ | jan bwe: |
| Socorro! | ကူညီပါ | ku nji ba |
| vítima (f) | ရန်ပြုခံရသူ | jab bju. gan ja. dhu |

| danificar (vt) | ဖျက်ဆီးသည် | hpje' hsi: de |
| dano (m) | အဖျက်အဆီး | apje' asi: |
| cadáver (m) | အလောင်း | alaun: |
| grave (adj) | စိုးရိမ်ဖွယ်ဖြစ်သော | sou: jein bwe bji' te. |

| atacar (vt) | တိုက်ခိုက်သည် | tai' khai' te |
| bater (espancar) | ရိုက်သည် | jai' te |
| espancar (vt) | ရိုက်သည် | jai' te |
| tirar, roubar (dinheiro) | လုသည် | ju de |
| esfaquear (vt) | ထိုးသတ်သည် | htou: dha' te |
| mutilar (vt) | သေရာပါဒဏ်ရာရစေသည် | thei ja ba dan ja ja. zei de |
| ferir (vt) | ဒဏ်ရာရသည် | dan ja ja. de |

| chantagem (f) | ခြိမ်းခြောက်ငွေညှစ်ခြင်း | chein: gjau' ngwe hnji' chin: |
| chantagear (vt) | ခြိမ်းခြောက်ငွေညှစ်သည် | chein: gjau' ngwe hnji' te |
| chantagista (m) | ခြိမ်းခြောက်ငွေညှစ်သူ | chein: gjau' ngwe hnji' thu |
| extorsão (f) | ရာဇဝတ်ဂိုဏ်းဆွက် ကြေးကောက်ခံခြင်း | raza. wu' goun: hse' kjei: gau' chin: |

| | | |
|---|---|---|
| extorsionário (m) | သက်ချက်ကြွေးတောင်း-ရာ ဇောဝါဝိုက်း | hse' kjei: daun: ra za. wu' gain: |
| gângster (m) | လူဆိုးဂိုဏ်းဝင် | lu zou: gain: win |
| máfia (f) | မာဖီးယားဂိုဏ်း | ma bi: ja: gain: |
| punguista (m) | ခါးပိုက်နှိုက် | kha: bai' hnai' |
| assaltante, ladrão (m) | ဖောက်ထွင်းသူရဲ့ | hpau' htwin: dhu gou: |
| contrabando (m) | မှောင်ခို | hmaun gou |
| contrabandista (m) | မှောင်ခိုသမား | hmaun gou dhama: |
| falsificação (f) | လိမ်လည်အတုပြုမှု | lein le atu. bju hmu. |
| falsificar (vt) | အတုလုပ်သည် | atu. lou' te |
| falsificado (adj) | အတု | atu. |

## 161. Violação da lei. Criminosos. Parte 2

| | | |
|---|---|---|
| estupro (m) | မုဒိမ်းမှု | mu. dein: hmu. |
| estuprar (vt) | မုဒိန်းကျင့်သည် | mu. dein: gjin. de |
| estuprador (m) | မုဒိမ်းကျင့်သူ | mu. dein: gjin. dhu |
| maníaco (m) | အရူး | aju: |
| prostituta (f) | ပြည့်တန်ဆာ | pjei. dan za |
| prostituição (f) | ပြည့်တန်ဆာမှု | pjei. dan za hmu. |
| cafetão (m) | ဖာခေါင်း | hpa gaun: |
| drogado (m) | ဆေးစွဲသူ | hsei: zwe: dhu |
| traficante (m) | မူးယစ်ဆေးရောင်းဝယ်သူ | mu: ji' hsei: jaun we dhu |
| explodir (vt) | ပေါက်ကွဲသည် | pau' kwe: de |
| explosão (f) | ပေါက်ကွဲမှု | pau' kwe: hmu. |
| incendiar (vt) | မီးရှို့သည် | mi: shou. de |
| incendiário (m) | မီးရှို့မှုကျူးလွန်သူ | mi: shou. hmu. gju: lun dhu |
| terrorismo (m) | အကြမ်းဖက်ဝါဒ | akjan: be' wa da. |
| terrorista (m) | အကြမ်းဖက်သမား | akjan: be' tha. ma: |
| refém (m) | ဓားစာခံ | daza gan |
| enganar (vt) | လိမ်လည်သည် | lein le de |
| engano (m) | လိမ်လည်မှု | lein le hmu. |
| vigarista (m) | လူလိမ် | lu lein |
| subornar (vt) | လာဘ်ထိုးသည် | la' htou: de |
| suborno (atividade) | လာဘ်ပေးလာဘ်ယူ | la' pei: la' thu |
| suborno (dinheiro) | လာဘ် | la' |
| veneno (m) | အဆိပ် | ahsei' |
| envenenar (vt) | အဆိပ်ခတ်သည် | ahsei' kha' te |
| envenenar-se (vr) | အဆိပ်သောက်သည် | ahsei' dhau' te |
| suicídio (m) | မိမိကိုယ်မိမိ သတ်သေခြင်း | mi. mi. kou mi. mi. dha' thei gjin: |
| suicida (m) | မိမိကိုယ်မိမိ သတ်သေသူ | mi. mi. kou mi. mi. dha' thei dhu |
| ameaçar (vt) | ခြိမ်းခြောက်သည် | chein: gjau' te |

| | | |
|---|---|---|
| ameaça (f) | ခြိမ်းခြောက်မှု | chein: gjau' hmu. |
| atentar contra a vida de ... | လုပ်ကြံသည် | lou' kjan de |
| atentado (m) | လုပ်ကြံခြင်း | lou' kjan gjin: |
| roubar (um carro) | ခိုးသည် | khou: de |
| sequestrar (um avião) | လေယာဉ်အပိုင်စီးသည် | lei jan apain zi: de |
| vingança (f) | လက်စားချေခြင်း | le' sa: gjei gjin: |
| vingar (vt) | လက်စားချေသည် | le' sa: gjei de |
| torturar (vt) | ညှဉ်းပန်းနှိပ်စက်သည် | hnjin: ban: hnei' se' te |
| tortura (f) | ညှဉ်းပန်းနှိပ်စက်ခြင်း | hnjin: ban: hnei' se' chin: |
| atormentar (vt) | နှိပ်စက်သည် | hnei' se' te |
| pirata (m) | ပင်လယ်ဓားပြ | pin le da: bja. |
| desordeiro (m) | လမ်းသဲ့ | lan: dhaje: |
| armado (adj) | လက်နက်ကိုင်ဆောင်သော | le' ne' kain zaun de. |
| violência (f) | ရက်စက်ကြမ်းကြုတ်မှု | je' se' kjan: gjou' hmu. |
| ilegal (adj) | တရားမဝင်သော | taja: ma. win de. |
| espionagem (f) | သူလျှိုလုပ်ခြင်း | thu shou lou' chin: |
| espionar (vi) | သူလျှိုလုပ်သည် | thu shou lou' te |

## 162. Polícia. Lei. Parte 1

| | | |
|---|---|---|
| justiça (sistema de ~) | တရားမျှတမှု | taja: hmja. ta. hmu. |
| tribunal (m) | တရားရုံး | taja: joun: |
| juiz (m) | တရားသူကြီး | taja: dhu gji: |
| jurados (m pl) | ဂျူရီအဖွဲ့ဝင်များ | gju ji ahpwe. win mja: |
| tribunal (m) do júri | ဂျူရီလူကြီးအဖွဲ့ | gju ji lu gji: ahpwe. |
| julgar (vt) | တရားစီရင်သည် | taja: zi jin de |
| advogado (m) | ရှေ့နေ | shei. nei |
| réu (m) | တရားပြိုင် | taja: bjain |
| banco (m) dos réus | တရားရုံးဝက်ခြံ | taja: joun: we' khjan |
| acusação (f) | စွပ်စွဲခြင်း | su' swe: chin: |
| acusado (m) | တရားစွဲရသော | taja: zwe: gan ja. de. |
| sentença (f) | စီရင်ချက် | si jin gje' |
| sentenciar (vt) | စီရင်ချက်ချသည် | si jin gje' cha. de |
| culpado (m) | တရားခံ | tajakhan |
| punir (vt) | ပြစ်ဒက်ပေးသည် | pji' dan bei: de |
| punição (f) | ပြစ်ဒက် | pji' dan |
| multa (f) | ဒက်ငွေ | dan ngwei |
| prisão (f) perpétua | တစ်သက်တစ်ကျွန်းပြစ်ဒက် | ti' te' ti' kjun: bji' dan |
| pena (f) de morte | သေဒက် | thei dan |
| cadeira (f) elétrica | လျှပ်စစ်ထိုင်ခုံ | hlja' si' dain boun |
| forca (f) | ကြိုးစင် | kjou: zin |
| executar (vt) | ကွပ်မျက်သည် | ku' mje' te |
| execução (f) | ကွပ်မျက်ခြင်း | ku' mje' gjin |

| | | |
|---|---|---|
| prisão (f) | ထောင် | htaun |
| cela (f) de prisão | အကျဉ်းခန်း | achou' khan: |

| | | |
|---|---|---|
| escolta (f) | အစောင့်အကြပ် | asaun. akja' |
| guarda (m) prisional | ထောင်စောင့် | htaun zaun. |
| preso, prisioneiro (m) | ထောင်သား | htaun dha: |

| | | |
|---|---|---|
| algemas (f pl) | လက်ထိပ် | le' htei' |
| algemar (vt) | လက်ထိပ်ခတ်သည် | le' htei' kha' te |

| | | |
|---|---|---|
| fuga, evasão (f) | ထောင်ဖောက်ပြေးခြင်း | htaun bau' pjei: gjin: |
| fugir (vi) | ထောင်ဖောက်ပြေးသည် | htaun bau' pjei: de |
| desaparecer (vi) | ပျောက်ကွယ်သည် | pjau' kwe de |
| soltar, libertar (vt) | ထောင်မှလွတ်သည် | htaun hma. lu' te |
| anistia (f) | လွတ်ငြိမ်းချမ်းသာခွင့် | lu' njein: gjan: dha gwin. |

| | | |
|---|---|---|
| polícia (instituição) | ရဲ | je: |
| polícia (m) | ရဲအရာရှိ | je: aja shi. |
| delegacia (f) de polícia | ရဲစခန်း | je: za. gan: |
| cassetete (m) | သံတုတ် | than dou' |
| megafone (m) | လက်ကိုင်စပီကာ | le' kain za. bi ka |

| | | |
|---|---|---|
| carro (m) de patrulha | ကင်းလှည့်ကား | kin: hle. ka: |
| sirene (f) | အချက်ပေးဩသံ | ache' pei: ou' o: dhan |
| ligar a sirene | အချက်ပေးဩသံဖွင့်သည် | ache' pei: ou' o: zwe: de |
| toque (m) da sirene | အချက်ပေးဩသံဖွင့်သံ | ache' pei: ou' o: zwe: dhan |

| | | |
|---|---|---|
| cena (f) do crime | အခင်းဖြစ်ပွါးရာနေရာ | achin: hpji' pwa: ja nei ja |
| testemunha (f) | သက်သေ | the' thei |
| liberdade (f) | လွတ်လပ်မှု | lu' la' hmu. |
| cúmplice (m) | ကြံရာပါ | kjan ja ba |
| escapar (vi) | ပုန်းသည် | poun: de |
| traço (não deixar ~s) | ခြေရာ | chei ja |

## 163. Polícia. Lei. Parte 2

| | | |
|---|---|---|
| procura (f) | ဝရမ်းရှာဖွေခြင်း | wajan: sha bwei gjin: |
| procurar (vt) | ရှာသည် | sha de |
| suspeita (f) | မသင်္ကာမှု | ma. dhin ga hmu. |
| suspeito (adj) | သံသယဖြစ်ဖွယ်ကောင်းသော | than thaja. bji' hpwe gaun: de. |

| | | |
|---|---|---|
| parar (veículo, etc.) | ရပ်သည် | ja' te |
| deter (fazer parar) | ထိန်းသိမ်းထားသည် | htein: dhein: da: de |

| | | |
|---|---|---|
| caso (~ criminal) | အမှု | ahmu. |
| investigação (f) | စုံစမ်းစစ်ဆေးခြင်း | soun zan: zi' hsei: gjin: |
| detetive (m) | စုံထောက် | soun dau' |
| investigador (m) | အလွတ်စုံထောက် | alu' zoun htau' |
| versão (f) | အဆိုကြား | ahsou gjan: |

| | | |
|---|---|---|
| motivo (m) | စေ့ဆော်မှု | sei. zo hmu. |
| interrogatório (m) | စစ်ကြောမှု | si' kjo: hmu. |
| interrogar (vt) | စစ်ကြောသည် | si' kjo: de |
| questionar (vt) | မေးမြန်းသည် | mei: mjan: de |

| | | |
|---|---|---|
| verificação (f) | စစ်ဆေးသည် | si' hsei: de |
| batida (f) policial | ၊ိုင်းဝန်းမှု | wain: wan: hmu. |
| busca (f) | ရှာဖွေခြင်း | sha hpwei gjin: |
| perseguição (f) | လိုက်လံဖမ်းဆီးခြင်း | lai' lan ban: zi: gjin: |
| perseguir (vt) | လိုက်သည် | lai' de |
| seguir, rastrear (vt) | ခြေရာခံသည် | chei ja gan de |

| | | |
|---|---|---|
| prisão (f) | ဖမ်းဆီးခြင်း | hpan: zi: gjin: |
| prender (vt) | ဖမ်းဆီးသည် | hpan: zi: de |
| pegar, capturar (vt) | ဖမ်းမိသည် | hpan: mi. de |
| captura (f) | သိမ်းခြင်း | thain: gjin: |

| | | |
|---|---|---|
| documento (m) | စာရွက်စာတမ်း | sajwe' zatan: |
| prova (f) | သက်သေသြခဲ့ရက် | the' thei pja. gje' |
| provar (vt) | သက်သေသြသည် | the' thei pja. de |
| pegada (f) | ခြေရာ | chei ja |
| impressões (f pl) digitais | လက်ဗွေရာများ | lei' bwei ja mja: |
| prova (f) | သဲလွန်စ | the: lun za. |

| | | |
|---|---|---|
| álibi (m) | ဆင်ခြေ | hsin gjei |
| inocente (adj) | အပြစ်ကင်းသော | apja' kin: de. |
| injustiça (f) | မတရားမှု | ma. daja: hmu. |
| injusto (adj) | မတရားသော | ma. daja: de. |

| | | |
|---|---|---|
| criminal (adj) | ပြစ်မှုကျူးလွန်သော | pju. hmu. gju: lun de. |
| confiscar (vt) | သိမ်းယူသည် | thein: ju de |
| droga (f) | မူးယစ်ဆေးဝါး | mu: ji' hsei: wa: |
| arma (f) | လက်နက် | le' ne' |
| desarmar (vt) | လက်နက်သိမ်းသည် | le' ne' thain de |
| ordenar (vt) | အမိန့်ပေးသည် | amin. bei: de |
| desaparecer (vi) | ပျောက်ကွယ်သည် | pjau' kwe de |

| | | |
|---|---|---|
| lei (f) | ဥပဒေ | u. ba. dei |
| legal (adj) | ဥပဒေနှင့် ညီညွတ်သော | u. ba. dei hnin. nji nju' te. |
| ilegal (adj) | ဥပဒေနှင့်မညီညွတ်သော | u. ba. dei hnin. ma. nji nju' te. |

| | | |
|---|---|---|
| responsabilidade (f) | တာဝန်ယူခြင်း | ta wun ju gjin: |
| responsável (adj) | တာဝန်ရှိသော | ta wun shi. de. |

# NATUREZA

## A Terra. Parte 1

| | | |
|---|---|---|
| espaço, cosmo (m) | အာကာသ | akatha. |
| espacial, cósmico (adj) | အာကာသနှင့်ဆိုင်သော | akatha. hnin zain dho: |
| espaço (m) cósmico | အာကာသဟင်းလင်းပြင် | akatha. hin: lin: bjin |
| | | |
| mundo (m) | ကမ္ဘာ | ga ba |
| universo (m) | စကြာဝဠာ | sa kja wa. la |
| galáxia (f) | ကြယ်စုတန်း | kje zu. dan: |
| | | |
| estrela (f) | ကြယ် | kje |
| constelação (f) | ကြယ်နက္ခတ်စု | kje ne' kha' zu. |
| planeta (m) | ဂြိုဟ် | gjou |
| satélite (m) | ဂြိုဟ်ငယ် | gjou nge |
| | | |
| meteorito (m) | ဥက္ကာခဲ | ou' ka ge: |
| cometa (m) | ကြယ်တံခွန် | kje dagun |
| asteroide (m) | ဂြိုဟ်သိမ်ဂြိုဟ်မွှာ: | gjou dhein gjou hmwa: |
| | | |
| órbita (f) | ပတ်လမ်း | pa' lan: |
| girar (vi) | လည်သည် | le de |
| atmosfera (f) | လေထု | lei du. |
| | | |
| Sol (m) | နေ | nei |
| Sistema (m) Solar | နေစကြာဝဠာ | nei ze kja. wala |
| eclipse (m) solar | နေကြတ်ခြင်း | nei gja' chin: |
| | | |
| Terra (f) | ကမ္ဘာလုံး | ga ba loun: |
| Lua (f) | လ | la. |
| | | |
| Marte (m) | အင်္ဂါဂြိုဟ် | in ga gjou |
| Vênus (f) | သောကြာဂြိုဟ် | thau' kja gjou' |
| Júpiter (m) | ကြာသပတေးဂြိုဟ် | kja dha ba. dei: gjou' |
| Saturno (m) | စနေဂြိုဟ် | sanei gjou' |
| | | |
| Mercúrio (m) | ဗုဒ္ဓဟူးဂြိုဟ် | bou' da. gjou' |
| Urano (m) | ယူရေနတ်ဂြိုဟ် | ju rei: na' gjou |
| Netuno (m) | နက်ပကျူန်းဂြိုဟ် | ne' pa. gjun: gjou |
| Plutão (m) | ပလူတိုဂြိုဟ် | pa lu tou gjou ' |
| | | |
| Via Láctea (f) | နဂါးရွေကြယ်စုတန်း | na. ga: ngwe. gje zu dan: |
| Ursa Maior (f) | မြောက်ပိုင်းဂရိတ်ဘဲ:ရ်ကြယ်စု | mjau' pain: gajei' be:j gje zu. |
| Estrela Polar (f) | ဥဒ္ဒကြယ် | du wan gje |
| marciano (m) | အင်္ဂါဂြိုဟ်သား | in ga gjou dha: |
| extraterrestre (m) | အခြားကမ္ဘာဂြိုဟ်သား | apja: ga ba gjou dha |

| | | |
|---|---|---|
| alienígena (m) | ြိုဟ်သား | gjou dha: |
| disco (m) voador | ပန်းကန်ြပားပျံ | bagan: bja: bjan |
| | | |
| espaçonave (f) | အာကာသယာဉ် | akatha. jin |
| estação (f) orbital | အာကာသဝဓန်း | akatha. za khan: |
| lançamento (m) | လွှတ်တင်ြခင်း | hlu' tin gjin: |
| | | |
| motor (m) | အင်ဂျင် | in gjin |
| bocal (m) | နော်ဇယ် | no ze |
| combustível (m) | လောင်စာ | laun za |
| | | |
| cabine (f) | လေယာဉ်မောင်းအခန်း | lei jan maun akhan: |
| antena (f) | အင်တန်နာတိုင် | in tan na tain |
| vigia (f) | ြပတင်း | badin: |
| bateria (f) solar | နေရောင်ြခည်သုံးဘတ်ထရီ | nei jaun gje dhoun: ba' hta ji |
| traje (m) espacial | အာကာသဝတ်စုံ | akatha. wu' soun |
| | | |
| imponderabilidade (f) | အလေးရှိန်ကင်းမဲ့ြခင်း | alei: gjein gin: me. gjin: |
| oxigênio (m) | အောက်ဆီဂျင် | au' hsi gjin |
| | | |
| acoplagem (f) | အာကာသထဲချိတ်ဆက်ြခင်း | akatha. hte: chei' hse' chin: |
| fazer uma acoplagem | အာကာသထဲချိတ်ဆက်သည် | akatha. hte: chei' hse' te |
| | | |
| observatório (m) | နက္ခတ်ဖျော်စင် | ne' kha' ta. mjo zin |
| telescópio (m) | အဝေးကြည့်မှန်ေြပာင်း | awei: gji. hman bjaun: |
| observar (vt) | လေ့လာကြည့်ရှုသည် | lei. la kji. hju. de |
| explorar (vt) | သုတေသနြပုသည် | thu. tei thana bjou de |

<h2>165. A Terra</h2>

| | | |
|---|---|---|
| Terra (f) | ကမ္ဘာေြမကြီး | ga ba mjei kji: |
| globo terrestre (Terra) | ကမ္ဘာလုံး | ga ba loun: |
| planeta (m) | ြိုဟ် | gjou |
| | | |
| atmosfera (f) | လေထု | lei du. |
| geografia (f) | ပထဝီဝင် | pahtawi win |
| natureza (f) | သဘာဝ | tha. bawa |
| | | |
| globo (mapa esférico) | ကမ္ဘာလုံး | ga ba loun: |
| mapa (m) | ေြမပုံ | mjei boun |
| atlas (m) | ေြမပုံစာအုပ် | mjei boun za ou' |
| | | |
| Europa (f) | ဥရောပ | u. jo: pa |
| Ásia (f) | အာရှ | a sha. |
| | | |
| África (f) | အာဖရိက | apha. ri. ka. |
| Austrália (f) | ဩစေတြးလျ | thja za djei: lja |
| | | |
| América (f) | အမေရိက | amei ji ka |
| América (f) do Norte | ေြမာက်အမေရိက | mjau' amei ri. ka. |
| América (f) do Sul | တောင်အမေရိက | taun amei ri. ka. |
| | | |
| Antártida (f) | အန္တာတိတ် | anta di' |
| Ártico (m) | အာတိတ် | a tei' |

## 166. Pontos cardeais

| | | |
|---|---|---|
| norte (m) | မြောက်အရပ် | mjau' aja' |
| para norte | မြောက်ဘက်သို့ | mjau' be' thou. |
| no norte | မြောက်ဘက်မှာ | mjau' be' hma |
| do norte (adj) | မြောက်အရပ်နှင့်ဆိုင်သော | mjau' aja' hnin. zain de. |
| | | |
| sul (m) | တောင်အရပ် | taun aja' |
| para sul | တောင်ဘက်သို့ | taun be' thou. |
| no sul | တောင်ဘက်မှာ | taun be' hma |
| do sul (adj) | တောင်အရပ်နှင့်ဆိုင်သော | taun aja' hnin. zain de. |
| | | |
| oeste, ocidente (m) | အနောက်အရပ် | anau' aja' |
| para oeste | အနောက်ဘက်သို့ | anau' be' thou. |
| no oeste | အနောက်ဘက်မှာ | anau' be' hma |
| ocidental (adj) | အနောက်အရပ်နှင့်ဆိုင်သော | anau' aja' hnin. zain dho: |
| | | |
| leste, oriente (m) | အရှေ့အရပ် | ashei. aja' |
| para leste | အရှေ့ဘက်သို့ | ashei. be' hma |
| no leste | အရှေ့ဘက်မှာ | ashei. be' hma |
| oriental (adj) | အရှေ့အရပ်နှင့်ဆိုင်သော | ashei. aja' hnin. zain de. |

## 167. Mar. Oceano

| | | |
|---|---|---|
| mar (m) | ပင်လယ် | pin le |
| oceano (m) | သမုဒ္ဒရာ | thamou' daja |
| golfo (m) | ပင်လယ်ကွေ့ | pin le gwe. |
| estreito (m) | ရေလက်ကြား | jei le' kja: |
| | | |
| terra (f) firme | ကုန်းမြေ | koun: mei |
| continente (m) | တိုက် | tai' |
| | | |
| ilha (f) | ကျွန်း | kjun: |
| península (f) | ကျွန်းဆွယ် | kjun: zwe |
| arquipélago (m) | ကျွန်းစု | kjun: zu. |
| | | |
| baía (f) | အော် | o |
| porto (m) | သင်္ဘောဆိပ်ကမ်း | thin: bo: zei' kan: |
| lagoa (f) | ပင်လယ်ထဲ့အိုင် | pin le doun: ain |
| cabo (m) | အငူ | angu |
| | | |
| atol (m) | သန္တာကျောက်တန်းကျွန်းငယ် | than da gjau' tan: gjun: nge |
| recife (m) | ကျောက်တန်း | kjau' tan: |
| coral (m) | သန္တာကောင် | than da gaun |
| recife (m) de coral | သန္တာကျောက်တန်း | than da gjau' tan: |
| | | |
| profundo (adj) | နက်သော | ne' te. |
| profundidade (f) | အနက် | ane' |
| abismo (m) | ချောက်နက်ကြီး | chau' ne' kji: |
| fossa (f) oceânica | မြောင်း | mjaun: |
| | | |
| corrente (f) | စီးကြောင်း | si: gaun: |
| banhar (vt) | ဝိုင်းသည် | wain: de |

| | | |
|---|---|---|
| litoral (m) | ကမ်းစပ် | kan: za' |
| costa (f) | ကမ်းခြေ | kan: gjei |
| | | |
| maré (f) alta | ရေတက် | jei de' |
| refluxo (m) | ရေကျ | jei gja. |
| restinga (f) | သောင်စွယ် | thaun zwe |
| fundo (m) | ကြမ်းပြင် | kan: pjin |
| | | |
| onda (f) | လှိုင်း | hlain: |
| crista (f) da onda | လှိုင်းခေါင်းဗျူ | hlain: gaun: bju. |
| espuma (f) | အမြှုပ် | a hmjou' |
| | | |
| tempestade (f) | မုန်တိုင်း | moun dain: |
| furacão (m) | ဟာရီကိန်းမုန်တိုင်း | ha ji gain: moun dain: |
| tsunami (m) | ဆူနာမီ | hsu na mi |
| calmaria (f) | ရေသေ | jei dhe' |
| calmo (adj) | ငြိမ်သက်အေးဆေးသော | njein dhe' ei: zei: de. |
| | | |
| polo (m) | ဝင်ရိုးစွန်း | win jou: zun |
| polar (adj) | ဝင်ရိုးစွန်းနှင့်ဆိုင်သော | win jou: zun hnin. zain de. |
| | | |
| latitude (f) | လတ္တီတွဒ် | la' ti. tu' |
| longitude (f) | လောင်ဂျီတွဒ် | laun gji twa' |
| paralela (f) | လတ္တီတွဒ်မျင်း | la' ti. tu' mjin: |
| equador (m) | အီကွေတာ | i kwei: da |
| | | |
| céu (m) | ကောင်းကင် | kaun: gin |
| horizonte (m) | မိုးကုပ်စက်ဝိုင်း | mou kou' se' wain: |
| ar (m) | လေထု | lei du. |
| | | |
| farol (m) | မီးပြတိုက် | mi: bja dai' |
| mergulhar (vi) | ရေငုပ်သည် | jei ngou' te |
| afundar-se (vr) | ရေမြုပ်သည် | jei mjou' te |
| tesouros (m pl) | ရတနာ | jadana |

## 168. Montanhas

| | | |
|---|---|---|
| montanha (f) | တောင် | taun |
| cordilheira (f) | တောင်တန်း | taun dan: |
| serra (f) | တောင်ကြော | taun gjo: |
| | | |
| cume (m) | ထိပ် | htei' |
| pico (m) | တောင်ထွတ် | taun htu' |
| pé (m) | တောင်ခြေ | taun gjei |
| declive (m) | တောင်စောင်း | taun zaun: |
| | | |
| vulcão (m) | မီးတောင် | mi: daun |
| vulcão (m) ativo | မီးတောင်ရှင် | mi: daun shin |
| vulcão (m) extinto | မီးငြိမ်းတောင် | mi: njein: daun |
| | | |
| erupção (f) | မီးတောင်ပေါက်ကွဲခြင်း | mi: daun pau' kwe: gjin: |
| cratera (f) | မီးတောင်ဝ | mi: daun wa. |
| magma (m) | ကျောက်ရည်ပု | kjau' ji bu |
| lava (f) | ချော်ရည် | cho ji |

| | | |
|---|---|---|
| fundido (lava ~a) | အရည်ပျသော | ajam: bu de. |
| cânion, desfiladeiro (m) | တောင်ကြားမျှိုင့်ဝှမ်းနက် | taun gja: gjain. hwan: ne' |
| garganta (f) | တောင်ကြား | taun gja: |
| fenda (f) | အက်ကွဲကြောင်း | e' kwe: gjaun: |
| precipício (m) | ချောက်ကမ်းပါး | chau' kan: ba: |
| | | |
| passo, colo (m) | တောင်ကြားလမ်း | taun gja: lan: |
| planalto (m) | ကုန်းပြင်မြင့် | koun: bjin mjin: |
| falésia (f) | ကျောက်ဆောင် | kjau' hsain |
| colina (f) | တောင်ကုန်း | taun goun: |
| | | |
| geleira (f) | ရေခဲမြစ် | jei ge: mji' |
| cachoeira (f) | ရေတံခွန် | jei dan khun |
| gêiser (m) | ရေပူဝမ်း | jei bu zan: |
| lago (m) | ရေကန် | jei gan |
| | | |
| planície (f) | မြေပြန့် | mjei bjan: |
| paisagem (f) | ရှုခင်း | shu. gin: |
| eco (m) | ပဲ့တင်သံ | pe. din than |
| | | |
| alpinista (m) | တောင်တက်သမား | taun de' thama: |
| escalador (m) | ကျောက်တောင်တက်သမား | kjau' taun de dha ma: |
| conquistar (vt) | အောင်နိုင်သူ | aun nain dhu |
| subida, escalada (f) | တောင်တက်ခြင်း | taun de' chin: |

## 169. Rios

| | | |
|---|---|---|
| rio (m) | မြစ် | mji' |
| fonte, nascente (f) | စမ်း | san: |
| leito (m) de rio | ရေစီးဘီးကြောင်း | jei gjo: zi: gjaun: |
| bacia (f) | မြစ်ချိုင့်ဝှမ်း | mji' chain. hwan: |
| desaguar no ... | စီးဝင်သည် | si: win de |
| | | |
| afluente (m) | မြစ်လက်တက် | mji' le' te' |
| margem (do rio) | ကမ်း | kan: |
| | | |
| corrente (f) | စီးဆေကြာင်း | si: gaun: |
| rio abaixo | ရေစုန် | jei zoun |
| rio acima | ရေဆန် | jei zan |
| | | |
| inundação (f) | ရေကြီးမှု | jei gji: hmu. |
| cheia (f) | ရေလျှံခြင်း | jei shan gjin: |
| transbordar (vi) | လျှံသည် | shan de |
| inundar (vt) | ရေလွှမ်းသည် | jei hlwan: de |
| | | |
| banco (m) de areia | ရေတိမ်ပိုင်း | jei dein bain: |
| corredeira (f) | ရေအောက်ကျောက်ဆောင် | jei au' kjau' hsaun |
| | | |
| barragem (f) | ဆည် | hse |
| canal (m) | တူးမြောင်း | tu: mjaun: |
| reservatório (m) de água | ရေလှောင်ကန် | jei hlaun gan |
| eclusa (f) | ရေလွှဲပေါက် | jei hlwe: bau' |
| corpo (m) de água | ရေထု | jei du. |
| pântano (m) | ရွှံ့ ညွန် | shwan njun |

| lamaçal (m) | စိမ့်မြေ | sein. mjei |
| redemoinho (m) | ရေဝဲ | jei we: |

| riacho (m) | ချောင်းကလေး | chaun: galei: |
| potável (adj) | သောက်ရေ | thau' jei |
| doce (água) | ရေချို | jei gjou |

| gelo (m) | ရေခဲ | jei ge: |
| congelar-se (vr) | ရေခဲသည် | jei ge: de |

## 170. Floresta

| floresta (f), bosque (m) | သစ်တော | thi' to: |
| florestal (adj) | သစ်တောနှင့်ဆိုင်သော | thi' to: hnin. zain de. |

| mata (f) fechada | ထူထပ်သောတော | htu da' te. do: |
| arvoredo (m) | သစ်ပင်အုပ် | thi' pin ou' |
| clareira (f) | တောတွင်းလဟာပြင် | to: dwin: la. ha bjin |

| matagal (m) | ရှုပ်ပေါင်း | choun bei' paun: |
| mato (m), caatinga (f) | ရှုထနောင်းတော | choun hta naun: de. |

| pequena trilha (f) | လူသွားလမ်းကလေး | lu dhwa: lan: ga. lei: |
| ravina (f) | လျှို | shou |

| árvore (f) | သစ်ပင် | thi' pin |
| folha (f) | သစ်ရွက် | thi' jwe' |
| folhagem (f) | သစ်ရွက်များ | thi' jwe' mja: |

| queda (f) das folhas | သစ်ရွက်ကြွေခြင်း | thi' jwe' kjwei gjin: |
| cair (vi) | သစ်ရွက်ကြွေသည် | thi' jwe' kjwei de |
| topo (m) | အဖျား | ahpja: |

| ramo (m) | အကိုင်းခွဲ | akain: khwe: |
| galho (m) | ပင်မကိုင်း | pin ma. gain: |
| botão (m) | အဖူး | ahpu: |
| agulha (f) | အပ်နှင့်တူသောအရွက် | a' hnin. bu de. ajwe' |
| pinha (f) | ထင်းရှူးသီး | htin: shu: dhi: |

| buraco (m) de árvore | အခေါင်းပေါက် | akhaun: bau' |
| ninho (m) | ငှက်သိုက် | hnge' thai' |
| toca (f) | မြေတွင်း | mjei dwin: |

| tronco (m) | ပင်စည် | pin ze |
| raiz (f) | အမြစ် | amji' |
| casca (f) de árvore | သစ်ခေါက် | thi' khau' |
| musgo (m) | ရေညှို | jei hnji. |

| arrancar pela raiz | အမြစ်မှဆွဲနှုတ်သည် | amji' hma zwe: hna' te |
| cortar (vt) | ခုတ်သည် | khou' te |
| desflorestar (vt) | တောပြုန်းစေသည် | to: bjoun: zei de |
| toco, cepo (m) | သစ်ငုတ်တို | thi' ngou' tou |
| fogueira (f) | မီးပုံ | mi: boun |
| incêndio (m) florestal | မီးလောင်ခြင်း | mi: laun gjin: |

| | | |
|---|---|---|
| apagar (vt) | မီးသတ်သည် | mi: tha' de |
| guarda-parque (m) | တောခေါင်း | to: gaun: |
| proteção (f) | သစ်တောဝန်ထမ်း | thi' to: wun dan: |
| proteger (a natureza) | ထိန်းသိမ်းစောင့်ရှောက်သည် | htein: dhein: zaun. shau' te |
| caçador (m) furtivo | မိုးယှသ | khou: ju dhu |
| armadilha (f) | သံမဏိထောင်ရှောက် | than mani. daun gjau' |
| | | |
| colher (cogumelos) | ဟွတ်သည် | hsu' te |
| colher (bagas) | ခူးသည် | khu: de |
| perder-se (vr) | လမ်းပျောက်သည် | lan: bjau' de |

## 171. Recursos naturais

| | | |
|---|---|---|
| recursos (m pl) naturais | သယံဇာတ | thajan za da. |
| minerais (m pl) | တွင်းထွက်ပစ္စည်း | twin: htwe' pji' si: |
| depósitos (m pl) | နှံ | noun: |
| jazida (f) | ဓာတ်သတ္တုထွက်ရာမြေ | da' tha' tu dwe' ja mjei |
| | | |
| extrair (vt) | တူးဖော်သည် | tu: hpo de |
| extração (f) | တူးဖော်ခြင်း | tu: hpo gjin: |
| minério (m) | သတ္တုရိုင်း | tha' tu. jain: |
| mina (f) | သတ္တုတွင်း | tha' tu. dwin: |
| poço (m) de mina | မိုင်းတွင်း | main: dwin: |
| mineiro (m) | သတ္တုတွင်း အလုပ်သမား | tha' tu. dwin: alou' thama: |
| | | |
| gás (m) | ဓာတ်ငွေ့ | da' ngwei. |
| gasoduto (m) | ဓါတ်ငွေ့ပိုက်လိုင်း | da' ngwei. bou' lain: |
| | | |
| petróleo (m) | ရေနံ | jei nan |
| oleoduto (m) | ရေနံပိုက်လိုင်း | jei nan bou' lain: |
| poço (m) de petróleo | ရေနံတွင်း | jei nan dwin: |
| torre (f) petrolífera | ရေနံစင် | jei nan zin |
| petroleiro (m) | လောင်စာတင်သဘော | laun za din dhin bo: |
| | | |
| areia (f) | သဲ | the: |
| calcário (m) | ထုံးကျောက် | htoun: gjau' |
| cascalho (m) | ကျောက်စရစ် | kjau' sa. ji' |
| turfa (f) | မြေဆွေးခဲ | mjei zwei: ge: |
| argila (f) | မြေစေး | mjei zei: |
| carvão (m) | ကျောက်မီးသွေး | kjau' mi dhwei: |
| | | |
| ferro (m) | သံ | than |
| ouro (m) | ရွှေ | shwei |
| prata (f) | ငွေ | ngwei |
| níquel (m) | နီကယ် | ni ke |
| cobre (m) | ကြေးနီ | kjei: ni |
| | | |
| zinco (m) | သွပ် | thu' |
| manganês (m) | မဂ္ဂနီစ် | ma' ga. ni:s |
| mercúrio (m) | ပြဒါး | bada: |
| chumbo (m) | ခဲ | khe: |
| | | |
| mineral (m) | သတ္တုဓာား | tha' tu. za: |
| cristal (m) | သလင်းကျောက် | thalin: gjau' |

| mármore (m) | စကျင်ကျောက် | zagjin kjau' |
| urânio (m) | ယူရေနီယမ် | ju rei ni jan |

# A Terra. Parte 2

| tempo (m) | ရာသီဥတု | ja dhi nja. tu. |
| previsão (f) do tempo | မိုးလေဝသခန့်မှန်းချက် | mou: lei wa. dha. gan. hman: gje' |
| temperatura (f) | အပူချိန် | apu gjein |
| termômetro (m) | သာမိုမီတာ | tha mou mi ta |
| barômetro (m) | လေဖိအားတိုင်းကိရိယာ | lei bi. a: dain: gi. ji. ja |
| | | |
| úmido (adj) | စိုထိုင်းသော | sou htain: de |
| umidade (f) | စိုထိုင်းမှု | sou htain: hmu. |
| | | |
| calor (m) | အပူရှိန် | apu shein |
| tórrido (adj) | ပူလောင်သော | pu laun de. |
| está muito calor | ပူလောင်ခြင်း | pu laun gjin: |
| | | |
| está calor | နွေးခြင်း | nwei: chin: |
| quente (morno) | နွေးသော | nwei: de. |
| | | |
| está frio | အေးခြင်း | ei: gjin: |
| frio (adj) | အေးသော | ei: de. |
| | | |
| sol (m) | နေ | nei |
| brilhar (vi) | သာသည် | tha de |
| de sol, ensolarado | နေသာသော | nei dha de. |
| nascer (vi) | နေထွက်သည် | nei dwe' te |
| pôr-se (vr) | နေဝင်သည် | nei win de |
| | | |
| nuvem (f) | တိမ် | tein |
| nublado (adj) | တိမ်ထူသော | tein du de |
| nuvem (f) preta | မိုးတိမ် | mou: dain |
| escuro, cinzento (adj) | ညို့မှိုင်းသော | njou. hmain: de. |
| | | |
| chuva (f) | မိုး | mou: |
| está a chover | မိုးရွာသည် | mou: jwa de. |
| chuvoso (adj) | မိုးရွာသော | mou: jwa de. |
| chuviscar (vi) | မိုးဖွဲဖွဲရွာသည် | mou: bwe: bwe: jwa de |
| | | |
| chuva (f) torrencial | သည်းထန်စွာရွာသောမိုး | thi: dan zwa jwa dho: mou: |
| aguaceiro (m) | မိုးပုဆိန် | mou: bu. zain |
| forte (chuva, etc.) | မိုးသည်းသော | mou: de: de. |
| poça (f) | ရေအိုင် | jei ain |
| molhar-se (vr) | မိုးမိသည် | mou: mi de |
| | | |
| nevoeiro (m) | မြူ | mju |
| de nevoeiro | မြူထူထပ်သော | mju htu hta' te. |
| neve (f) | နှင်း | hnin: |
| está nevando | နှင်းကျသည် | hnin: gja. de |

## 173. Tempo extremo. Catástrofes naturais

| | | |
|---|---|---|
| trovoada (f) | မိုးသက်မုန်တိုင်း | mou: dhe' moun dain: |
| relâmpago (m) | လျှပ်စီး | hlja' si: |
| relampejar (vi) | လျှပ်ပြက်သည် | hlja' pje' te |

| | | |
|---|---|---|
| trovão (m) | မိုးကြိုး | mou: kjou: |
| trovejar (vi) | မိုးကြိုးပစ်သည် | mou: gjou: pi' te |
| está trovejando | မိုးကြိုးပစ်သည် | mou: gjou: pi' te |

| | | |
|---|---|---|
| granizo (m) | မိုးသီး | mou: dhi: |
| está caindo granizo | မိုးသီးကြွေသည် | mou: dhi: gjwei de |

| | | |
|---|---|---|
| inundar (vt) | ရေကြီးသည် | jei gji: de |
| inundação (f) | ရေကြီးမှု | jei gji: hmu. |

| | | |
|---|---|---|
| terremoto (m) | ငလျင် | nga ljin |
| abalo, tremor (m) | တုန်ခါခြင်း | toun ga gjin: |
| epicentro (m) | ငလျင်ဗဟိုချက် | nga ljin ba hou che' |

| | | |
|---|---|---|
| erupção (f) | မီးတောင်ပေါက်ကွဲခြင်း | mi: daun pau' kwe: gjin: |
| lava (f) | ချော်ရည် | cho ji |

| | | |
|---|---|---|
| tornado (m) | လေဆင်နှာမောင်း | lei zin hna maun: |
| tufão (m) | တိုင်ဖွန်းမုန်တိုင်း | tain hpun moun dain: |

| | | |
|---|---|---|
| furacão (m) | ဟာရီကိန်းမုန်တိုင်း | ha ji gain: moun dain: |
| tempestade (f) | မုန်တိုင်း | moun dain: |
| tsunami (m) | ဆူနာမိ | hsu na mi |

| | | |
|---|---|---|
| ciclone (m) | ဆိုင်ကလုန်းမုန်တိုင်း | hsain ga. loun: moun dain: |
| mau tempo (m) | ဆိုးရွားသောရာသီဥတု | hsou: jwa: de. ja dhi u. tu. |
| incêndio (m) | မီးလောင်ခြင်း | mi: laun gjin: |
| catástrofe (f) | ဘေးအန္တရာယ် | bei: an daje |
| meteorito (m) | ဥက္ကာခဲ | ou' ka ge: |

| | | |
|---|---|---|
| avalanche (f) | ရေခဲင်ကျောက်တုံး များထိုးကျခြင်း | jei ge: hnin kjau' toun: mja: htou: gja. gjin: |
| deslizamento (m) de neve | လေလတိုဂ်ပြီးဖြစ်နေ သောနင်းဟု | lei dou' hpji: bi' nei dho: hnin: boun |
| nevasca (f) | နှင်းမုန်တိုင်း | hnin: moun dain: |
| tempestade (f) de neve | နှင်းမုန်တိုင်း | hnin: moun dain: |

# Fauna

## 174. Mamíferos. Predadores

| | | |
|---|---|---|
| predador (m) | သားရဲ | tha: je: |
| tigre (m) | ကျား | kja: |
| leão (m) | ခြင်္သေ့ | chin dhei. |
| lobo (m) | ဝံပုလွေ | wun bu. lwei |
| raposa (f) | မြေခွေး | mjei gwei: |

| | | |
|---|---|---|
| jaguar (m) | ဂျာဂွာကျားသစ်မျိုး | gja gwa gja: dhi' mjou: |
| leopardo (m) | ကျားသစ် | kja: dhi' |
| chita (f) | သစ်ကျွတ် | thi' kjou' |

| | | |
|---|---|---|
| pantera (f) | ကျားသစ်နက် | kja: dhi' ne' |
| puma (m) | ပျူမားတောင်ခြင်္သေ့ | pju. ma: daun gjin dhei. |
| leopardo-das-neves (m) | ရေခဲတောင်ကျားသစ် | jei ge: daun gja: dhi' |
| lince (m) | လင့်ကြောင်မြီးတို | lin. gjaun mji: dou |

| | | |
|---|---|---|
| coiote (m) | ဝံပုလွေငယ်တစ်မျိုး | wun bu. lwei nge di' mjou: |
| chacal (m) | ခွေးအ | khwei: a. |
| hiena (f) | ဟိုင်အီးနား | hain i: na: |

## 175. Animais selvagens

| | | |
|---|---|---|
| animal (m) | တိရစ္ဆာန် | tharei' hsan |
| besta (f) | ခြေလေးချောင်းသတ္တဝါ | chei lei: gjaun: dhadawa |

| | | |
|---|---|---|
| esquilo (m) | ရှဉ့် | shin. |
| ouriço (m) | ဖြူကောင် | hpju gaun |
| lebre (f) | တောယုန်ကြီး | to: joun gji: |
| coelho (m) | ယုန် | joun |

| | | |
|---|---|---|
| texugo (m) | ခွေးတူဝက်တူကောင် | khwei: du we' tu gaun |
| guaxinim (m) | ရက်ကွန်းဝံ | je' kwan: wan |
| hamster (m) | မြီးတိုပါးတွဲကြွက် | mji: dou ba: dwe: gjwe' |
| marmota (f) | မားမိုတ်ကောင် | ma: mou. t gaun |

| | | |
|---|---|---|
| toupeira (f) | ပွေး | pwei: |
| rato (m) | ကြွက် | kjwe' |
| ratazana (f) | မြေကြွက် | mjei gjwe' |
| morcego (m) | လင်းနို့ | lin: nou. |

| | | |
|---|---|---|
| arminho (m) | အားမင်ကောင် | a: min gaun |
| zibelina (f) | ဆေဘယ် | hsei be |
| marta (f) | အသားစားအကောင်ငယ် | atha: za: akaun nge |
| doninha (f) | သားစားဖျံ | tha: za: bjan |
| visom (m) | မင့်ခ်မွေးပါ | min kh mjwei ba |

| castor (m) | ဖျံကြီးတစ်မျိုး | hpjan gji: da' mjou: |
| lontra (f) | ဖျံ | hpjan |

| cavalo (m) | မြင်း | mjin: |
| alce (m) | ဦးချိုပြားသော သမင်ကြီး | u: gjou bja: dho: thamin gji: |
| veado (m) | သမင် | thamin |
| camelo (m) | ကုလားအုတ် | kala: ou' |

| bisão (m) | အမေရိကန်ပြောင် | amei ji kan pjaun |
| auroque (m) | အောရက်စ် | o: re' s |
| búfalo (m) | ကျွဲ | kjwe: |

| zebra (f) | မြင်းကျား | mjin: gja: |
| antílope (m) | အပြေးမြန်သော တောဆိတ် | apjei: mjan de. hto: zei' |
| corça (f) | ဒရယ်ငယ်တစ်မျိုး | da. je nge da' mjou: |
| gamo (m) | ဒရယ် | da. je |
| camurça (f) | တောင်ဆိတ် | taun zei' |
| javali (m) | တောဝက်ထီး | to: we' hti: |

| baleia (f) | ဝေလငါး | wei la. nga: |
| foca (f) | ပင်လယ်ဖျံ | pin le bjan |
| morsa (f) | ဝါးရုပ်စိဖျံ | wo: ra's hpjan |
| urso-marinho (m) | အမွေးပါသောပင် လယ်ဖျံ | amwei: pa dho: bin le hpjan |
| golfinho (m) | လင်းပိုင် | lin: bain |

| urso (m) | ဝက်ဝံ | we' wun |
| urso (m) polar | ဝိုလာဝက်ဝံ | pou la we' wan |
| panda (m) | ပန်ဒါဝက်ဝံ | pan da we' wan |

| macaco (m) | မျောက် | mjau' |
| chimpanzé (m) | ချင်ပင်ဇီမျောက်ဝံ | chin pin zi mjau' wan |
| orangotango (m) | အော်ရန်အူတန်လုဝံ | o ran u tan lu wun |
| gorila (m) | ဂေါ်ရီလာမျောက်ဝံ | go ji la mjau' wun |
| macaco (m) | မာကာဂွေမျောက် | ma ga gwei mjau' |
| gibão (m) | မျောက်လွှေကျော် | mjau' hlwe: gjo |

| elefante (m) | ဆင် | hsin |
| rinoceronte (m) | ကြံ့ | kjan. |
| girafa (f) | သစ်ကုလားအုတ် | thi' ku. la ou' |
| hipopótamo (m) | ရေမြင်း | jei mjin: |

| canguru (m) | သားပိုက်ကောင် | tha: bai' kaun |
| coala (m) | ကိုအာလာဝက်ဝံ | kou a la we' wun |

| mangusto (m) | မြွေပါ | mwei ba |
| chinchila (f) | ချင်ချီလာ | chin: chi la |
| cangambá (f) | စကန့်ခဖျံ | sakan. kh hpjan |
| porco-espinho (m) | ဖြူ | hpju |

## 176. Animais domésticos

| gata (f) | ကြောင် | kjaun |
| gato (m) macho | ကြောင်ထီး | kjaun di: |
| cão (m) | ခွေး | khwei: |

| | | |
|---|---|---|
| cavalo (m) | မြင်း | mjin: |
| garanhão (m) | မြင်းထီး | mjin: di: |
| égua (f) | မြင်းမ | mjin: ma. |
| vaca (f) | နွား | nwa: |
| touro (m) | နွားထီး | nwa: di: |
| boi (m) | နွားထီး | nwa: di: |
| ovelha (f) | သိုး | thou: |
| carneiro (m) | သိုးထီး | thou: hti: |
| cabra (f) | ဆိတ် | hsei' |
| bode (m) | ဆိတ်ထီး | hsei' hti: |
| burro (m) | မြည်း | mji: |
| mula (f) | လား | la: |
| porco (m) | ဝက် | we' |
| leitão (m) | ဝက်ကလေး | we' ka lei: |
| coelho (m) | ယုန် | joun |
| galinha (f) | ကြက် | kje' |
| galo (m) | ကြက်ဖ | kje' pha. |
| pata (f), pato (m) | ဘဲ | be: |
| pato (m) | ဘဲထီး | be: di: |
| ganso (m) | ဘဲငန်း | be: ngan: |
| peru (m) | ကြက်ဆင် | kje' hsin |
| perua (f) | ကြက်ဆင် | kje' hsin |
| animais (m pl) domésticos | အိမ်မွေးတိရစ္ဆာန်များ | ein mwei: ti. ji. swan mja: |
| domesticado (adj) | ယဉ်ပါးသော | jin ba: de. |
| domesticar (vt) | ယဉ်ပါးစေသည် | jin ba: zei de |
| criar (vt) | သားပေါက်သည် | tha: bau' te |
| fazenda (f) | စိုက်ပျိုးမွေးမြူရေးခြံ | sai' pjou: mwei: mju jei: gjan |
| aves (f pl) domésticas | ကြက်ငှက်တိရစ္ဆာန် | kje' ti ji za hsan |
| gado (m) | ကျွဲနွားတိရစ္ဆာန် | kjwe: nwa: tarei. zan |
| rebanho (m), manada (f) | အုပ် | ou' |
| estábulo (m) | မြင်းဇောင်း | mjin: zaun: |
| chiqueiro (m) | ဝက်ခြံ | we' khan |
| estábulo (m) | နွားတင်းကုပ် | nwa: din: gou' |
| coelheira (f) | ယုန်အိမ် | joun ein |
| galinheiro (m) | ကြက်လှောင်အိမ် | kje' hlaun ein |

## 177. Cães. Raças de cães

| | | |
|---|---|---|
| cão (m) | ခွေး | khwei: |
| cão pastor (m) | သိုးကျောင်းခွေး | thou: kjaun: gwei: |
| pastor-alemão (m) | ဂျာမနီသိုးကျောင်းခွေး | gja ma. ni hnin. gjaun: gwei: |
| poodle (m) | ပူဒယ်လ်ခွေး | pu de l gwei: |
| linguicinha (m) | ဒတ်ရှန်းခွေး | da' shan: gwei: |
| buldogue (m) | ခွေးဘီလူး | khwei: bi lu: |

| | | |
|---|---|---|
| boxer (m) | ဘောက်ဆာခွေး | bo' hsa gwei: |
| mastim (m) | အိမ်စောင့်ခွေးကြီးတစ်မျိုး | ein zaun. gwei: gji: di' mjou: |
| rottweiler (m) | ရော့ဝီလာခွေး | ro. wi la gwei: |
| dóberman (m) | ဒိုဘာမင်းခွေး | dou ba min: gwei: |
| basset (m) | ခြေတံတိုအမဲလိုက်ခွေး | chei dan dou ame: lai' gwei: |
| pastor inglês (m) | ခွေးပုတစ်မျိုး | khwei: bu di' mjou: |
| dálmata (m) | ဒယ်မေးရှင်းခွေး | de mei: shin gwe: |
| cocker spaniel (m) | ကိုကာစပန်နီရယ်ခွေး | kou ka sa. pan ni je khwei: |
| terra-nova (m) | နယူးဖောင်လန်ခွေး | na. ju: hpaun lan gwe: |
| são-bernardo (m) | ကြက်ခြေနီခွေး | kje' chei ni khwei: |
| husky (m) siberiano | စွတ်ဖားဆွဲခွေး | su' hpa: zwe: gwei: |
| Chow-chow (m) | တရုတ်ပြည်ပေါက် အမွေးထူခွေး | tajou' pji bau' amwei: htu gwei: |
| spitz alemão (m) | စပစ်ဇ်ခွေး | sapi's khwei: |
| pug (m) | ပဂ်ခွေး | pa' gwei: |

## 178. Sons produzidos pelos animais

| | | |
|---|---|---|
| latido (m) | ဟောင်သံ | han dhan |
| latir (vi) | ဟောင်သည် | han de |
| miar (vi) | ကြောင်အော်သည် | kjaun o de |
| ronronar (vi) | ညိမ့်ညိမ့်လေးမြည်သံပေးသည် | njein. njein. le: mje dhan bei: de |
| mugir (vaca) | နွားအော်သည် | nwa: o de |
| bramir (touro) | တိရစ္ဆာန်အော်သည် | tharei' hsan o de |
| rosnar (vi) | မာန်ဖီသည် | man bi de |
| uivo (m) | အူသံ | u dhan |
| uivar (vi) | အူသည် | u de |
| ganir (vi) | ရှည်လျားစူးရှစွာအော်သည် | shei lja: zu: sha. zwa o de |
| balir (vi) | သိုးအော်သည် | thou: o de |
| grunhir (vi) | တအီအီမြည်သည် | ta. i i mji de |
| guinchar (vi) | တစီစီအော်မြည်သည် | ta. zi. zi. jo mje de |
| coaxar (sapo) | ဖားအော်သည် | hpa: o de |
| zumbir (inseto) | တဝီဝီအော်သည် | ta. wi wi o de |
| ziziar (vi) | ကျည်ကျည်ကျာကျာအော်သည် | kji kji kja kja o de |

## 179. Pássaros

| | | |
|---|---|---|
| pássaro (m), **ave** (f) | ငှက် | hnge' |
| pombo (m) | ခို | khou |
| pardal (m) | စာကလေး | sa ga. lei: |
| chapim-real (m) | စာဝတီးငှက် | sa wadi: hnge' |
| pega-rabuda (f) | ငှက်ကျား | hnge' kja: |
| corvo (m) | ကျီးနက် | kji: ne' |
| gralha-cinzenta (f) | ကျီးကန်း | kji: kan: |

| | | |
|---|---|---|
| gralha-de-nuca-cinzenta (f) | ဥရောပကျီးတစ်မျိုး | u. jo: pa gji: di' mjou: |
| gralha-calva (f) | ကျီးအ | kji: a. |
| | | |
| pato (m) | ဘဲ | be: |
| ganso (m) | ဘဲငန်း | be: ngan: |
| faisão (m) | ရစ်ငှက် | ji' hnge' |
| | | |
| águia (f) | လင်းယုန် | lin: joun |
| açor (m) | သိမ်းငှက် | thain: hnge' |
| falcão (m) | အမဲလိုက်သိမ်းငှက်တစ်မျိုး | ame: lai' thein: hnge' ti' mjou: |
| abutre (m) | လင်းတ | lin: da. |
| condor (m) | တောင်အမေရိကာလင်းတ | taun amei ri. ka. lin: da. |
| | | |
| cisne (m) | ငန်း | ngan: |
| grou (m) | ငှက်ကုလား | hnge' ku. la: |
| cegonha (f) | ချည်ခင်စွပ်ငှက် | che gin zu' hnge' |
| | | |
| papagaio (m) | ကြက်တူရွေး | kje' tu jwei: |
| beija-flor (m) | ငှက်ပိတုန်း | hnge' pi. doun: |
| pavão (m) | ဥဒေါင်း | u. daun: |
| | | |
| avestruz (m) | ငှက်ကုလားအုတ် | hnge' ku. la: ou' |
| garça (f) | ငဟစ်ငှက် | nga hi' hnge' |
| flamingo (m) | ကြိုးကြားနီ | kjou: kja: ni |
| pelicano (m) | ငှက်ကျီးဝမ်းဗို | hnge' kji: wun bou |
| | | |
| rouxinol (m) | တေးဆိုငှက် | tei: hsou hnge' |
| andorinha (f) | ပျိုလွှား | pjan hlwa: |
| | | |
| tordo-zornal (m) | မြေလူးငှက် | mjei lu: hnge' |
| tordo-músico (m) | တေးဆိုမြေလူးငှက် | tei: hsou mjei lu: hnge' |
| melro-preto (m) | ငှက်မည်း | hnge' mji: |
| | | |
| andorinhão (m) | ပျိုလွှားတစ်မျိုး | pjan hlwa: di' mjou: |
| cotovia (f) | ဘီလုံးငှက် | bi loun: hnge' |
| codorna (f) | ငုံး | ngoun: |
| | | |
| pica-pau (m) | သစ်တောက်ငှက် | thi' tau' hnge' |
| cuco (m) | ဥသြငှက် | udhja hnge' |
| coruja (f) | ဇီးကွက် | zi: gwe |
| bufo-real (m) | သိမ်းငှက်အနွယ်ဝင်ဇီးကွက် | thain: hnge' anwe win zi: gwe' |
| tetraz-grande (m) | ရစ် | ji' |
| | | |
| tetraz-lira (m) | ရစ်နက် | ji' ne' |
| perdiz-cinzenta (f) | ခါ | kha |
| | | |
| estorninho (m) | ကျွဲဆတ်ရက် | kjwe: hse' je' |
| canário (m) | စာဝါငှက် | sa wa hnge' |
| galinha-do-mato (f) | ရစ်ညို | ji' njou |
| | | |
| tentilhão (m) | စာကျွဲခေါင်း | sa gjwe: gaun: |
| dom-fafe (m) | စာကျွဲခေါင်းငှက် | sa gjwe: gaun: hngwe' |
| | | |
| gaivota (f) | စင်ရော် | sin jo |
| albatroz (m) | ပင်လယ်စင်ရော်ကြီး | pin le zin jo gji: |
| pinguim (m) | ပင်ဂွင်း | pin gwin: |

## 180. Pássaros. Canto e sons

| | | |
|---|---|---|
| cantar (vi) | ငှက်တေးဆိုသည် | hnge' tei: zou de |
| gritar, chamar (vi) | အော်သည် | o de |
| cantar (o galo) | တွန်သည် | tun de |
| cocorocó (m) | ကြက်တွန်သံ | kje' twan dhan |
| cacarejar (vi) | ကြက်မကတော်သည် | kje' ma. ka. do de |
| crocitar (vi) | ကျီးအာသည် | kji: a de |
| grasnar (vi) | တဝက်ဝက်အောင်သည် | ta. ge' ge' aun de |
| piar (vi) | ကျည်ကျည်ကျာကျာမြည်သည် | kji kji kja kja mji de |
| chilrear, gorjear (vi) | တွတ်ထိုးသည် | tu' htou: de |

## 181. Peixes. Animais marinhos

| | | |
|---|---|---|
| brema (f) | ငါးကြင်းတစ်မျိုး | nga: gjin: di' mjou |
| carpa (f) | ငါးကြင်း | nga gjin: |
| perca (f) | ငါးပြမတစ်မျိုး | nga: bjei ma. di' mjou: |
| siluro (m) | ငါးခူ | nga: gu |
| lúcio (m) | ပိုက်ငါး | pai' nga |
| salmão (m) | ဆော်လမွန်ငါး | hso: la. mun nga: |
| esturjão (m) | စတာရဂျင်ငါးကြီးမျိုး | sata gjin nga: gji: mjou: |
| arenque (m) | ငါးသလောက် | nga: dha. lau' |
| salmão (m) do Atlântico | ဆော်လမွန်ငါး | hso: la. mun nga: |
| cavala, sarda (f) | မက်ကရယ်ငါး | me' ka. je nga: |
| solha (f), linguado (m) | ဥရောပ ငါးခွေး လျှာတစ်မျိုး | u. jo: pa nga: gwe: sha di' mjou: |
| lúcio perca (m) | ငါးပြမအာနွယ် ဝင်ငါးတစ်မျိုး | nga: bjei ma. anwe win nga: di' mjou: |
| bacalhau (m) | ငါးကြီးဆီထုတ်သောင်း | nga: gji: zi dou' de. nga: |
| atum (m) | တူနာငါး | tu na nga: |
| truta (f) | ထရောက်ငါး | hta. jau' nga: |
| enguia (f) | ငါးရှဉ့် | nga: shin. |
| raia (f) elétrica | ငါးလက်ထုံ | nga: le' htoun |
| moreia (f) | ငါးရှဉ့်ကြီးတစ်မျိုး | nga: shin. gji: da' mjou: |
| piranha (f) | အသားစားငါးငယ်တစ်မျိုး | atha: za: nga: nge ti' mjou: |
| tubarão (m) | ငါးမန်း | nga: man: |
| golfinho (m) | လင်းပိုင် | lin: bain |
| baleia (f) | ဝေလငါး | wei la. nga: |
| caranguejo (m) | ကကန်း | kanan: |
| água-viva (f) | ငါးဖန်ခွက် | nga: hpan gwe' |
| polvo (m) | ရေဘဝဲ | jei ba. we: |
| estrela-do-mar (f) | ကြယ်ငါး | kje nga: |
| ouriço-do-mar (m) | သိပြေ | than ba. gjou' |
| cavalo-marinho (m) | ရေနဂါး | jei naga: |
| ostra (f) | ကမာကောင် | kama kaun |

| | | |
|---|---|---|
| camarão (m) | ပုစွန် | bazun |
| lagosta (f) | ကျောက်ပုစွန် | kjau' pu. zun |
| lagosta (f) | ကျောက်ပုစွန် | kjau' pu. zun |

## 182. Anfíbios. Répteis

| | | |
|---|---|---|
| cobra (f) | မြွေ | mwei |
| venenoso (adj) | အဆိပ်ရှိသော | ahsei' shi. de. |
| | | |
| víbora (f) | မြွေပွေး | mwei bwei: |
| naja (f) | မြွေဟောက် | mwei hau' |
| píton (m) | ဝပ်အုံးမြွေ | saba: oun: mwei |
| jiboia (f) | ဝပ်ကြီးမြွေ | saba: gji: mwei |
| | | |
| cobra-de-água (f) | မြက်လျောမြွေ | mje' sho: mwei |
| cascavel (f) | ခလောက်ဆွဲမြွေ | kha. lau' hswe: mwei |
| anaconda (f) | အနာကွန်ဒါမြွေ | ana kun da mwei |
| | | |
| lagarto (m) | တွားသွားသတ္တဝါ | twa: dhwa: tha' tawa |
| iguana (f) | ဖွတ် | hpu' |
| varano (m) | ပုတ်သင် | pou' thin |
| salamandra (f) | ရေပုတ်သင် | jei bou' thin |
| camaleão (m) | ပုတ်သင်ညို | pou' thin njou |
| escorpião (m) | ကင်းမြီးကောက် | kin: mji: kau' |
| | | |
| tartaruga (f) | လိပ် | lei' |
| rã (f) | ဖား | hpa: |
| sapo (m) | ဖားပြုပ် | hpa: bju' |
| crocodilo (m) | မိကျောင်း | mi. kjaun: |

## 183. Insetos

| | | |
|---|---|---|
| inseto (m) | ပိုးမွှား | pou: hmwa: |
| borboleta (f) | လိပ်ပြာ | lei' pja |
| formiga (f) | ပုရွက်ဆိတ် | pu. jwe' hsei' |
| mosca (f) | ယင်ကောင် | jin gaun |
| mosquito (m) | ခြင် | chin |
| escaravelho (m) | ပိုးတောင်မာ | pou: daun ma |
| | | |
| vespa (f) | နကျယ်ကောင် | na. gje gaun |
| abelha (f) | ပျား | pja: |
| mamangaba (f) | ပိတုန်း | pi. doun: |
| moscardo (m) | မှက် | hme' |
| | | |
| aranha (f) | ပင့်ကူ | pjin. gu |
| teia (f) de aranha | ပင့်ကူအိမ် | pjin gu ein |
| | | |
| libélula (f) | ပုစဉ်း | bazin |
| gafanhoto (m) | နကောင် | hnan gaun |
| traça (f) | ပိုးဖလံ | pou: ba. lan |
| barata (f) | ပိုးဟပ် | pou: ha' |
| carrapato (m) | မွှား | hmwa: |

| | | |
|---|---|---|
| pulga (f) | သန်း | than: |
| borrachudo (m) | မှက်အသေးစား | hme' athei: za: |

| | | |
|---|---|---|
| gafanhoto (m) | ကျိုင်းကောင် | kjain: kaun |
| caracol (m) | ရှ | khaju. |
| grilo (m) | ပုရစ် | paji' |
| pirilampo, vaga-lume (m) | ပိုးစုန်းကြူး | pou: zoun: gju: |
| joaninha (f) | လေဒိဘာပိုးတောင်မာ | lei di ba' pou: daun ma |
| besouro (m) | အုန်းပိုး | oun: bou: |

| | | |
|---|---|---|
| sanguessuga (f) | မျှော | hmjo. |
| lagarta (f) | ပေါက်ဖက် | pau' hpe' |
| minhoca (f) | တီကောင် | ti gaun |
| larva (f) | ပိုးတုံးလုံး | pou: doun: loun: |

## 184. Animais. Partes do corpo

| | | |
|---|---|---|
| bico (m) | ငှက်နှုတ်သီး | hnge' hnou' thi: |
| asas (f pl) | တောင်ပံ | taun pan |
| pata (f) | ခြေထောက် | chei htau' |
| plumagem (f) | အမွေး | ahmwei |
| pena, pluma (f) | ငှက်မွေး | hnge' hmwei: |
| crista (f) | အမောက် | amou' |

| | | |
|---|---|---|
| brânquias, guelras (f pl) | ပါးဟက် | pa: he' |
| ovas (f pl) | ငါးဥ | nga: u. |
| larva (f) | ပိုးလောက်လန်း | pou: lau' lan: |
| barbatana (f) | ဆူးတောင် | hsu: daun |
| escama (f) | ကြေးခွံ | kjei: gwan |

| | | |
|---|---|---|
| presa (f) | အစွယ် | aswe |
| pata (f) | ခြေသည်းရှည်ပါသောဖဝါး | chei dhi: shi ba dho: ba. wa: |
| focinho (m) | နှတ်သီး | hnou' thi: |
| boca (f) | ပါးစပ် | pa: zi' |
| cauda (f), rabo (m) | အမြီး | ami: |
| bigodes (m pl) | နှတ်ခမ်းမွေး | hnou' khan: hmwei: |

| | | |
|---|---|---|
| casco (m) | ခွါ | khwa |
| corno (m) | ဦးချို | u: gjou |

| | | |
|---|---|---|
| carapaça (f) | လိပ်ကျောကွံ | lei' kjo: ghwan |
| concha (f) | အခွံ | akhun |
| casca (f) de ovo | ဥခွံ | u. gun |

| | | |
|---|---|---|
| pelo (m) | အမွေး | ahmwei |
| pele (f), couro (m) | သားရေ | tha: ei |

## 185. Animais. Habitats

| | | |
|---|---|---|
| hábitat (m) | ကျက်စားရာဒေသ | kje' za: ja dei dha. |
| migração (f) | ပြောင်းရွှေ့နေထိုင်ခြင်း | pjaun: shwei nei dain gjin: |
| montanha (f) | တောင် | taun |

173

| recife (m) | ကျောက်တန်း | kjau' tan: |
| falésia (f) | ကျောက်ဆောင် | kjau' hsain |

| floresta (f) | သစ်တော | thi' to: |
| selva (f) | တောရိုင်း | to: jain: |
| savana (f) | အပူပိုင်းမြင်ခင်းလွင်ပြင် | apu bain: gjin gin: lwin pjin |
| tundra (f) | တန်ဒြာ-ကျက်ဝါးမြေ | tun dra kje' bi: mjei |

| estepe (f) | မြက်ခင်းလွင်ပြင် | mje' khin: lwin bjin |
| deserto (m) | သဲကန္တာရ | the: gan da ja. |
| oásis (m) | အိုအေစစ် | ou ei zi' |

| mar (m) | ပင်လယ် | pin le |
| lago (m) | ရေကန် | jei gan |
| oceano (m) | သမုဒ္ဒရာ | thamou' daja |

| pântano (m) | ရွှံ့ ညွန် | shwan njun |
| de água doce | ရေချို | jei gjou |
| lagoa (f) | ရေကန်ငယ် | jei gan nge |
| rio (m) | မြစ် | mji' |

| toca (f) do urso | သားရဲလှောင်အိမ်တွင်း | tha: je: hlaun ein twin: |
| ninho (m) | ငှက်သိုက် | hnge' thai' |
| buraco (m) de árvore | အခေါင်းပေါက် | akhaun: bau' |
| toca (f) | မြေတွင်း | mjei dwin: |
| formigueiro (m) | ခြတောင်ပို့ | cha. daun bou. |

# Flora

| árvore (f) | သစ်ပင် | thi' pin |
|---|---|---|
| decídua (adj) | ရွက်ပြတ် | jwe' pja' |
| conífera (adj) | ထင်းရှူးပင်နှင့်ဆိုင်သော | htin; shu; bin hnin. zain de. |
| perene (adj) | အဗားရဂရင်းပင် | e ba: ga rin: bin |
| macieira (f) | ပန်းသီးပင် | pan: dhi: bin |
| pereira (f) | သစ်တော်ပင် | thi' to bin |
| cerejeira (f) | ချယ်ရီသီးအချိုပင် | che ji dhi: akjou bin |
| ginjeira (f) | ချယ်ရီသီးအချဉ်ပင် | che ji dhi: akjin bin |
| ameixeira (f) | ဆီးပင် | hsi: bin |
| bétula (f) | ဘုဇပတ်ပင် | bu. za. ba' pin |
| carvalho (m) | ဝက်သစ်ချပင် | we' thi' cha. bin |
| tília (f) | လင်ဒန်ပင် | lin dan pin |
| choupo-tremedor (m) | ပေါ်ပလာပင်တစ်မျိုး | po. pa. la bin di' mjou: |
| bordo (m) | မေပဲပင် | mei pe bin |
| espruce (m) | ထင်းရှူးပင်တစ်မျိုး | htin: shu: bin ti' mjou: |
| pinheiro (m) | ထင်းရှူးပင် | htin: shu: bin |
| alerce, lariço (m) | ကတောပွံထင်းရှူးပင် | ka dau. boun din: shu: pin |
| abeto (m) | ထင်းရှူးပင်တစ်မျိုး | htin: shu: bin ti' mjou: |
| cedro (m) | သစ်ကတိုးပင် | thi' gadou: bin |
| choupo, álamo (m) | ပေါ်ပလာပင် | po. pa. la bin |
| tramazeira (f) | ရာအန်ပင် | ra an bin |
| salgueiro (m) | မိုးမဝပင် | mou: ma. ga. bin |
| amieiro (m) | အုံလဒါပင် | oun da bin |
| faia (f) | ယင်းသစ် | jin: dhi' |
| ulmeiro, olmo (m) | အမ်ပင် | an bin |
| freixo (m) | အက်ရှ်အပင် | e' sh apin |
| castanheiro (m) | သစ်အယ်ပင် | thi' e |
| magnólia (f) | တတိုင်းမွှေးပင် | ta tain: hmwei: bin |
| palmeira (f) | ထန်းပင် | htan: bin |
| cipreste (m) | စိုက်ပရက်စ်ပင် | sai' pa. je's pin |
| mangue (m) | လမုပင် | la. mu. bin |
| embondeiro, baobá (m) | ကွ္ဘရ္ဘပေါက်ပင်တစ်မျိုး | kan ta ja. bau' bin di' chju: |
| eucalipto (m) | ယူကလစ်ပင် | ju kali' pin |
| sequoia (f) | ဆီကွိုင်လာပင် | hsi gwou la pin |

| arbusto (m) | ချုံပုတ် | choun bou' |
|---|---|---|
| arbusto (m), moita (f) | ချုံ | choun |

| | | |
|---|---|---|
| videira (f) | ဝပ္ဂ | zabji' |
| vinhedo (m) | ဝပ္ဂၿခံ | zabji' chan |

| | | |
|---|---|---|
| framboeseira (f) | ရက်စသယ်ရီ | re' sa be ji |
| groselheira-negra (f) | ဘလက်ကားရန် | ba. le' ka: jan. |
| groselheira-vermelha (f) | အနီေရာင်ဘယ်ရီသီး | ani jaun be ji dhi: |
| groselheira (f) espinhosa | ကုလားဆီးၿဖုပင် | kala: zi: hpju pin |

| | | |
|---|---|---|
| acácia (f) | အေကရှားပင် | akei sha: bin: |
| bérberis (f) | ဘားဘယ်ရီပင် | ba: be' ji bin |
| jasmim (m) | စံပယ်ပင် | san be bin |

| | | |
|---|---|---|
| junípero (m) | ဂျူနီပါပင် | gju ni ba bin |
| roseira (f) | နှင်းဆီၿခံ | hnin: zi gjun |
| roseira (f) brava | ေတာရိုင်းနှင်းဆီပင် | to: ein: hnin: zi bin |

## 188. Cogumelos

| | | |
|---|---|---|
| cogumelo (m) | မို | hmou |
| cogumelo (m) comestível | စားသုံးနိုင်ေသာမို | sa: dhoun: nein dho: hmou |
| cogumelo (m) venenoso | အဆိပ်ရှိေသာမို | ahsei shi. de. hmou |
| chapéu (m) | မိုပွင့် | hmou bwin. |
| pé, caule (m) | မိုေၿခေထာက် | hmou gjei dau' |

| | | |
|---|---|---|
| boleto, porcino (m) | မိုၿခင်ေထာင် | hmou gjin daun |
| boleto (m) alaranjado | ထိပ်အဝါေရာင်ရှိေသာမို | htei' awa jaun shi. de. hmou |
| boleto (m) de bétula | ေၿခေထာက်ရှည်မိုတစ်မျိုး | chei htau' shi hmou di' mjou: |
| cantarelo (m) | ချန်တရယ်မို | chan ta. je hmou |
| rússula (f) | ရာဆယ်လာမို | ja. ze la hmou |

| | | |
|---|---|---|
| morchella (f) | ထိပ်လုံးေသာမို တစ်မျိုး | htei' loun: dho: hmou di' mjou: |
| agário-das-moscas (m) | အနီေရာင်ရှိေသာ မိုတစ်မျိုး | ani jaun shi. dho: hmou di' mjou: |
| cicuta (f) verde | ဒက်ကဲဝိမို | de' ke. p hmou |

## 189. Frutos. Bagas

| | | |
|---|---|---|
| fruta (f) | အသီး | athi: |
| frutas (f pl) | အသီးများ | athi: mja: |

| | | |
|---|---|---|
| maçã (f) | ပန်းသီး | pan: dhi: |
| pera (f) | သစ်ေတာ်သီး | thi' to dhi: |
| ameixa (f) | ဆီးသီး | hsi: dhi: |

| | | |
|---|---|---|
| morango (m) | စေတာ်ဘယ်ရီသီး | sato be ri dhi: |
| ginja (f) | ချယ်ရီချဉ်သီး | che ji gjin dhi: |
| cereja (f) | ချယ်ရီချိုသီး | che ji gjou dhi: |
| uva (f) | ဝပ္ဂသီး | zabji' thi: |

| | | |
|---|---|---|
| framboesa (f) | ရက်စသယ်ရီ | re' sa be ji |
| groselha (f) negra | ဘလက်ကားရန် | ba. le' ka: jan. |

| | | |
|---|---|---|
| groselha (f) vermelha | အနီရောင်ဘယ်ရီသီး | ani jaun be ji dhi: |
| groselha (f) espinhosa | ကလားဆီးဖြူ | ka. la: his: hpju |
| oxicoco (m) | ကရမ်ဘယ်ရီ | ka. jan be ji |
| laranja (f) | လိမ္မော်သီး | limmo dhi: |
| tangerina (f) | ပျားလိမ္မော်သီး | pja: lein mo dhi: |
| abacaxi (m) | နာနတ်သီး | na na' dhi: |
| banana (f) | ငှက်ပျောသီး | hnge' pjo: dhi: |
| tâmara (f) | စွန်ပလွံသီး | sun palun dhi: |
| limão (m) | သံပုယိုသီး | than bu. jou dhi: |
| damasco (m) | တရုတ်ဆီးသီး | jau' hsi: dhi: |
| pêssego (m) | မက်မွန်သီး | me' mwan dhi: |
| quiuí (m) | ကီဝီသီး | ki wi dhi |
| toranja (f) | ဂရိတ်ဖရုသီး | ga. ri' hpa. ju dhi: |
| baga (f) | ဘယ်ရီသီး | be ji dhi: |
| bagas (f pl) | ဘယ်ရီသီးများ | be ji dhi: mja: |
| arando (m) vermelho | အနီရောင်ဘယ်ရီသီးတစ်မျိုး | ani jaun be ji dhi: di: mjou: |
| morango-silvestre (m) | စတော်ဘယ်ရီရိုင်း | sato be ri jain: |
| mirtilo (m) | ဘီလ်ဘယ်ရီအသီး | bi' l be ji athi: |

## 190. Flores. Plantas

| | | |
|---|---|---|
| flor (f) | ပန်း | pan: |
| buquê (m) de flores | ပန်းစည်း | pan: ze: |
| rosa (f) | နှင်းဆီပန်း | hnin: zi ban: |
| tulipa (f) | ကျူးလစ်ပန်း | kju: li' pan: |
| cravo (m) | ဇော်မွှားပန်း | zo hmwa: bin: |
| gladíolo (m) | သစ္စာပန်း | thi' sa ban: |
| centáurea (f) | အပြာရောင်တောပန်းတစ်မျိုး | apja jaun dho ban: da' mjou: |
| campainha (f) | ခေါင်းရန်းအပြာပန်း | gaun: jan: apja ban: |
| dente-de-leão (m) | တောပန်းအဝါတစ်မျိုး | to: ban: awa ti' mjou: |
| camomila (f) | မေ့မြို့ပန်း | mei. mjou. ban: |
| aloé (m) | ရှားစောင်းလက်ပတ်ပင် | sha: zaun: le' pa' pin |
| cacto (m) | ရှားစောင်းပင် | sha: zaun: bin |
| fícus (m) | ရော်ဘာပင် | jo ba bin |
| lírio (m) | နှင်းပန်း | hnin: ban: |
| gerânio (m) | ကြွေပန်းတစ်မျိုး | kjwei ban: da' mjou: |
| jacinto (m) | ဗေဒါပန်း | bei da ba: |
| mimosa (f) | ထိကရုံးကြီးပင် | hti. ga. joun: gji: bin |
| narciso (m) | နားစီဆက်စ်ပင် | na: zi ze's pin |
| capuchinha (f) | တောင်ကြာကလေး | taun gja galei: |
| orquídea (f) | သစ်ခွပင် | thi' khwa. bin |
| peônia (f) | စန္ဒပန်း | san dapan: |
| violeta (f) | ဗိုင်းအိုးလက် | bain: ou le' |
| amor-perfeito (m) | ပေါင်ဒါပန်း | paun da ban: |
| não-me-esqueças (m) | ခင်မမေ့ပန်း | khin ma. mei. pan: |

| | | |
|---|---|---|
| margarida (f) | ဒေစီပန်း | dei zi bin |
| papoula (f) | ဘိန်းပင် | bin: bin |
| cânhamo (m) | ဆေးခြောက်ပင် | hsei: chau' pin |
| hortelã, menta (f) | ပူစီနံ | pu zi nan |
| lírio-do-vale (m) | နှင်းပန်းတစ်မျိုး | hnin: ban: di' mjou: |
| campânula-branca (f) | နှင်းခေါင်းလောင်းပန်း | hnin: gaun: laun: ban: |
| urtiga (f) | ဖက်ယားပင် | hpe' ja: bin |
| azedinha (f) | မှော်ချဉ်ပင် | hmjo gji bin |
| nenúfar (m) | ကြာ | kja |
| samambaia (f) | ဖန်းပင် | hpan: bin |
| líquen (m) | သစ်ကပ်မှော် | thi' ka' hmo |
| estufa (f) | ဖန်လုံအိမ် | hpan ain |
| gramado (m) | မြက်ခင်း | mje' khin: |
| canteiro (m) de flores | ပန်းစိုက်ခင်း | pan: zai' khan: |
| planta (f) | အပင် | apin |
| grama (f) | မြက် | mje' |
| folha (f) de grama | ရွက်ချွန်း | jwe' chun: |
| folha (f) | အရွက် | ajwa' |
| pétala (f) | ပွင့်ချပ် | pwin: gja' |
| talo (m) | ပင်စည် | pin ze |
| tubérculo (m) | ဥမြစ် | u. mi' |
| broto, rebento (m) | အစို့၊အညှောက် | asou./a hnjau' |
| espinho (m) | ဆူး | hsu: |
| florescer (vi) | ပွင့်သည် | pwin: de |
| murchar (vi) | ညှိုးနွမ်းသည် | hnjou: nun: de |
| cheiro (m) | အနံ့ | anan. |
| cortar (flores) | ရိတ်သည် | jei' te |
| colher (uma flor) | ခူးသည် | khu: de |

## 191. Cereais, grãos

| | | |
|---|---|---|
| grão (m) | နှံစားပင်တို့ ၏ အစေ့အဆန် | hnan za: bin dou. i. asei. ahsan |
| cereais (plantas) | ကောက်ပဲသီးနှံ | kau' pe: dhi: nan |
| espiga (f) | အနှံ | ahnan |
| trigo (m) | ဂျုံ | gja. mei: ka: |
| centeio (m) | ဂျုံရိုင်း | gjoun jain: |
| aveia (f) | မြင်းစားဂျုံ | mjin: za: gjoun |
| painço (m) | ကောက်ပဲသီးနှံပင် | kau' pe: dhi: nan bin |
| cevada (f) | မုယောစပါး | mu. jo za. ba: |
| milho (m) | ပြောင်းဖူး | pjaun: bu: |
| arroz (m) | ဆန်စပါး | hsan zaba |
| trigo-sarraceno (m) | ပန်းဂျုံ | pan: gjun |
| ervilha (f) | ပဲစေ့ | pe: zei. |
| feijão (m) roxo | ဗိုလ်စားပဲ | bou za: be: |

| soja (f) | ဝဲပုဝဲ | pe: bou' pe |
| lentilha (f) | ဝဲနိကာေလာ: | pe: ni ga. lei: |
| feijão (m) | ဝဲအမျိုးမျိုး | pe: amjou: mjou: |

# GEOGRAFIA REGIONAL

## Países. Nacionalidades

| | | |
|---|---|---|
| política (f) | နိုင်ငံရေး | nain ngan jei: |
| político (adj) | နိုင်ငံရေးနှင့်ဆိုင်သော | nain ngan jei: hnin. zain de |
| político (m) | နိုင်ငံရေးသမား | nain ngan jei: dhama: |
| estado (m) | နိုင်ငံ | nain ngan |
| cidadão (m) | နိုင်ငံသား | nain ngan dha: |
| cidadania (f) | နိုင်ငံသားအဖြစ် | nain ngan dha: ahpji' |
| brasão (m) de armas | နိုင်ငံတော်တံဆိပ် | nain ngan da dan zei' |
| hino (m) nacional | နိုင်ငံတော်သီချင်း | nain ngan do dhi gjin: |
| governo (m) | အစိုးရ | asou: ja. hpja' te. |
| Chefe (m) de Estado | နိုင်ငံခေါင်းဆောင် | nain ngan gaun zaun |
| parlamento (m) | ပါလီမန် | pa li man |
| partido (m) | ပါတီ | pa ti |
| capitalismo (m) | အရင်းရှင်ဝါဒ | ajin: hjin wa da. |
| capitalista (adj) | အရင်းရှင် | ajin: shin |
| socialismo (m) | ဆိုရှယ်လစ်ဝါဒ | hsou she la' wa da. |
| socialista (adj) | ဆိုရှယ်လစ် | hsou she la' |
| comunismo (m) | ကွန်မြူနစ်ဝါဒ | kun mu ni' wa da. |
| comunista (adj) | ကွန်မြူနစ် | kun mu ni' |
| comunista (m) | ကွန်မြူနစ်ဝါဒယုံကြည်သူ | kun mu ni' wa da. joun kji dhu |
| democracia (f) | ဒီမိုကရေစီဝါဒ | di mou ka jei zi wa da. |
| democrata (m) | ဒီမိုကရေစီယုံကြည်သူ | di mou ka jei zi joun gji dhu |
| democrático (adj) | ဒီမိုကရေစီနှင့်ဆိုင်သော | di mou ka jei zi hnin zain de. |
| Partido (m) Democrático | ဒီမိုကရေစီပါတီ | di mou ka jei zi pa ti |
| liberal (m) | လစ်ဘရယ် | li' ba. je |
| liberal (adj) | လစ်ဘရယ်နှင့်ဆိုင်သော | li' ba. je hnin. zain de. |
| conservador (m) | ကွန်ဆာဗေးတစ်လိုလားသူ | kun sa bei: ti' lou la: dhu: |
| conservador (adj) | ကွန်ဆာဗေးတစ်နှင့်ဆိုင်သော | kun sa bei: ti' hnin. zain de. |
| república (f) | သမ္မတနိုင်ငံ | thamada. nain ngan |
| republicano (m) | သမ္မတစနစ်လိုလားသူ | thamada. zani' lou la: dhu |
| Partido (m) Republicano | သမ္မတစနစ်လိုလားသော | thamada. zani' lou la: de. |
| eleições (f pl) | ရွေးကောက်ပွဲ | jwei: kau' pwe: |
| eleger (vt) | မဲပေးရွေးချယ်သည် | me: bei: jwei: gje de |

| eleitor (m) | မဲဆန္ဒရှင် | me: hsan da. shin |
| campanha (f) eleitoral | မဲဆွယ်ပွဲ | me: hswe bwe: |

| votação (f) | ဆန္ဒမဲပေးခြင်း | hsan da. me: pwei: gjin |
| votar (vi) | ဆန္ဒမဲပေးသည် | hsan da. me: pwei: de |
| sufrágio (m) | ဆန္ဒမဲပေးခွင့် | hsan da. me: khwin. |

| candidato (m) | ကိုယ်စားလှယ်လောင်း | kou za: hle laun: |
| candidatar-se (vi) | ရွေးကောက်ပွဲဝင်သည် | jwei: kau' pwe: win de |
| campanha (f) | လုပ်ဆောင်မှုများ | lou' zaun hmu. mja: |

| da oposição | အတိုက်အခံဖြစ်သော | atoi' akhan hpja' tho: |
| oposição (f) | အတိုက်အခံပါတီ | atoi' akhan ba di |

| visita (f) | အလည်အပတ် | ale apa' |
| visita (f) oficial | တရားဝင်အလည်အပတ် | taja: win alei apa' |
| internacional (adj) | အပြည်ပြည်ဆိုင်ရာဖြစ်သော | apji pji zain ja bja' de. |

| negociações (f pl) | ဆွေးနွေးပွဲ | hswe: nwe: bwe: |
| negociar (vi) | ဆွေးနွေးသည် | hswe: nwe: de |

## 193. Política. Governo. Parte 2

| sociedade (f) | လူထု | lu du |
| constituição (f) | ဖွဲ့စည်းပုံအခြေ ခံဥပဒေ | hpwe. zi: boun akhei gan u. ba. dei |
| poder (ir para o ~) | အာဏာ | a na |
| corrupção (f) | ခြစားမှု | cha. za: hmu. |

| lei (f) | ဥပဒေ | u. ba. dei |
| legal (adj) | တရားဥပဒေဘောင် တွင်းဖြစ်သော | taja: u ba dei baun twin: bji' te. |

| justeza (f) | တရားမျှတခြင်း | taja: hmja. ta. gjin: |
| justo (adj) | တရားမျှတသော | taja: hmja. ta. de. |

| comitê (m) | ကော်မတီ | ko ma. din |
| projeto-lei (m) | ဥပဒေကြမ်း | u. ba. dei gjan: |
| orçamento (m) | ဘဏ္ဍာငွေ | ba' gje' |
| política (f) | မူဝါဒ | mu wa da. |
| reforma (f) | ပြုပြင်ပြောင်းလဲမှု | pju. bjin bjaun: le: hmu. |
| radical (adj) | အစွန်းရောက်သော | aswan: jau' de. |

| força (f) | အား | a: |
| poderoso (adj) | အင်အားကြီးသော | in a: kji: de. |
| partidário (m) | ထောက်ခံအားပေးသူ | htau' khan a: bei: dhu |
| influência (f) | သြဇာ | o: za |

| regime (m) | အစိုးရစနစ် | asou: ja. za. na' |
| conflito (m) | အငြင်းပွားမှု | anjin: bwa: hmu. |
| conspiração (f) | လျှို့ဝှက်ပူးပေါင်း ကြံစည်ချက် | shou. hwe' pu: baun: kjan ze gje' |
| provocação (f) | ရန်စခြင်း | jan za gjin: |
| derrubar (vt) | ဖြုတ်ချသည် | hpjou' cha. de |

| | | |
|---|---|---|
| derrube (m), queda (f) | ဖြုတ်ချရြင်း | hpjou' cha. chin: |
| revolução (f) | တော်လှန်ရေး | to hlan jei: |
| golpe (m) de Estado | အာဏာသိမ်းခြင်း | a na thein: gjin: |
| golpe (m) militar | လက်နက်နှင့် အာဏာသိမ်းခြင်း | le' ne' hnin.a na dhain: gjin: |
| crise (f) | အရက်အခဲကာလ | akhe' akhe: ga la. |
| recessão (f) econômica | စီးပွားရေးကျဆင်းခြင်း | si: bwa: jei: gja zin: gjin: |
| manifestante (m) | ဆန္ဒပြသူ | hsan da. bja dhu |
| manifestação (f) | ဆန္ဒပြပွဲ | hsan da. bja bwe: |
| lei (f) marcial | စစ်အုပ်ချုပ်ရေးအာဏ | si' achei anei |
| base (f) militar | စစ်စခန်း | si' sakhan |
| estabilidade (f) | တည်ငြိမ်မှု | ti njein hnu |
| estável (adj) | တည်ငြိမ်သော | ti njein de. |
| exploração (f) | ခေါင်းပုံဖြတ်ခြင်း | gaun: boun bja' chin: |
| explorar (vt) | ခေါင်းပုံဖြတ်သည် | gaun: boun bja' te |
| racismo (m) | လူမျိုးကြီးဝါဒ | lu mjou: gji: wa da. |
| racista (m) | လူမျိုးရေးခွဲခြားသူ | lu mjou: jei: gwe: gjal dhu |
| fascismo (m) | ဖက်ဆစ်ဝါဒ | hpe' hsi' wa da. |
| fascista (m) | ဖက်ဆစ်ဝါဒီ | hpe' hsi' wa di |

## 194. Países. Diversos

| | | |
|---|---|---|
| estrangeiro (m) | နိုင်ငံခြားသား | nain ngan gja: dha: |
| estrangeiro (adj) | နိုင်ငံခြားနှင့်ဆိုင်သော | nain ngan gja: hnin. zain de. |
| no estrangeiro | နိုင်ငံရပ်ခြား | nain ngan ja' cha: |
| emigrante (m) | အခြားနိုင်ငံတွင် အခြေချသူ | apja: nain ngan dwin agjei gja dhu |
| emigração (f) | အခြားနိုင်ငံတွင် အခြေချခြင်း | apja: nain ngan dwin agjei gja gjin: |
| emigrar (vi) | အခြားနိုင်ငံတွင် အခြေချသည် | apja: nain ngan dwin agjei gja de |
| Ocidente (m) | အနောက်အရပ် | anau' aja' |
| Oriente (m) | အရှေ့အရပ် | ashei. aja' |
| Extremo Oriente (m) | အရှေ့ဖျား | ashei. bja: |
| civilização (f) | လူနေမှုစနစ်ထွန်းကားရေးခြင်း | lu nei hma za ni' htun: ga: gjin: |
| humanidade (f) | လူသားခြင်းစာနာမှု | lu dha: gjin: za na hmu |
| mundo (m) | ကမ္ဘာ | ga ba |
| paz (f) | ငြိမ်းချမ်းရေး | njein: gjan: jei: |
| mundial (adj) | ကမ္ဘာတစ်ခွင်ဖြစ်နေသော | ga ba ta khwin hpji' nei de. |
| pátria (f) | မွေးရပ်မြေ | mwei: ja' mjei |
| povo (população) | ပြည်သူလူထု | pji dhu lu du. |
| população (f) | လူဦးရေ | lu u: ei |
| gente (f) | လူများ | lu mja: |
| nação (f) | လူမျိုး | lu mjou: |
| geração (f) | မျိုးဆက် | mjou: ze' |

| | | |
|---|---|---|
| território (m) | နယ်မြေ | ne mjei |
| região (f) | အပိုင်း | apain: |
| estado (m) | ပြည်နယ် | pji ne |
| tradição (f) | အစဉ်အလာ | asin ala |
| costume (m) | ဓလေ့ | da lei. |
| ecologia (f) | ဂေဟဗေဒ | gei ha. bei da. |
| índio (m) | အိန္ဒိယလူမျိုး | indi. ja thu amjou: |
| cigano (m) | ဂျစ်ပစီ | gji' pa. si |
| cigana (f) | ဂျစ်ပစီမိန်းကလေး | gji' pa. si min: ga. lei |
| cigano (adj) | ဂျစ်ပစီနှင့်ဆိုင်သော | gji' pa. si hnin. zain de. |
| império (m) | အင်ပါယာ | in pa jaa |
| colônia (f) | ကိုလိုနီ | kou lou ni |
| escravidão (f) | ကျွန်ဘဝ | kjun: ba. wa. |
| invasão (f) | ကျူးကျော်ခြင်း | kju: gjo gjin: |
| fome (f) | ငတ်မွတ်ခြင်းဘေး | nga' mwa' khin: dhei: |

## 195. Grupos religiosos mais importantes. Confissões

| | | |
|---|---|---|
| religião (f) | ဘာသာအယူဝါဒ | ba dha alu wa da. |
| religioso (adj) | ဘာသာရေးကိုင်းရှိုင်းသော | ba dha jei: gain: shin: de. |
| crença (f) | ယုံကြည်ကိုးကွယ်မှု | joun kji gou: gwe hmu. |
| crer (vt) | ယုံကြည်ကိုးကွယ်သည် | joun kji gou: gwe de |
| crente (m) | ယုံကြည်ကိုးကွယ်သူ | joun kji gou: gwe dhu |
| ateísmo (m) | ဖန်ဆင်းရှင်ဘုရား မဲ့ဝါဒ | hpan zin: shin bu ja: me. wa da. |
| ateu (m) | ဖန်ဆင်းရှင်ဘုရား မဲ့ဝါဒီ | hpan zin: shin bu ja: me. wa di |
| cristianismo (m) | ခရစ်ယာန်ဘာသာ | khari' jan ba dha |
| cristão (m) | ခရစ်ယာန် | khari' jan |
| cristão (adj) | ခရစ်ယာန်နှင့်ဆိုင်သော | khari' jan hnin. zain de |
| catolicismo (m) | ရိုမန်ကတ်သလစ်ဝါဒ | jou man ga' tha. li' wa da. |
| católico (m) | ကတ်သလစ်ဂိုဏ်းဝင် | ka' tha li' goun: win |
| católico (adj) | ကတ်သလစ်နှင့်ဆိုင်သော | ka' tha li' hnin zein de |
| protestantismo (m) | ပရိုတက်စတင့်ဝါဒ | pa. jou te' sa tin. wa da. |
| Igreja (f) Protestante | ပရိုတက်စတင့်အသင်းတော် | pa. jou te' sa tin athin: do |
| protestante (m) | ပရိုတက်စတင့်ဂိုဏ်းဝင် | pa. jou te' sa tin gain: win |
| ortodoxia (f) | အော်သိုဒေါ့ဝါဒ | o dhou do. athin wa da. |
| Igreja (f) Ortodoxa | အော်သိုဒေါ့အသင်းတော် | o dhou do. athin: do |
| ortodoxo (m) | အော်သိုဒေါ့နှင့်ဆိုင်သော | o dhou do. athin: de. |
| presbiterianismo (m) | ပရက်စ်ဘိုင်တီးရီးယန်းဝါဒ | pa. je's bain di: ji: jan: wa da. |
| Igreja (f) Presbiteriana | ပရက်စ်ဘိုင်တီးရီး ယန်အသင်းတော် | pa. je's bain di: ji: jan athin: do |
| presbiteriano (m) | ပရက်စ်ဘိုင်တီးရီး ယန်းဂိုဏ်းဝင် | pa. je's bain di: ji: jan: gain: win |

| | | |
|---|---|---|
| luteranismo (m) | လူသာရင်ဝါဒ | lu dha jin wa da. |
| luterano (m) | လူသာရင်ဂိုဏ်းဝင် | lu dha jin gain: win |
| Igreja (f) Batista | နှစ်ခြင်းအသင်းတော် | hni' chin: a thin: do |
| batista (m) | နှစ်ခြင်းဂိုဏ်းဝင် | hni' chin: gain: win |
| Igreja (f) Anglicana | အင်္ဂလိကန်အသင်းတော် | angga. li kan - athin: do |
| anglicano (m) | အင်္ဂလိကန်ဂိုဏ်းဝင် | angga. li kan gain win |
| mormonismo (m) | မောမောန်ဝါဒ | mo maun wa da. |
| mórmon (m) | မော်မောန်ဂိုဏ်းဝင် | mo maun gain: win |
| Judaísmo (m) | ဂျူးဘာသာ | gju: ba dha |
| judeu (m) | ဂျူးဘာသာဝင် | gju: ba dha win |
| budismo (m) | ဗုဒ္ဓဘာသာ | bou' da. ba dha |
| budista (m) | ဗုဒ္ဓဘာသာဝင် | bou' da. ba dha win |
| hinduísmo (m) | ဟိန္ဒူဘာသာ | hin du ba dha |
| hindu (m) | ဟိန္ဒူဘာသာဝင် | hin du ba dha win |
| Islã (m) | အစ္စလမ်ဘာသာ | a' sa. lan ba dha |
| muçulmano (m) | မွတ်စလင်ဘာသာဝင် | mu' sa lin ba dha win |
| muçulmano (adj) | မွတ်စလင်နှင့်ဆိုင်သော | mu' sa lin hnin. zain de. |
| xiismo (m) | ရှီးအိုက်အစ္စလာမ်ဂိုဏ်း | shi: ai' asa. lan gain: |
| xiita (m) | ရှီးအိုက်ထောက်ခံသူ | shi: ai' htau' khan dhu |
| sunismo (m) | စွန်နီအစ္စလာမ်ဂိုဏ်း | sun ni i' sa lan gain: |
| sunita (m) | စွန်နီထောက်ခံသူ | sun ni dau' khan dhu |

## 196. Religiões. Padres

| | | |
|---|---|---|
| padre (m) | ခရစ်ယာန်ဘုန်းကြီး | khari' jan boun: gji: |
| Papa (m) | ပုပ်ရဟန်းမင်းကြီး | pou' ja. han: min: gji: |
| monge (m) | ဘုန်းကြီး | hpoun: gji: |
| freira (f) | သီလရှင် | thi la shin |
| pastor (m) | သင်းအုပ်ဆရာ | thin: ou' zaja |
| abade (m) | ကျောင်းထိုင်ဆရာတော် | kjaun: dain zaja do |
| vigário (m) | ဗိကာဘုန်းတော်ကြီး | bi ka boun: do kji: |
| bispo (m) | ဘစ်ရှော့ပ်ဘုန်းကြီး | ba' shau' hpoun: gja: |
| cardeal (m) | ကာဒီနယ်ဘုန်းကြီး | ka di ne boun: gji: |
| pregador (m) | ခရစ်ယာန်တရားဟောဆရာ | khari' jan da. ja ho: zaja |
| sermão (m) | တရားဟောခြင်း | taja ho: gjin: |
| paroquianos (pl) | အသင်းတော်နှင့်သက်ဆိုင်သူများ | athin: do hnin. dha' hsain: dhu mja: |
| crente (m) | ယုံကြည်ကိုးကွယ်သူ | joun kji gou: gwe dhu |
| ateu (m) | ဖန်ဆင်းရှင်မရှိ ယုံကြည်သူ | hpan zin: shin ma. shi. joun gji dhu |

## 197. Fé. Cristianismo. Islão

| | | |
|---|---|---|
| Adão | အာဒံ | adan |
| Eva | ဧဝ | ei wa. |
| Deus (m) | ဘုရား | hpaja: |
| Senhor (m) | ဘုရားသခင် | hpaja: dha gin |
| Todo Poderoso (m) | ထာဝရဘုရားသခင် | hta wa. ja. bu. ja: dha. gin |
| pecado (m) | အပြစ် | apja' |
| pecar (vi) | မကောင်းမှုပြုသည် | ma. gaun: hmu. bju. de |
| pecador (m) | မကောင်းမှုပြုလုပ်သူ | ma. gaun: hmu. bju. lou' thu |
| pecadora (f) | မကောင်းမှုပြုလုပ်သူ | ma. gaun: hmu. bju. lou' thu |
| inferno (m) | ငရဲ | nga. je: |
| paraíso (m) | ကောင်းကင်ဘုံ | kaun: gin boun |
| Jesus | ယေရှု | jei shu |
| Jesus Cristo | ယေရှုခရစ်တော် | jei shu khari' to |
| Espírito (m) Santo | သန့်ရှင်းသောဝိညာဉ်တော် | than. shin: dho: bein njin do |
| Salvador (m) | ကယ်တင်ရှင်သခင် | ke din shin dhakhin |
| Virgem Maria (f) | ဘုရားသခင်၏<br>မိခင်အပျိုစင်မာရိ | hpaja: dha gin i.<br>amjou za' ma ji. |
| Diabo (m) | မကောင်းဆိုးဝါး | ma. gaun: zou: wa: |
| diabólico (adj) | မကောင်းဆိုးဝါး<br>နှင့်ဆိုင်သော | ma. gaun: zou: wa:<br>hnin. zain de. |
| Satanás (m) | ဆာတန်မာရ်နတ် | hsa tan ma na' |
| satânico (adj) | စေတန်မာရ်နတ်ဖြစ်သော | sei tan man na' hpji' te. |
| anjo (m) | ဘုရားသခင်၏တမန် | hpaja: dha gin i. da man |
| anjo (m) da guarda | ကိုယ်စောင့်ကောင်းကင်တမန် | kou zaun. kan: kin da. man |
| angelical | အပြစ်ကင်းစင်သော | apja' kin: zin de. |
| apóstolo (m) | တမန်တော် | taman do |
| arcanjo (m) | ကောင်းကင်တမန်မင်း | kaun: gin da. man min: |
| anticristo (m) | အန္တိခရစ်-ခရစ်တော်<br>ကိုဆန့်ကျင်သူ | anti khari' - khari' to<br>kou zin. kjin dhu |
| Igreja (f) | အသင်းတော် | athin: do |
| Bíblia (f) | ခရစ်ယာန်သမ္မာကျမ်းစာ | khari' jan dhan ma gjan: za |
| bíblico (adj) | သမ္မာကျမ်းလာ | than ma gjan: la |
| Velho Testamento (m) | ဓမ္မဟောင်းကျမ်း | dama. hain gjan: |
| Novo Testamento (m) | ဓမ္မသစ်ကျမ်း | dama. dha' kjan: |
| Evangelho (m) | ခရစ်ဝင်ကျမ်း | khari' win gjan: |
| Sagradas Escrituras (f pl) | သန့်ရှင်းမြင့်မြတ်<br>သောသမ္မာကျမ်းစာ | than. shin: mjin. mja'<br>te. than ma gjan: za |
| Céu (sete céus) | ကောင်းကင်ဘုံ | kaun: gin boun |
| mandamento (m) | ကျင့်စောင့်ရမည့်<br>ပညတ်တရား | kjin. zain. ja. mji.<br>ba. nja' ta ja: |
| profeta (m) | ပရောဖက် | pa. jo. hpe' |
| profecia (f) | ကြိုတင်ဟောကိန်း | kjou din ho: kein: |

| | | |
|---|---|---|
| Alá (m) | အလ္လာဟ် | al la' |
| Maomé (m) | မိုဟာမက် | mou ha ma' |
| Alcorão (m) | ကိုရန်ကျမ်း | kou jan kjein: |

| | | |
|---|---|---|
| mesquita (f) | ဗလီ | bali |
| mulá (m) | ဗလီဆရာ | bali zaja |
| oração (f) | ဆုတောင်းစကား | hsu. daun: zaga: |
| rezar, orar (vi) | ရှိုးသည် | shi. gou: de |

| | | |
|---|---|---|
| peregrinação (f) | ဘုရားဖူးခရီး | hpaja: hpu: ga ji: |
| peregrino (m) | ဘုရားဖူး | hpaja: hpu: |
| Meca (f) | မက္ကာမြို့ | me' ka mjou. |

| | | |
|---|---|---|
| igreja (f) | ခရစ်ယာန်ဘုရားကျောင်း | khari' jan bu. ja: gjaun: |
| templo (m) | ဘုရားကျောင်း | hpaja: gjaun: |
| catedral (f) | ဘုရားရှိခိုးကျောင်းတော် | hpaja: gjaun: do: |
| gótico (adj) | ဂေါ့သစ်စ် ဗိသုကာဖြစ်သော | go. dhi' kh bi. dhou ka bji' de |
| sinagoga (f) | ဂျူးဘုရားရှိခိုးကျောင်း | gju: bou ja: shi. gou: kjaun: |
| mesquita (f) | ဗလီ | bali |

| | | |
|---|---|---|
| capela (f) | ဝတ်ပြုလှတောင်းရာနေရာ | wa' pju. u. daun: ja nei ja |
| abadia (f) | ခရစ်ယာန်ကျောင်းတိုက် | khari' jan gjaun: dai' |
| convento (m) | သီလရှင်ကျောင်း | thi la shin kjaun: |
| monastério (m) | ဘုန်းကြီးကျောင်း | hpoun: gji: gjaun: |

| | | |
|---|---|---|
| sino (m) | ခေါင်းလောင်း | gaun: laun: |
| campanário (m) | ခေါင်းလောင်းစင် | gaun: laun: zin |
| repicar (vi) | တီးသည် | ti: de |

| | | |
|---|---|---|
| cruz (f) | လက်ဝါးကပ်တိုင် | le' wa: ka' tain |
| cúpula (f) | လိပ်ခုံးပုံအမိုး | lei' khoun: boun amou: |
| ícone (m) | ခရစ်ယာန်သူတော်စင်ပုံ | khari' jan dhu do zin boun |

| | | |
|---|---|---|
| alma (f) | အသက်ဝိညာဉ် | athe' |
| destino (m) | ကံတရား | kan daja: |
| mal (m) | အဆိုး | ahsou: |
| bem (m) | ကောင်းမှု | kaun: hma. |

| | | |
|---|---|---|
| vampiro (m) | သွေးစုပ်ဖုတ်ကောင် | thwei: zou' hpou' kaun |
| bruxa (f) | စုန်းမ | soun: ma. |
| demônio (m) | နတ်ဆိုး | na' hsou: |
| espírito (m) | ဝိညာဉ် | wi. njan |

| | | |
|---|---|---|
| redenção (f) | အပြစ်မှကယ်နုတ် ခံရခြင်း | apja' hma. ge hnou' knan ja. gjin: |
| redimir (vt) | အပြစ်မှကယ်နုတ်သည် | apja' hma. ge nou' te |

| | | |
|---|---|---|
| missa (f) | အသင်းတော်ဝတ်ပြုည်းဝေး | athin: do wu' pju zi: wei: |
| celebrar a missa | ဝတ်ပြုသည် | wa' pju. de |
| confissão (f) | ဝန်ခံခြင်း | wun khan gjin: |
| confessar-se (vr) | အပြစ်ဝန်ခံသည် | apja' wun gan de |

| | | |
|---|---|---|
| santo (m) | သူတော်စင် | thu do zin |
| sagrado (adj) | မြင့်မြတ်သော | mjin. mja' te. |
| água (f) benta | သန့်ရှင်းမြင့်မြတ်သောရေ | than. shin: mjin. mja' te. jei |
| ritual (m) | ထုံးတမ်းဓေလ့ | htoun: dan: dalei. |

| | | |
|---|---|---|
| ritual (adj) | ထုံးတမ်းဓလေ့ဖြစ်သော | htoun: dan: dalei. bji' te. |
| sacrifício (m) | ယဇ်ပူဇော်ခြင်း | ji' pu zo gjin: |
| superstição (f) | အယူသီးခြင်း | aju dhi: gjin: |
| supersticioso (adj) | အယူသီးသော | aju dhi: de |
| vida (f) após a morte | တမလွန် | tamalun |
| vida (f) eterna | ထာဝရ ရှင်သန်ခြင်းဘဝ | hta wa. ja. shin dhan gjin: ba. wa. |

# TEMAS DIVERSOS

## 198. Várias palavras úteis

| Português | Birmanês | Transliteração |
|---|---|---|
| ajuda (f) | အကူအညီ | aku anji |
| barreira (f) | အတားအဆီး | ata: ahsi: |
| base (f) | အခြေခံ | achei khan |
| categoria (f) | အမျိုးအစား | amjou: asa: |
| causa (f) | အကြောင်း | akjaun: |
| coincidência (f) | တိုက်ဆိုင်မှု | tai' hsain hmu. |
| coisa (f) | ပစ္စည်း | pji' si: |
| começo, início (m) | အစ | asa. |
| cômodo (ex. poltrona ~a) | သက်သောင့်သက်သာရှိသော | the' thaun. dhe' tha shi. de |
| comparação (f) | နိုင်းယှဉ်ခြင်း | hnain: shin gjin: |
| compensação (f) | လျော်ကြေး | jo kjei: |
| crescimento (m) | ကြီးထွားမှု | kji: htwa: hmu. |
| desenvolvimento (m) | ဖွံ့ဖြိုးတိုးတက်မှု | hpjun. bjou: dou: de' hmu. |
| diferença (f) | ကွာဟချက် | kwa ha. che' |
| efeito (m) | အကျိုးဆက် | akjou: amja' hse' |
| elemento (m) | အစိတ်အပိုင်း | asei' apain: |
| equilíbrio (m) | ဟန်ချက်ညီမျှမှု | han gje' nji hma. hmu. |
| erro (m) | အမှား | ahma: |
| esforço (m) | အားထုတ်ကြိုးပမ်းမှု | a: htou' kjou: ban: hmu. |
| estilo (m) | ပုံစံ | poun zan |
| exemplo (m) | နမူနာ | na. mu na |
| fato (m) | အချက်အလက် | ache' ale' |
| fim (m) | အဆုံး | ahsoun: |
| forma (f) | ပုံသဏ္ဍာန် | poun thadan |
| frequente (adj) | မကြာခဏဖြစ်သော | ma. gja gan bji' de. |
| fundo (ex. ~ verde) | နောက်ခံ | nau' khan |
| gênero (tipo) | အမျိုးအစား | amjou: asa: |
| grau (m) | အတိုင်းအတာ | atain: ata |
| ideal (m) | စံပြ | san bja. |
| labirinto (m) | ဝင်္ကပါ | win gaba |
| modo (m) | နည်းလမ်း | ne: lan: |
| momento (m) | အခိုက် | akhai' |
| objeto (m) | အရာ | aja |
| obstáculo (m) | အဟန့်အတား | ahan. ata: |
| original (m) | မူရင်း | mu jin: |
| padrão (adj) | စံဖြစ်သော | san bji' te. |
| padrão (m) | စံ | san |
| paragem (pausa) | ရပ်နား ခြင်း | ja' na: gjin: |
| parte (f) | အပိုင်း | apain: |

| partícula (f) | အမှုန် | ahmoun. |
| pausa (f) | ရပ်ခြင်း | ja' chin: |
| posição (f) | နေရာ | nei ja |
| princípio (m) | အခြေခံသဘောတရား | achei khan dha. bo da. ja: |

| problema (m) | ပြဿနာ | pjadhana |
| processo (m) | ဖြစ်စဉ် | hpji' sin |
| progresso (m) | တိုးတက်မှု | tou: te' |
| propriedade (qualidade) | အရည်အချင်း | aji achin: |

| reação (f) | တုံ့ပြန်မှု | toun. bjan hmu |
| risco (m) | စွန့်စားခြင်း | sun. za: gjin: |
| ritmo (m) | အရှိန် | ashein |
| segredo (m) | လျှို့ဝှက်ချက် | shou. hwe' che' |
| série (f) | အစဉ် | asin |

| sistema (m) | စနစ် | sani' |
| situação (f) | အခြေအနေ | achei anei |
| solução (f) | ဖြေရှင်းချက် | hpjei shin: gje' |
| tabela (f) | ဇယား | za ja: |
| termo (ex. ~ técnico) | ဝေါဟာရ | wo: ha ra. |

| tipo (m) | အမျိုးအစား | amjou: asa: |
| urgente (adj) | အမြန်လိုသော | aman lou de. |
| urgentemente | အမြန် | aman |
| utilidade (f) | အကျိုး | akjou: |

| variante (f) | အမျိုးကွဲ | amjou: asa: gwe: |
| variedade (f) | ရွေးချယ်မှု | jwei: che hmu. |
| verdade (f) | အမှန်တရား | ahman da ja: |
| vez (f) | အလှည့် | ahle. |
| zona (f) | ဇုန် | zoun |